外语教学及话语翻译

研究论文集 2019

Proceedings of Foreign Language Teaching,
Discourse and Translation Studies（2019）

刘红艳　　刘明宇◎主编

知识产权出版社
全国百佳图书出版单位

图书在版编目（CIP）数据

外语教学及话语翻译研究论文集 . 2019 / 刘红艳，刘明宇主编 . —北京：知识产权出版社，2018.12

ISBN 978-7-5130-6004-2

Ⅰ . ①外… Ⅱ . ①刘… ②刘… Ⅲ . ①外语教学 – 教学研究 – 文集②翻译 – 文集 Ⅳ . ① H09–53 ② H059–53

中国版本图书馆 CIP 数据核字 (2018) 第 274272 号

内容提要

本书内容是高等教育外语教学与翻译研究成果的汇集。研究内容和方向包括法商话语，中外文化、语言的差异与特点，文学名篇、修辞的鉴赏与分析，翻译方法与技巧，词汇学习的方法与理论，四级考试，听、说、读、写教学与考试，教学模式和分级教学及其在新技术 / 网络条件下的运用与优化，教学法等。论文的作者主要为活跃在教研一线的北京工商大学外国语学院教师。

本书可供从事外语教学与翻译研究的教师参考借鉴，还可对在校大学生、研究生的学习提供指导和帮助。

责任编辑：安耀东　　　　　责任印制：孙婷婷

外语教学及话语翻译研究论文集（2019）

WAIYU JIAOXUE JI HUAYU FANYI YANJIU LUNWENJI（2019）

刘红艳　刘明宇　主编

出版发行：知识产权出版社有限责任公司　　网　　址：http：//www.ipph.cn

电　　话：010-82004826　　　　　　　　　　　　　　http：//www.laichushu.com

社　　址：北京市海淀区气象路 50 号院　　　邮　　编：100081

责编电话：010-82000860 转 8534　　　　责编邮箱：anyaodong@cnipr.com

发行电话：010-82000860 转 8101　　　　发行传真：010-82000893

印　　刷：北京中献拓方科技发展有限公司　经　　销：各大网上书店、新华书店及相关专业书店

开　　本：720mm×1000mm　1/16　　　　印　　张：25

版　　次：2018 年 12 月第 1 版　　　　　　印　　次：2018 年 12 月第 1 次印刷

字　　数：368 千字　　　　　　　　　　　定　　价：86.00 元

ISBN 978-7-5130-6004-2

目　录
CONTENTS

法商话语与翻译研究

教育教学研究

文学与文化研究

语言学研究

其他类

法商话语与翻译研究

教育教学研究

文学与文化研究

语言学研究

其他类

《诗经》中动物隐喻及其汉英翻译分析

——以许渊冲的译文为例

周　洁　张耀文 *

摘　要： 隐喻是人们在是自身生产劳动中总结出的经验和认知规律，进而发展成为一种思维方式。《诗经》是我国最早的一部诗集，其中蕴含着丰富的隐喻意象。本文先对《诗经》中隐喻类型进行概括分类，重点从《诗经》中的动物隐喻入手，选取许渊冲先生的译本，分析其在翻译过程中对动物隐喻的翻译策略，最后提出自己的翻译建议。

关键词：《诗经》研究；动物隐喻；翻译策略

《诗经》作为我国最早的一部诗歌总集，其中涵盖的意象之丰富，飞禽走兽、一草一木皆入诗。对《诗经》的英译始于 18 世纪中叶，由传教士理雅各进行非韵体翻译，而后相继出现了韦利、许渊冲以及汪榕培和任秀桦等多人的译本。理雅各和韦利皆为非韵体翻译，而许渊冲则更加注重隐喻和音形之美，本文将选取许渊冲的翻译，分析其隐喻翻译的翻译策略以及翻译效果。

1　隐喻理论的发展

西方对隐喻理论的发展大概可以分为三个阶段。第一阶段从公元前

---

* 周洁，北京市西城经济科学大学外语系教师，主要研究方向为经贸英语。张耀文，北京工商大学教师。

300 年到 20 世纪 30 年代，被称为修辞学阶段，研究最早可以追溯到亚里士多德。他在《诗学》和《修辞学》中皆提到了隐喻，将隐喻定义为"一个陌生词的转用"，认为隐喻的唯一作用便是对语言的装饰。

第二个阶段是语义学阶段，代表人物是英国的语言学家理查德·伯顿（Richard Francis Burton）。他首次提出"语义互动"理论，突破了古典隐喻理论的束缚。他认为，隐喻是在一定述谓过程中由于各要素的相互作用而引起的语义变化现象。

1980 年，莱考夫和约翰逊共同出版的《我们赖以生存的隐喻》一书问世，隐喻被赋予新的界定。莱考夫认为，人类对于客观世界的认识是以自身经验为基础的，隐喻属于概念体系，它无所不在，隐喻不仅表现为修辞手段，更反映了一种思维方式。隐喻是从源域(source domain)到目标域(target domain)的映射过程。通过运用大量的隐喻实例证明语言和隐喻认知结构的密切关系，并提出了概念隐喻，把对隐喻的认识提高到了认知的高度，把隐喻研究纳入认知科学的领域。

2 隐喻在《诗经》中的运用

《诗经》中的隐喻大致分为三类：植物隐喻、动物隐喻、性隐喻。例如，婚恋中多次出现的"关雎"因经常结伴栖息于河湖水边，故古人因此联想到向女子求爱的青年男子们。用植物之美形容女子之美，在诗句"手如柔荑，肤如凝脂"精准地把握了"荑"特征，与女子的白皙柔嫩有异曲同工之妙。在讽刺诗中"硕鼠"因其贪婪的形象，无耻的行为令人生厌，因此诗中常常用来暗指剥削者的形象。而在讽刺文姜和齐襄公不伦之恋时，"敝笱在梁，其鱼鲂鳏。"即用鱼来隐喻文姜不守妇道的乱伦行为。在祭祀诗中，用松柏比喻殷武丁的战绩永垂不朽。而关于性隐喻的描写，意象也极其多样，例如鱼、莲和水鸟等，含蓄又不失美感，如在《诗经·陈风·衡门》中"岂其食鱼，必河之鲂。"用钓鱼和吃鱼来隐喻婚嫁和男女之事。而正因这些丰富意象，《诗经》才能称为中华文化之瑰宝，人类文明之典范。

3 《诗经》中动物名称的隐喻及英译

关关雎鸠，在河之洲。窈窕淑女，君子好逑。(《国风·周南·关雎》)

许渊冲译：By riverside a pair

Of turtledoves are cooing;

There is a maiden fair

Whom a young man is wooing.

雎鸠鸟向同伴求爱正如痴情的男子对女子的追求。宋朝的朱熹认为："雎鸠，水鸟，一名王雎。状类凫。今江淮间有之。生有定偶而不相乱，偶常并游而不相狎。"由此可见，雎鸠大体是一种水鸟，配偶稳定，相伴而行。从整诗看来，朱熹的论据更有说服力。

许渊冲将雎鸠翻译成"turtledoves"，而根据牛津字典第二版的解释，turtle dove is a small Old World dove with a soft purring call，noted for the apparent affection shown for its mate.（指会发出轻柔咕噜声的鸽子，以对其同伴鲜明的感情而著称）所以除了是鸽子之外，turtledoves 与雎鸠的所有特征皆相符，这一归化处理使得外国读者能清晰的理解本诗所要传达的意思。

南山崔崔，雄狐绥绥。鲁道有荡，齐子由归。既曰归止，曷又怀止？(《诗经·国风·齐风》)

许渊冲译：The southern hill is great;

A male fox seeks his mate.

The way to Lu is plain;

Your sister with her train.

Goes to wed Duke of Lu;

Why should you go there too?

相传齐襄公与其同父异母的妹妹文姜暗生情愫，但正在两人情意绵绵之时，父亲齐僖公下令文姜远嫁给鲁国国君鲁桓公。后两人私通之事被鲁桓公发现，齐襄公便起意派彭生杀了鲁桓公，而后再杀彭生以向鲁国交代。

所以本诗用雄性的狐狸来隐喻齐襄公，狐狸寻伴即使齐襄公不舍文姜，苦苦思寻。展现了齐襄公荒淫奸诈的统治者形象。狐狸在汉语中有"狡猾凶残"之意，老谋深算、心狠手辣的人被称为"老狐狸"。人们还会称打扮妖艳、勾引已婚男子的女子为"狐狸精"。

许渊冲将雄狐译成"male fox"，而恰巧英文中 fox 亦有虚伪奸诈之意，如"a fox in a lamb's skin"指狡猾伪装的敌人，"as cunning as a fox"指像狐狸一样狡猾。但是雄狐寻觅雌狐的翻译仅为字面翻译，如果加上注释，可能会使外国读者更加了解本诗的寓意。也更加了解历史上齐襄公的为人，诗句开篇用狐狸做隐喻的意图也就更加明了。

硕鼠硕鼠，无食我黍！三岁贯女，莫我肯顾。

许渊冲译：Large rat. large rat,

Eat no more millet we grow!

Three years you have grown fat;

No care for us you show.

这是一首十分著名的控诉剥削者的诗歌，但对控诉的对象见仁见智，众说纷纭。朱熹在《诗序辨说》："此亦托于硕鼠以刺其有司之词，未必直以硕鼠比其君也。"但无论控诉的是君王与否，"硕鼠"隐喻的都是压迫者和迫害者的形象，忘恩负义，与现代汉语"过街老鼠，人人喊打"的表述中大家对老鼠的憎恶之情表述一致。

老鼠向来不是一个讨喜的动物，而在英文中，用来表达老鼠常用的有两个词语，分别是"rat"和"mouse"。而英语中 rat 则往往会象征一些负面消极的意义。rat 是一种不洁和贪婪的动物，偷盗食物，穿梭在垃圾堆里，还会传播疾病。在英语中，rat 还指告密者，例如"to rat on someone"指告发某人。而 mouse 则代表了可爱，天真的宠物形象，例如经典的米老鼠（Mickey Mouse）形象，以及在《谁动了我的奶酪》一书中，故事的主角便是两只寻找奶酪的小老鼠（Sniff and Scurry）。所以在翻译中，许渊冲选取了 large rat 来翻译硕鼠，会直观地让外国读者感受到这个"硕鼠"的负面形象和消极含义。

4　结语

综上所述，许渊冲在翻译的过程在兼顾诗句的音形韵律之外，同样很好地顾及了隐喻的翻译表达，利用归化及策略，还全面地考虑了诗中动物在中西方的差异，采用最恰当的词语完成翻译。但由于《诗经》中讽刺诗的隐喻多涉及君王轶事，所以建议译者在译文中采用注释的方式对隐喻进行标注，使外国读者对中国古代帝王将相的故事更加了解，这样他们才能更加深刻的了解《诗经》的魅力，也会对中国的历史产生更深厚的兴趣。《诗经》的主题多样复杂，背后涉及的历史轶事也不胜枚举。所以希望读者在阅读《诗经》的时候，不仅能体会到诗歌的音律之美，也能领略到丰富多彩的中国文化。

《诗经》中女子隐喻英译的研究

——以庞德译本为例

张艳华　李素文 *

摘　要：《诗经》用赋、比、兴手法塑造了大量女子形象。其中以花、水、虫等为原型的女子形象，已演变为华夏大地女性审美文化意象。庞德在《诗经》翻译中运用意象构筑的技巧，灵活处理原文文化意象的象征意义，有独特的文学以及翻译研究价值。本文将集中探讨庞德《诗经》译本中的女子意象翻译。

关键词：《诗经》翻译；庞德；女子

1　《诗经》与庞德

《诗经》是我国第一部诗歌总集，凝聚了我国上古时代的文学成就，反映了当时民众的生产及生活状况。孔子对《诗经》进行选编、整理，对其思想内容给出"思无邪"的高度评价。在"孔子的信徒"艾兹拉·庞德（Ezra Pound，1885—1973，美国著名诗人、翻译家、评论家与西方现代诗歌奠基人）看来，《诗经》不再是一部简单的诗歌集选，而是"对于历史具有借鉴意义的'中国史诗'"。庞德于晚年翻译的《诗经》充分体现了庞德的诗歌

---

* 张艳华，北京工商大学外国语学院副教授，主要研究方向为语言学、翻译理论与实践等。李素文，北京工商大学外国语学院翻译硕士在读。

与翻译观。

庞德将意象定义为"理性与情感的统一体"。在庞德的不懈倡导下，意象主义诗歌逐渐发展成为一种短小精悍、节奏自由、口语语体、呈现意象为主的自由体诗。谢明认为，"庞德的诗学就是翻译的诗学"。李林波指出，"古代中国诗歌在庞德的笔下获得再生，庞德既是译者，又是创作者，翻译与创作得到了统一"。

2 庞德《诗经》英译本女子意象主题

《诗经》305篇，分为风、雅、颂三个部分，善用赋、比、兴等手法营造各类意象，其中的花草、流水、昆虫、天体等都成为女性意象原型，逐渐演变为对华夏大地女性的隐喻。

2.1 花草隐喻女子

《诗经》里大量诗篇以花草比喻女性容颜，"伊人如花"成为中国传统女性审美经典。"桃之夭夭，灼灼其华。"（《周南·桃夭》）《桃夭》是一首贺婚诗。首句以盛开的桃花起兴，将新娘俏丽的容颜比作灿若云霞的桃花。《诗经》中的女子或"唐棣之华"，或"华如桃李"（《召南·何彼秾矣》），或"有女如荼"（《郑风·出其东门》），或"视尔如荍"（《陈风·东门之枌》），无怪乎有学者称《诗经》是一部"女性文学"。

2.2 流水隐喻女子

有学者认为，"《诗经》中最能打动人的是《国风》中的那些关于恋爱和婚姻的诗"。"关关雎鸠，在河之洲。窈窕淑女，君子好逑。"（《周南·关雎》）孔子说《关雎》"乐而不淫，哀而不伤"。河水悠悠，将相思之苦衬托得越发绵长。

2.3 昆虫意象隐喻女子

《诗经》中以昆虫意象来体现女性的美，最典型的莫过于对卫庄公夫人庄姜的描写了。"手如柔荑，肤如凝脂，领如蝤蛴，齿如瓠犀，螓首蛾眉，巧笑倩兮，美目盼兮。"（《卫风·硕人》）这首诗是卫人赞美卫庄公夫人庄姜的诗。"领如蝤蛴"与"螓首蛾眉"两句涉及三种昆虫：蝤蛴、螓与蛾。其中，"螓首蛾眉"用隐喻来比喻女子面容。

3 庞德《诗经》英译本女子意象隐喻的翻译

学者多用"创译""半创作"或"阐释型翻译"来定义庞德的诗歌翻译。庞德在《诗经》翻译过程中，充分发挥了译者主体性，以《诗经》原本为基础，对其中的女子意象进行了保留、替换或创造，在英语世界造就了不朽的儒家文学经典。

3.1 女子意象保留

《诗经》中有些女子的意象，在庞德译本中得到忠实重现，从形式和意义上都予以保留。"摽有梅，其实七兮。求我庶士，迨其吉兮。摽有梅，其实三兮。求我庶士，迨其今兮。摽有梅，顷筐塈之。求我庶士，迨其谓之。"（《召南·摽有梅》）庞德译文："Oh soldier, or captain, Seven plums on the high bough, plum time now, seven left here, 'Ripe, ' I cry. Plums, three plums, On the bough, 'Plum time!' I cry. 'No plums now, ' I cry, I die. On this bough Be no plums now."

《摽有梅》用梅子"其实七兮""其实三兮""顷筐塈之"由多变少的过程，比喻女子青春年华流逝。庞德英译本由"seven plums""three plums"到"no plums"层层递进，表达梅树生命力的衰退。从梅子满树时"Ripe, I cry"姑娘满怀期待，到梅子落尽"Be no plums now, I cry,

I die"时姑娘伤心落魄，表现了她对韶华已逝的哀伤。末节首句增译的"I die"将姑娘"恨嫁"心理刻画得入木三分。

3.2 女子意象替换

由于中英文化差异，有的汉语意象英文中没有完全对等或类似的表达。面对此类"文化缺省"时，庞德在英译时对一些意指女子的意象做了替换补偿。"何彼襛矣，唐棣之华？曷不肃雍？王姬之车。何彼襛矣，华如桃李？平王之孙，齐侯之子。"（《召南·何彼秾矣》）

庞德译文："Plum flowers so splendid be，rolling，onrolling quietly，a royal car with young royalty. Flowers of plum abundantly，Heiress of P'ing，heir of Ts'I，to their wedding right royally."唐棣，又称"枎栘""红栒子"，一种中国的落叶小乔木，在英语没有完全一致的对应词。庞德将唐棣意象替换成"plum flowers"（李花），与第二节形容新人外貌的"华如桃李"用了同种喻体——flowers of plum。原文首句"何彼襛矣"（怎么那样秾丽绚烂）在译文中省略，显得更加简洁。

3.3 女子意象再创

在庞德《诗经》译本中，许多女性形象被重新意象化。李玉良曾评价庞德的诗歌"意象创译"，认为其在"本质上远远摆脱了语言层面上的操作，而力求在精神上获得会通和超越，进入了创造的境界"。"中谷有蓷，暵其乾矣。有女仳离，嘅其叹矣。嘅其叹矣，遇人之艰难矣！中谷有蓷，暵其修矣。有女仳离，条其啸矣。条其啸矣，遇人之不淑矣！中谷有蓷，暵其湿矣。有女仳离，啜其泣矣。啜其泣矣，何嗟及矣！"（《王风·中谷有蓷》）

庞德译文："Dry grass，in vale：'alas! 'I met a man，I met a man. 'Scorched，alas，ere it could grow.' A lonely girl pours out her woe，'Even in water—meadow，dry.' Flow her tears abundantly，Solitude's no remedy."

《中谷有蓷》全文三段，庞德译文创造性地将三段合并成两段，没有原文中弃妇的反复咏叹，只突出了"枯草"——"dry grass"形象。译文以"枯草"意象寄情，与原文以弃妇第一人称口吻直接抒发情感的表现手法和效果不尽相同，但同样将弃妇的悲伤愤恨体现得淋漓尽致。

4　结语

《诗经》中一个个鲜活的意象反映了先民生活的诸多方面，其中以花草、流水、昆虫隐喻女性之美，更成为民族文化审美的经典。正如廖群所说："一手牵着原始的意象，一手牵着人文的话题，脚已迈进文明的门槛，这才应是《诗经》文化定位所在。"

庞德在中华典籍英译过程中，灵活再现了《诗经》原作的语言和思想魅力。庞德的《诗经》译本为英语世界的读者展现了东方魅力，展现了中国古诗和传统儒家文化丰富的内涵，成为东西方文化交流的典范。

从搭配意义的视角看"负责人"
与"责任人"的英译

——一项基于法律双语语料库的调查

冯兆静　　唐义均*

摘　要：本文从搭配意义的视角，探讨"责任人"和"负责人"的英译。搭配理论认为词项选择影响词项组合的语义，概念等同的词项组合成新的结伴关系时会产生不同的术语意义。基于这一发现，本文对"责任人"的英译 responsible person 和"负责人"的英译 person in charge，leading person 等进行探索，发现现翻译违背了源语的术语意义。而与英美法中的 person responsible for 和 officer 相对应。

关键词：词汇意义；概念意义；负责人；责任人

1　引言

法律术语翻译是法律翻译最重要的内容之一，而当今的法律翻译中，术语翻译的准确性远不理想，其中以中国法律的英译文本为甚。笔者通过法律平行语料库检索，对"负责人"和"责任人"的英译抽样调查发现，

---

*　冯兆静、唐义均，北京工商大学外国语学院教师。

法律术语汉译英面临的最大挑战是译者未能实现术语对等（terminological equivalence）[1]。因此，本文将在搭配意义的框架下讨论这两个重要术语的英译的问题。

2　词汇意义与概念意义

2.1　词汇意义

就翻译而言，词汇意义（word/lexical meaning）是最小的语义单位。简言之，就是单词在词典上列出的释义，它不因单词出现的语境不同或搭配不同而发生变化。众所周知，要在翻译中实现单词层面的对等是相对容易的事，但翻译不可能停留在单词层面，一旦语言单位超出单词，词汇意义就会产生变化。例如，表示"工业的、产业的、实业的"industrial，与safety组合就产生了"生产安全"的意思，同dispute搭配即为"劳资纠纷"，和school同现则产生了"工读学校"的概念。（《元照英美法词典》，下称《元照》）这样形成的特定组合，传达出特定的概念，即搭配意义。

2.2　概念意义

概念意义有别于词汇意义。如上所述，industrial与不同的名词共现，形成了特定的词语组合，传达特定的概念，这在语义学中称为概念意义（collocative meaning）。[2] 概念意义指两个或以上词汇组合到一起而产生的意义。这种意义大于或不同于词汇意义。例如，natural "自然的、正常的、天生的、有血统关系的、野生的"，child是"小孩、子女、婴儿"。（《英汉大词典》第二版）但是natural与child搭配却并不表示"亲生子女"，而指法律语言中的"私生子"。因此，natural与child的组合产生的意义不同于二者词汇意义的简单相加，而是超越了其词汇意义。

2.3 概念意义与法律术语翻译

法律翻译界已经逐渐认可，法律翻译不能仅仅依靠一对一、直译的方法，还应将其作为一种交际行为，将实现其交际价值和交际效应（communicative value and effect）作为翻译的一项准则。可知，要达到这个准则仅将词项的词汇意义简单相加，是远远不够的。但是当前法律翻译领域的现状不容乐观。就拿法律术语"物证"一词来说。笔者以此为检索词在《中国法律法规汉英平行语料库（大陆）》，（下称《大陆法规库》）中进行了检索，共得到 11 次，全译为了 material evidence。而根据 Black's Law Dictionary（9th Edition），material evidence 是 Evidence having some logical connection with the facts of consequence or the issues。可见，material 和 evidence 组合，在法律中表示"相关证据、实质性证据"，而非"物证"。真正的"物证"则是 real evidence。

不恰当的翻译方法会产生不恰当的术语，给目标语读者带来极大的困惑。改善当前法律术语英译现状、解决术语不对等问题已迫在眉睫。本文就以"负责人"和"责任人"的英译为例，对法律术语的英译状况进行调查、探讨并针对二者的英译提出可行的解决方案。

3 "负责人"和"责任人"汉译英数据统计

笔者在《大陆法规库》中检索了"负责人"和"责任人"汉英数据，分别得到 273 和 320 的频数（检索时间：2018/7/4/17：07），分别涉及 61 部和 83 部法律。

在 61 部检索到"负责人"的法律中，节点词"负责人"出现次数最多的是《安全生产法》，共 94 次，其次分别是《游行示威法》《公司法》《中外合作办学》《统计法》等。

"责任人"共涉及 83 部法律，其中《刑法》出现的频率最高，共 69 次。

其次是《证券法》《安全生产法》《海商法》等。可见，"责任人"和"负责人"在法律文本中运用范围十分广泛。通过对数据的统计和分类，笔者将二者的有效英译结果归类如表 1 所示（部分）。

表 1　"负责人"与"责任人"的英译

负责人（257 次）	责任人（299 次）
person（s）-in-charge （101），person（s）/personnel /officer in charge （of）（51），responsible person（s）/ personnel /officer（s）/ people /management （22），person（s）/people responsible （for）（18），leading member（s）/person（s）（14）…	person（s）/those who is /are responsible（for）（99），person（s）/personnel/those/ people/ official / authorities responsible （for）（90），persons/personnel /those who are held/found responsible （for）（23），personnel/persons with/ who bear responsibility （19），responsible person（s）/ personnel/parties （17）…

*因篇幅有限，表中只列出部分译法，详细描述见文字部分。

"负责人"在源语中出现了 273 频次，英译中有 7 处以代词形式出现，9 次未译，因此共得有效英译 257 次。同样，"责任人"在源语中出现 320 频次，英译中有 1 处以代词形式出现，20 次未译，共得有效英译 299 个。有一点需要说明的是，统计过程中，我们发现，"责任人"左侧多有"直接"修饰，译文中也相应出现了 directly/direct 和 immediately。我们在整理数据时对这些修饰词做了删除。

"负责人"的 257 次英译中，有 152 次译为 person（s）-in-charge 或 person（s）/ etc. in charge （of），约占总数的 59.1%；与 responsible 组合的约占总数的 15.6%，其中 responsible person（s）/etc.22 次，person（s）/ etc. responsible for 18 次；另外 leading member（s）/etc.，head/headed 分别出现 14 次和 9 次；其中 10 次 administrator 和 6 次 carrier 或 carrier in charge 的源语分别为"行政负责人"和"船运负责人"，约占 6.2%。余者译为 principal（s），manager（s）/ management，directors，chief officer，representative，leader，executive members，officials 等，共计 24。

"责任人"与 responsible 和 responsibility 组合的英译共计 257 个，占了总数的 80% 以上，其中以从句形式出现的共有 141 次，约占总数的 47.2%，其中包括 person（s）who is（are）responsible（for），persons with/ who bear responsibility 和 persons /etc. who are held/found responsible（for）；以短语形式翻译的共 116 次，约占总数的 38.8%，其中包括 person（s）/personnel / those /people/ official /authorities responsible（for），responsible person（s）/ etc.，person（s）（as）held responsible 等。另外，用 liable 搭配共 27 次，占总数的 9% 左右。其余的 9 次"责任人"使用了 involved，relevant 等翻译。

4　讨论和解决方案

4.1　"负责人"与"责任人"的定义

我们查阅了大量的法律相关资料，并未发现 "负责人"和"责任人"的词条或明确的定义，因而只能从相关法条和文献中得到启发。例如，《会计法》第五十条："单位负责人"是指单位法定代表人或者法律、行政法规规定代表单位行使职权的主要负责人；《最高人民法院关于审理海事赔偿责任限制相关纠纷案件的若干规定》第十七条所称"责任人"应理解为对船舶碰撞事故负有责任的人[2]。

另外，"法律快车网站"上周兴华与黄钢律师对这两个术语解释为："负责人"一般是指日常工作的管理者，比如 "业务部门负责人" "财务部门负责人"等；但"责任人"一般是指不利后果的承担者，具体责任大小要看企业的性质。

综上，"负责人"通常指某一部门或机构的领导人或管理者，而"责任人"则指发生事故或者产生问题后的不良后果的承担者。

4.2　"负责人"和"责任人"的英译误区及解决方案

上述调查结果表明，"负责人"和"责任人"均有 responsible

person，person responsible for 和 person in charge 的英译，两者混为一谈，概念重叠。其次，两者译法繁多，造成概念混乱。本文就以这几个英译为中心，探讨"负责人"和"责任人"的英译。

根据 LDOCE 5 和 MacMillan English Dictionary for Advanced Learners：responsible：

① guilty [not before noun] if someone is responsible for an accident，mistake，crime etc，it is their fault or they can be blamed.

② in charge of [not before noun] having a duty to be in charge of or to look after someone or something.

③ A responsible person，or someone who is responsible，is sensible.

可见，responsible 可以表示承担事故、过错等不利后果的责任也可表示负责照看某事或某人的意思，但是 responsible 作这两种意思时，在用法上都不可用在名词前面。当 responsible 用在名词前面时，和 person 搭配指的是"有责任感的人"。因此 responsible person/ etc. 与"负责人"或"责任人"的概念不对等。

4.2.1 法律语言中"负责人"的英语对等词

由于法律语料库以及法律词典中找不到 person in charge 这样的短语，我们认为 in charge of 不是我们找的对等词。那法律词典及法律语料库中对"负责人"是如何表达的，我们摘录了以下内容：

（1）Dictionary of Legal Term（3rd edition）.

Officer： a person invested with the authority of a particular position or office; may be public or private in that the occupied office may or may not be invested with a public trust.

corporate personnel appointed by the directors and charged with the duty of managing the day-to-day affairs of the corporation. （p. 334）

（2）Black's Law Dictionary （9th Edition）

Officer：A person who holds an office of trust，authority，or command. In public affairs，the term refers esp. to a person holding public office under a national，state，or... （p. 1193）

（3）《元照英美法词典》。

Officer 指依委托、命令、授权而在公司、政府、军队或其他组织、团体保有职位、履行职责者，包括公职职位担当人和非公职职位担当人。（p: 997）

可见，officer 是被授予某特定职位或机关权力的人，包括公司的总裁、总经理、董事会秘书、财务主管，机关单位的署长等。我们还在《香港法规库》检索了 officer 一词，发现其和 public 搭配，组成 public officer 时译为"公职人员"，和 managing 搭配，组成 managing officer 时译为"高级管理人员"，单独出现时多译为"管理人员"（中国香港法律法规是由英文译为中文的），与我们理解的"负责人"的概念对等。因此，officer 可以与"负责人"构成对等。

4.2.2　法律语言中"责任人"的英语对等词

我们在《香港法规库》中对 person liable 进行了考察，共得出 91 频次。通过对比发现，其对应的中文普遍具有消极意义，例如"应付款的人""负有法律责任的人""予以逮捕的人"等。这一结论符合"责任人"的概念意义，因此我们认为 person/ etc. liable 与"责任人"可构成对等。

5　结论

通过对中国法律法规汉英平行语料库及法律词典的查阅，我们总结出"负责人"和"责任人"与其英译 person in charge，responsible person 等体现了术语不对等的问题。通过检索发现，officer 和 person/ etc. responsible for 表示对人、活动或职位负责的人，与"负责人"的术语意义对等；the person/ etc. liable 指不利后果的承担者，跟"责任人"的术语意义对等。

参考文献

[1] CHENG L，SIN K K. Terminological equivalence in legal translation.[J].Semiotica，2008（3）.

[2] 季刚 . 事故责任人与清障责任人之辨 [J]. 中国航海，2014（1）：17–19.

搭配意义框架下的法律术语汉英翻译

——一项基于法律双语语料库的研究

毕　苗　苗天顺[*]

摘　要：本文将以搭配意义理论探讨中国法律术语的汉英翻译问题。搭配意义理论指出，搭配并非词项的简单组合，而是词与词的复杂词汇组合方式。基于这一理论，本文通过以民事行为能力、法定代表人、文物、物证为检索词对"中国大陆法律法规平行语料库"和"香港法律法规汉英平行语料库"进行检索，发现这几个检索词都与源语的结构意义不对等。

关键词：搭配意义；语料库；法律术语翻译

1　引言

　　"搭配（collocation）"一直受到语言学家的广泛关注。Firth 早就提出了"搭配意义（meaning by collocation）"的概念。Sinclair 说过这样的话："实现语言地道性的是短语倾向，在这些短语中，词语往往同现并通过它们的组合（combinations）产生意义。在此就是搭配……"后来，Robins 也提出："词的意义并非孤立存在，词用于不同的搭配中，其词义会有所不同。"

---

* 　毕苗，北京工商大学外国语学院 2017 级英语翻译硕士研究生。苗天顺，北京工商大学外国语学院副教授，研究方向为翻译、语言学。

但目前，学者们曾用关联理论，功能对等理论及符号学理论等对法律术语的翻译进行过研究，但用搭配理论对法律术语的翻译进行研究的学者寥寥无几。我国汉英翻译界在翻译法律术语的过程中对词语的搭配意义未予以足够的重视，产生了大量的术语翻译错误。因此本文将以搭配意义理论探讨中国法律术语的汉英翻译问题。

2　词汇意义与搭配意义

词是构成篇章的基本单位，也是翻译的基本单位。一般说来，主要词类既具有词汇意义，又具有搭配意义。词汇意义是指词素、单词以及词组的意义。Firth 早就提出了"搭配意义（meaning by collocation）"的概念，即同一个词在与不同的词搭配使用时往往有不同的意义，这就是词的搭配意义。搭配意义与词汇意义不同，搭配意义是词汇组合方式产生的意义，它要大于词汇意义。"也就是说，1+1 ≠ 2，而是 1+1<2。这'大于'的部分肯定不是词义本身带来的，而是由这个结构、或者说是由词和词的组合产生的。"人们在理解这样的结构时，往往需要把"大于"部分加进去才能理解整个结构的意义。例如，英语 rest 与 room 的词汇意义分别是"休息"和"房间"，但当它们组合到一起后就产生了完全不同于这两个词意义简单相加的意思，而表示"公共厕所"。

由此见得，句子意义部分地取决于该句子的搭配意义，部分地取决于构成该句子的各个词的词汇意义，因此句子意义是搭配意义和词汇意义的复合函数，即句子意义 =f（搭配意义）+g（词汇意义）。在这个函数式中，搭配意义和词汇意义都是变量，它们是互动的，它们的任何细微的变化都会导致句子意义变化。

3　搭配意义与法律翻译

Leech 发展了 Firth 的理论，将"搭配意义"作为其中一种语义范畴来描述："搭配语义（collocative meaning）就是由一个词所获得的各种联想所构成的，而这些联想则产生于与这个词经常同时出现的一些词的意义[2]。"这些理论都对指导翻译实践具有重大意义。因为如果在一句话或者一个词组中，我们单纯的直接按照词词对应的方式来翻译，有时会造成目的语的搭配不当，更有甚者，可能还会改变源语的结构，造成错译。例如，英语 guest 与 worker 分别具有"宾客"和"工人、劳动者"的词汇意义，但当它们组合到一起后就产生了完全不同于这两个词意义简单相加的意思，而表示"外来务工人员"的含义；再如，中文中，"红茶"一词，"红"与"茶"分别具有各自的词汇意义，汉英词典中将"红"与"red"对应，但在翻译"红茶"时却不能将其简单的翻译为"red tea"，这是由于中西方颜色文化和历史导致；再如单词 dry（干燥的，干旱的）与 sound（声音）搭配表示"枯燥的声音"，与 cow（奶牛）搭配译为"不产奶的奶牛"，与 bread（面包）搭配表示"白面包"，由此可见，搭配不同时，dry 的含义也发生了变化。

法律文本翻译也不例外，搭配意义与法律术语翻译也密切相关。例如，"black"和"book"分别表示"黑色"和"书本"，但它们组合起来的搭配"black book"却不是"黑色的书本"，而是"案例书"；再如，"natural son"和"natural father"，在法律英语中的翻译则为"私生子"和"生父"，"natural"的意义在这两个词组中由于搭配变化也发生了变化；再如，"competition"与"law"分别表示"竞争"与"法律"，但它们组合而成的搭配"competition law"不是"竞争法"，而是"反不正当竞争法"。以上的几个例子中，由于搭配不同，各个单词组成的词组的结构意义与其词汇意义也大不相同。

从以上例子可看出，搭配会产生新的含义，并非词汇意义的简单相加。目前，我国汉英翻译界在翻译法律术语的过程中对词语的搭配意义未予以足够的重视，产生了大量的术语翻译错误。

4　语料库数据

由绍兴文理学院外国语学院创建的"中国法律法规汉英平行语料库"于 2009 年 8 月 12 日正式发布并成功运行，其中"中国大陆法律法规平行语料库"是汉英的，而"香港法律法规汉英平行语料库"是英汉的，是由英语为母语人士翻译的，香港法律界组织人员在回归前汉译了香港法律。我们以"民事行为能力""物证""法定代表人"和"文物"为检索词对 "中国大陆法律法规平行语料库"进行了检索；以"civil capacity""material evidence""legal representative"和"heritage"为节点词对香港的"中国香港法律法规汉英平行语料库"进行了检索，得到了以下数据：

首先我们以"民事行为能力"为检索词，对"中国大陆法律法规库"进行检索，得到以下结果：

"民事行为能力"术语涉及了 3 部法律法规，包括"公司法""信托法"和"收养法"，分别有 2、8 和 1 次，共 11 次，全部译为 civil capacity.

由于"民事行为能力"翻译为 civil capacity，我们以 civil capacity 为检索词，对"香港法律法规库"进行了检索，得到的结果与"大陆库"的完全不同。civil capacity 涉及了 5 部法律（编号为 HK0309E、HK0310E、HK0401E、HK1609E、HK1610E），共得到 13 次，无一例外地译为"文职"。

对于"物证"的检索，涉及"民事诉讼法"、"刑事诉讼法"和"行政诉讼法"这 3 部法律，共得到 10 次，无一例外地译为 material evidence。

由于"物证"在内地法律法规平行语料库中的翻译为"material evidence"，我们便以"material evidence"为检索词对"香港法律法规平行语料库"进行了检索，得到的结果与"大陆库"完全不同，material evidence 涉及了 5 部法律（编号为 HK0906E、HK0909E、HK1303E、

HK2007E、HK2009E），全部译为"关键性证据"。

我们检索了"法定代表人"，得到了92个结果，涉及30部法律法规，出现频率高达5次的法律有"公司法"（17次），"登记管理条例"（8次）"行政复议条例"（7次），"法人管理条例"（6次），"破产法（试行）"（7次），"外企法细则"（5次），"刑事诉讼法"（7次），其他的均为3次及以下，所有均译为"legal representative"。

由于"法定代表人"的英译在"大陆库"中均为"legal representative"，于是我们便以"legal representative"为检索词检索了"香港库"，涉及20部法律，其中出现频率高达5次的法律有3部（编号HK0201E、HK0610E、HK0908E），其余均为3次以下。这20部法律中，对 legal representative 的汉译有很多，比如"法律代表""合法代表""法定遗产代理人""法定代理人""律师代表"。

我们检索了"文物"，得到了242个结果，涉及4部法律法规，检索词"文物"在"文物保护法"中出现了97次、在"刑法"中出现了11次、在"沉物沉船管理"中出现了6次、在"加强完善文物"中出现了128次，其中均以"cultural relics"为译文。

我们以"heritage"为检索词检索了"香港库"，得到了15个结果，涉及4部法律法规（编号为HK1707E、HK2005E、HK0601E、HK2007E），均被译为"文物"。

5 数据分析

（1）法定代表人和 legal representative.

经查阅，"法定代表人"在中文法律中有三种定义：①高等学校的校长为高等学校的法定代表人（《教育法》）。②公司法定代表人依照公司章程的规定，由董事长、执行董事或者经理担任，并依法登记（《公司法》）。③董事长或者主任是合作企业的法定代表人（《合营实施细则》）。而我国汉英翻译界人士对"法定代表人"的对应翻译"legal representative"在香港法中有两种定义：①"法律代表"（legal representative）指大律师或律师；legal representative（法律代表）means a counsel or solicitor（HK0610E0548）。②在于上诉委员会席前进行的程序中，上诉人及署长均可由代理人或法律代表作代表。The appellant and the Director may be represented by an agent or legal representative at a proceeding before the appeal board（HK1809E0134）。

实际上，"法定代表人"与其译文 legal representative 在结构意义上并不对等。为明晰 legal representative 的含义，我们查阅了多本英美法律词典，得到以下结果：

《布莱克法律词典》表明，legal representative 有两层意思：lawful representative 和 personal representative。lawful representative 又表示"法定继承人"和"遗嘱执行人（executor）、遗产管人（administrator）"。而 personal representative 是专门为失去民事能力的人（incapacity）或亡者（death）处理法律事务的人，即"法定代理人"或"代理律师"。从技术上讲，是未在遗嘱中指定的"遗产管理人"。而 Oran's Dictionary of the Law 中对"legal representative"的解释则为：① A person, such as an executor or administrator of wills, who takes care of another person's business involving courts. ② A family member entitled to bring a wrongful death action.

由此，以上英美法律词典均未提及中国法律法规中的"法定代表人"的概念，可以证明香港法中对"legal representative"的解释是对的，而大陆法的翻译是错的。

（2）物证与 material evidence.

经查阅，《行政诉讼法》规定，物证是以物品、痕迹等客观物质实体的外形、性状、质地、规格等证明案件事实的证据。如肇事交通工具、现场留下的物品和痕迹等。

为明晰 Material evidence 的含义，我们查阅了多本英美法词典，得到以下结果：

在 Oran's Dictionary of the Law 中对"material evidence"的解释则为：material 同 relevant。In evidence law, relevant and material are sometimes used as synonyms, but here material means "important to a claim, charge, or defense in a court case." 即 material evidence 为关键性证据。

在《元照英美法》中 material evidence 为实质性证据、关键性证据。指因其与重要事实或争议问题的逻辑联系而可能影响案件审理者对事实的认定的证据。对诉讼中未出示的证据，如果可以合理地认为，若该证据被提出，案件结果将可能不同，则可认为该证据为实质性证据。

显然，在上述英美法律词典中查到的 material evidence 并无中国法律中的"物证"之意。这证明香港法中对"material evidence"的解释是对的，而大陆法的翻译是错的，那么"物证"到底应该怎么翻译，经查阅相关的英美法词典，得到如下结果：

Real evidence：物证。由事物本身提供的证据，可由陪审团直接观察而不必经由证人口头描述。例如，某人的外貌、疤痕、伤口、指纹等，又如犯罪所用的武器、工具或其他有关物品、发生事故地点的外形等。（《元照英美法》）

6 结语

通过以特定检索词对"中国大陆法律法规平行语料库"和"香港法律法规汉英平行语料库"进行检索，我们发现"civil capacity""material evidence""legal representative"和"heritage"的含义与中国法律法规对应的"民事行为能力""物证""法定代表人"和"文物"所表达的概念并不对等。以上分析可以看出，词的搭配意义是灵活多变的。在翻译法律文本时，不能只做到简单的词汇意义对应，更要做到搭配意义的对应。

搭配意义视角下"物证"的英译

梁洁　刘红艳*

摘　要：本文从搭配意义的视角探讨"物证"一词的英译。搭配并非词项的简单组合，词与词之间的搭配会产生新的含义，而这种新的意义即为结构意义。本文选取"物证"这一术语，在语料库数据中进行了检索，发现这一术语的英译与源语的结构意义并不对等，在进一步查阅的基础上，我们提出了正确的译法。

关键词：搭配意义；结构意义；物证

1　引言

英国法学家曼斯斐尔德说过，"世界上大多数的纠纷都是由词语所引起的"，因而在翻译法律文本时，我们必须解决的一个障碍就是法律术语的翻译。法律术语是法律领域中用于表达法律事物及其相应概念的语言指称，具有法定的语义。这就使得不同法律体系、不同法律制度、不同语言之间的法律术语的翻译成为难题。为此，大批学者也曾用关联理论，功能对等理论及符号学理论等对法律术语的翻译进行过研究，然而，用搭配意义对法律术语的翻译进行研究的学者寥寥无几。因此，本文将以搭配意义探讨法律术语"物证"的英译。

2　搭配意义与词汇意义

---

* 梁洁，北京工商大学外国语学院 2017 级翻译专业硕士研究生。刘红艳，北京工商大学外国语学院教授，研究方向为基于语料库的话语研究、学习者语料库研究、言语障碍患者即席话语研究。

搭配是词语搭配研究之父 Firth 提出的重要理论。"Meaning by collocation is an abstraction at the syntagmatic level and is not directly concerned with the conceptual or idea approach to the meaning of words." 搭配所产生的语义要比单独词汇的意义之总更为复杂。Leech 在 1981 年也提出了搭配的概念，Collocative meaning consists of the associations a word acquires on account of the meaning of words which tend to occur in its environment. 搭配意义即是词汇组合方式所产生的意义。While the semantics of a free word combination is the sum of the meanings of its elements，collocational meaning is formed by adding more abstract semantic features expressed by the collocate to the full meaning of the base. 同样，Gelbukh&kolesnikova 也认为，词与词之间的搭配会产生新的意义，而这种新的意义即为结构意义。

Wilss 提出，"Lexical meaning can be broken down into denotational，connotational，affective，collocational，metaphorical，and cultural meaning." 尽管分类诸多，但词汇意义仍是孤立的意义，不能表示词语之间的相互关系，例如 thief、policeman、arrest，这些单词都具有各自的词汇意义，也都能从词典中查到，但是这些意义互不相干，也不能表示它们之间的关系，只有当这些词以一定的方式出现在句子结构中，它们之间的关系才得以显现。词汇意义是词汇本身的意义，而搭配意义则是词汇组合方式所产生的意义。

3 搭配意义与法律术语翻译

搭配意义与法律术语的翻译密切相关。Vinay & Darblnet 认为，"搭配意义通常产生于词汇组合结构的意义，产生于按语法规则组词之语序的意义"。搭配意义是词和词组之间相互关系的体现，这对于法律术语的翻译实践具有十分重要的指导意义，因为如果我们逐字翻译，或照搬源语搭配，就很可能使源语的搭配义发生改变。例如：black 与 book 分别表示"黑色的"与"书"，但它们组合而成的搭配 black book 不是"黑色的书"，而是"案例书或法律书"；类似的，black-letter laws 的正确译法为"严格的法律"；legal 与 construction 分别译为"法律"与"建设"，但搭配 legal construction 并不能译为"法律建设"，而应译为"法律解释"。从以上例子可看出，搭配会产生新的含义，而并非词汇意义的简单相加。

4　语料库数据

本文数据源自《中国法律法规汉英平行语料库（大陆）》及《中国法律法规汉英平行语料库（香港）》。其中，"香港库"是由英文译成汉语的，即由英语母语立法者撰写的英美普通法。本文将它用作中国法律术语英译的参照。

经过在"大陆库"与"香港库"中的搜索，我们得到如下结果。

"物证"英译（中国大陆）		"material evidence"汉译（香港）	
来源	次数	香港法	次数
刑事诉讼法	6	HK09…	8
民事诉讼法	3	HK20…	7
行政诉讼法	1	HK13…	3

"大陆库"中，对"物证"进行检索，结果显示："物证"术语涉及 3 部法律法规，包括"刑事诉讼法""民事诉讼法"和"行政诉讼法"，分别有 6、3 和 1 次，共 10 次，全部译为"material evidence"。由于"大陆库"中"物证"译为了"material evidence"，所以我们在"香港库"中对"material evidence"进行了检索，结果显示："material evidence"涉及 3 部法律（编号分别为 HK09、HK13、HK20），共得到 17 次，无一例外地译为"关键性证据"。

5　数据分析

我国《行政诉讼法》规定，物证是以物品、痕迹等客观物质实体的外形、性状、质地、规格等证明案件事实的证据。如肇事交通工具、现场留下的物品和痕迹等。

为明晰 "material evidence" 的含义，我们查阅了多本英美法词典，得到以下结果：

material evidence：实质性证据、关键性证据。指因其与重要事实或争议问题的逻辑联系而可能影响案件审理者对事实的认定的证据。对诉讼中未出示的证据，如果可以合理地认为，若该证据被提出，案件结果将可能不同，则可认为该证据为实质性证据。（《元照英美法》）

显然，上述英美法律词典中查到的 material evidence 的搭配义与中国法律中 "物证" 的结构义并不完全相符。中国法律中，"物证" 是证明案件事实的证据，并不强调该证据的重要程度。而英美法中，material evidence 指的是会影响案件审理，导致不同结果的证据，该证据对案件判决意义重大。这证明香港法中对 "material evidence" 的解释是对的，而大陆法中 "物证" 的翻译是错的，那么 "物证" 的正确译法是什么，我们查阅了相关的英美法词典，得到如下结果：

Real evidence：物证。由事物本身提供的证据，可由陪审团直接观察而不必经由证人口头描述。例如，某人的外貌、疤痕、伤口、指纹等，又如犯罪所用的武器、工具或其他有关物品、发生事故地点的外形等。（《元照英美法》）

Realevidence：Known also as "demonstrative" and "objective" evidence. That which is afforded by production and inspection of material objects. (*B.Borazon, Dictionary of Law*)

The kinds of evidence usually produced are physical objects（real evidence），written statements and documents（documentary evidence），testimony of the parties（personal evidence），and testimony of expert witnesses on the conclusions or inferences to be drawn from facts found by measurement, testing or other examination （expert or opinion evidence）. (*The Oxford Companion to Law*)

real evidence 可直接观察的，以外形特征证明案件的事物，只强调该物体是证据，与案件事实有关，并不强调该证据的重要程度，而这正是中文法律中"物证"一词的确切含义。因此，经过查阅，我们认为 real evidence 能恰当地表达出上述"物证"的概念，可作为该搭配结构的对等翻译。

6 结语

通过在"大陆库"和"香港库"中对"物证"这一术语进行检索，我们认为中国法律中的"物证"一词，并非与英美法中的 material evidence 对应，而应译为 real evidence，由此可见，在翻译法律术语时，我们不仅要查明原术语的确切含义，同时应对目的语的搭配予以足够的重视，不能照搬源语搭配，或是逐字英译，应力争使其英译与源语的结构义相吻合。

法商英语专业口译听力理解阶段思辨能力培养示例

李英杰[*]

摘　要：本文探讨法商英语口译教学中的思辨能力培养。通过例证说明在听力理解阶段，如何对输入信息进行整体化听取意义、逻辑化分析意义和条块化处理信息的教学操作方法。

思辨能力是口译中的核心能力，也是口译的基石，在法商英语口译教学中可以通过听力理解阶段思辨式思维习惯的养成训练来培养思辨能力，为最终输出高品质的目标语打下基础。

关键词：思辨能力；整体化听取意义；逻辑化分析意义；条块化处理信息

思辨能力作为一种可迁移的通用能力，在各门课上都可以培养，口译课也不例外。在听力理解阶段培养思辨能力，需要养成三个思辨式思维习惯：整体化听取意义、逻辑化分析意义和条块化处理信息。

本文将用例证阐述口译的听力理解阶段如何通过三个思辨式的思维习惯来培养思辨能力。

1　整体化听取意义

例如当学生听到以下这段文字时，首先应当听取整体意义，也就是能

---

* 李英杰，北京工商大学外国语学院讲师，主要研究方向为应用语言学。

够理清发言人的思路，抓住主要信息（main information），舍弃次要信息（peripheral information）。

> 现代工业经济是这样运作的：资源被从地球一端的洞里，挖出后用上几星期后又被倒入地球另一端的洞里，这就是所谓的创造价值。价值的创造提高了我们的生活质量，从而使我们更加幸福，我们从一个洞运到另一个洞的东西越多，我们就越幸福，不幸的是我们运送的似乎还远远不够，根据世界观察所得调查，自1950年以来，英国25岁的年轻人患忧郁症的几率增加了十倍，有1/5的学龄儿童存在心理障碍，美国的研究表明，每年有40%到60%的人患有精神疾病，世界卫生组织预测到2010年忧郁症在发达国家终将成为第二大常见疾病。除非开始实行审慎的消费，否则我们永远也不可能体会到真正的快乐。

主要信息点可以如下表述：

> 现代人在消耗资源，也在创造价值。价值创造越多，人的幸福感越强。现实是很多人都有心理疾病。过度消费并不一定带来幸福。审慎的消费才是出路。

上面表述虽然抓住了主要信息点，但只是主要信息的简单罗列。下一步就要逻辑化分析意义，也就是，把支离破碎的信息点用逻辑这条主线串联起来。

2　逻辑化分析意义

逻辑化分析意义要求找寻各个主要信息点之间的逻辑联系，对主要信息点进行逻辑化分析，以便储存到短期记忆当中。一般的信息结构都遵从一定的逻辑关系模式，如：概括（generalization）、分类（classification）、因果（cause-effect）、对比对照（compare & contrast）、按照时间、空间、步骤、重要性的顺序排列（sequencing）、列举（simple listing）、提出问题 -

解决问题（problem-solution）等。上述主要信息点加入逻辑连接词后，可以改为如下表述：

> 现代人在消耗资源的同时创造了价值。理论上讲，价值创造越多，人的幸福感越强，但现实是很多人都有心理疾病。因此过度消费并不一定带来幸福。审慎的消费才是出路。

3　条块化处理信息

口译的听力理解阶段，信息经过整体化和逻辑化处理后，接下来就该进行条块化处理了。条块化处理信息的目的是为了方便信息储存在短期记忆里，以意群为单位提取信息。人的记忆就好像一个抽屉，里面如果杂乱无章，你很难找到你想要的东西。但如果经过归类整理后，东西摆放的整整齐齐，找东西就很容易了。整理抽屉需要把抽屉分成格子，整理记忆也要把信息分成意群。

仍以上段文字为例，经分析发现，这段文字共包括三个意群：假设 + 现实 + 结语。其中，假设部分的关键句是"我们从一个洞……就越幸福。"第二个意群现实部分是一句反话导出的："不幸的是，我们运送的似乎还远远不够。"后面跟了一些例子，落点在"精神疾病"这个关键词上，点出了问题所在。最后一句是结语，提出解决问题的办法，也是信息要点。

4　结语

口译即思辨，口译做得好其实是思辨能力强的表现。口译中各个环节的活动也都可以用来培养思辨能力。本文主要通过示例，探讨了在听力理解阶段如何培养思辨能力。另外两个阶段，即短期记忆阶段和输出阶段，如何融入思辨能力的培养还有待于进一步探讨。

翻译转换理论视角下法律文本中模糊语言的运用及翻译策略

张耀文　　关涛*

摘　要： 作为约束人们日常行为的规范，法律具有准确性和法定性等基本特征，但模糊词语在法律文本中屡见不鲜。本文探讨了法律文本中模糊语言的存在理据和功能，力求在翻译转换理论的指导下呈现更高质量的翻译文本。

关键词： 翻译转换理论；法律文本；模糊词语；翻译策略

模糊性是非人工语言的本质特征，语言模糊性的研究又催生了模糊集合论。[5]1965 年，美国自动控制专家扎德发表了《模糊集合》（Fuzzy Set），从此开辟了模糊集合论的研究之路。本文重点探索模糊语言在法律文本中的语用作用，以卡特福德的翻译转换理论为视角，分析模糊语言在法律文本中的翻译策略。

1　法律文本中模糊语言的存在理据

1.1　人类对客观事物认识和评价的局限和差异

世界是可知的，但是受限于当前的发展水平，我们对世界的认识还不

---

* 张耀文，北京工商大学外国语学院翻译专业 2017 级硕士研究生。关涛，北京工商大学外国语学院副教授，文学博士，硕士导师，主要研究方向为比较文学和翻译研究。

是很全面。我国《民法通则》第一百零七条规定：因不可抗力不能履行合同或者造成他人损害的，不承担民事责任。在我们已有的认知里，洪水、干旱、火灾、台风等均可称为自然灾害，但是还有更多的超出我们认知之外的其他自然现象。扎德认为，"模糊理论的重要性基于这一事实——几乎人类所有的思维，尤其是日常思维，从本质上来说都是模糊的。"我们对不同的事物有着不同的体验和感官，因此也会产生不同的评价和定义。

1.2 法律适用范围的有限性

法律旨在通过立法保护人们生活的方方面面，威慑罪犯、严惩所有犯罪行为。但是法律语言是有限的。例如我国《刑法》第二章中规定：明知自己的行为会发生危害社会的结果，并且希望或者放任这种结果发生，因而构成犯罪的，是故意犯罪。其中危害社会的行为有很多种，包括炸毁古迹、伤害他人生命、散播谣言制造恐慌等，我们无法将所有可能发生的罪行一一列举出来，所以用"产生危害社会的结果"这个模糊表达进行概括性表达。

2 法律文本中模糊语言的语用功能

模糊语言并不意味着表述不清，逻辑混乱。以我国《刑法》为例，据统计，从《总则》到《分则》运用了模糊语言的条文共 108 条，占全部条文的 56% 以上。模糊语言的大量运用力图使法律语言更加全面，维护法律的稳定性，展现法律的人文情怀。

2.1 使表述更加简练、全面和严谨

如果万事均事无巨细记录下来，会很容易造成冗赘。例如：No person may enter into, induce, arrange, procure or otherwise assist in the formation of a surrogate parentage contract. 其中 "otherwise" 便涵盖了除上述列举中的其他促使代孕的非法行为，因描述的概括性而所产生更强的法律威慑性。

2.2 彰显法律的人文性，维持法律稳定性

刑法第五十三条规定：如果由于遭遇不能抗拒的灾祸缴纳确实有困难的，可以酌情减少或者免除。对于一些特殊案件，法律会将自由裁量权交由法官，在遵守法律的基础之上彰显人文道德风范。法律的制定和修改需要的烦琐程序决定了法律的滞后性。法律作为调整社会关系的规范要力求稳定，不能朝令夕改，反复无常。而模糊语言的使用扩大了法律的适法范围，从而使法律环境更加稳定。

3 翻译转换功能与法律模糊语的翻译策略

3.1 卡特福德的翻译转换理论综述

1965 年，英国语言学家卡特福德在《翻译的语言学理论》中提出 "翻译转换"（translation shifts）的概念，进而提出了层次转换（level shifts）和范畴转换（category shifts）。卡特福德将范畴转换细分为四类转换，而模糊语言的翻译主要涉及以下两类：①类别转换（class shifts）：即将源语中的一个词类转换成目的语的另一词类。例如："Homework must be in by tonight." 中的介词 in 需翻译成动词 "上交"。②单位转换（unit shifts）：即将源语中单位的某一等级转换成目的语单位的另一等级。例如 "Strangely, she never showed up." 将英语中的一个单词，翻译成汉语中的短语。

3.2 翻译转换理论在法律模糊语翻译中的应用

有一部分模糊表达是能够达到完全对等，比如严重（severe）、若干（several）、暴力（violence）、重大影响（major impact）等，但两种语言

的差别也决定了模糊语言会产生无法对等的情况。因为在英语的法律文本中，为了展现法律语言的正式和庄重，文中会使用大量的名词和介词，但是中文为了强调动作和后果，会更多地采用动词。

3.2.1 词类转换

例1：The heirs or next of kin may have a damage claim for the intentional or negligent death of their relative or testator（wrongful death action）

译文：继承人或近亲属可以提起损害赔偿之诉，当其被继承人或近亲属被故意或过失导致死亡时（非正常死亡之诉）。

汉语强调动作产生的结果，所以以将英语中的 intentional or negligent 两个形容词翻译成名词，即强调造成死亡的原因。

3.2.2 类别转换

例2：Party B shall supply Party A free of charge with a second set of the documents within the shortest possible time but not later than thirty days…

其中将 within the shortest possible time but not later than thirty days 调整顺序翻译成在不少于 30 天的时间内尽快，将句中 the shortest possible time 从 within 的范围中抽离出来，翻译成单独的时间状语，更加强调甲方所要求的时间的严谨性和紧迫感。

随着中国对外开放的格局纵深推进，法律语言的对外译出急需规范，模糊语言在法律文本的比例不容小觑，对模糊语言的研究能够帮助我们更好地了解中英两种语言的差异，使我们翻译出更加准确和地道的法律语言。

功能翻译理论视角下的中西企业年度财务报告文本功能分析

闫欣 *

摘　要： 本文以功能翻译理论为研究理论基础，结合中国及西班牙企业年度财务报告文本的特点，分析其文本功能，以帮助译者采取恰当的策略进行此类文本的中西互译。

关键词： 年度财务报告；西班牙语；功能翻译理论

1　引言

当今经济贸易全球化和一体化进一步深入，中国和西班牙的双边经贸合作日益紧密。在该进程中，财经翻译的重要性日趋凸显，大量财经文件和信息资源需要国际化和本土化。本文将依据功能翻译理论，从文本功能的角度分析西班牙和中国企业年度财务报告，为译者更好地理解源文本及采取合适的翻译策略和方法提供参考。

2　功能翻译理论概述

功能翻译理论于 20 世纪 70 年代被提出，是至今为止重要的翻译理论

---

* 本文为 2018 年北京工商大学"科技创新服务能力建设 – 基本科研业务费 – 青年教师科研能力提升计划"项目（编号：PXM2018_014213_000033）研究成果。

** 闫欣，北京工商大学外国语学院助教，主要研究方向为商务西班牙语、西班牙语翻译。

学派之一，为翻译实践提出了重要理论指导和对策。德国翻译理论家诺德根据交际功能细分了文本类型，提出了四种以翻译研究为导向的基本文本功能，分别为所指功能、表达功能、呼唤功能和寒暄功能。[1] 所指功能指的是文本对事物和现象的描述功能，其描述目的是向读者提供信息。可分为一系列子功能，分别为告知功能、指导功能、教导功能等。表达功能指的是文本作者对事物或现象表达的感情、态度或评价，分为子功能：抒情功能和评价功能。呼唤功能是指作者通过文本唤起、启发、诱导接受者本身已有的经历、知识、观点、感情等个人意念，以打动读者、引起其共鸣并对其产生影响。其子功能包括解说功能、劝告功能、教育功能和广告功能。寒暄功能指某些文本具有的除交流信息之外的交际功能，在文本发送者与接受者之间共同的文化约定下通过交际套语拉近彼此的距离 [2]。该理论认为，多数文本并非只具有单一的功能，而是兼具多种功能或是以一种功能为主同时兼有其他功能。

3 西班牙和中国年度财务报告的文本功能

3.1 告知功能

根据中国《会计法》（2017 年修订）及《企业财务报告条例》（2000年颁布）的规定，财务会计报告是指企业对外提供的反映企业某一特定日期财务状况和某一会计期间经营成果、现金流量的文件。西班牙《商法典》及《通用会计计划》（2008 年实施）第三章也规定了企业年度财务报告相关条例。两国企业财务会计报告都由会计报表、会计报表附注和财务情况说明书组成。会计报表都包括资产负债表、利润表、现金流量表及相关附表等。由此可见，中西企业年度财务会计报告的文本功能之一是告知功能，企业作为文本发送者向财务会计报告使用者公告年末企业财务状况、全年经营成果和现金流量等有关会计信息，披露企业管理层受托责任的履行情况等。

3.2　解说功能

　　中国《企业财务报告条例》第十四条和第十五条规定了会计报表附注和财务情况说明书的用途。会计报表附注是为便于会计报表使用者理解其内容而对会计报表的编制及主要项目等所做的解释。财务情况说明书则对企业生产经营状况及利润、资金周转等企业财务的基本情况做出说明。西班牙《通用会计计划》第三章中也规定了财务情况说明书需对会计报表未尽事宜及企业经营和财务相关的重大事项予以说明。由此可见，中西年度财务报告也起到对企业的定位、经营情况以及管理状态等的解释说明作用，即体现了年度财务报告的解说功能，在沟通企业单位管理层（文本发送者）与财务会计报告使用者（文本接受者）之间起着桥梁作用。

3.3　劝告功能

　　企业的年度财务报告在一定程度上折射了企业形象。通过对外公布该报告，企业希望向报告使用者展现积极的形象，展示企业的经营管理情况、企业文化、所获成果、社会责任履行情况、战略规划及未来远景等。同时企业也希望通过报告说服文本接受者，即投资者、股东、客户、员工、媒体或消费者协会等相关利益者，为企业做正面有利的宣传，并为企业的良性可持续发展创造条件。这一点即体现了年度财务报告的劝告功能。

　　综上所述，依据文本功能翻译理论，中西年度财务报告共体现了三个文本功能，分别为告知功能、解说功能和劝告功能。在翻译该类型文本时，译者需在了解其文本功能特点的基础上，采取恰当的翻译策略和方法。

参考文献

[1] NORD C. Translation as a purposeful activity [M]. 上海：上海外语教育出版社，2001.

[2] 平洪 . 文本功能与翻译策略 [J]. 中国翻译，2002，23（5）：19-23.

计算机辅助翻译软件 Trados 在高校实验室的应用

王俏 *

摘　要：由于当前主流科技著作及学术论文均运用英语完成，因此，许多学者为打破语言理解的壁垒，对语言翻译有了更高的要求。Trados 作为计算机辅助翻译软件，在传统的人工翻译基础上，在一定程度上提高了翻译的时效性。该软件具备翻译记忆技术，将已有的翻译进行储存，极大地减轻了译员的工作量。

关键词：翻译软件；Trados 软件；计算机辅助翻译软件

软件翻译的历史最早可以追溯到 17 世纪，一些学者提出希望通过机器词典来克服语言障碍，这是翻译软件这一概念的雏形。直到 20 世纪 30 年代，这一概念最终由法国科学家阿尔楚尼形成，我国的机器翻译开始于 1956 年。随着计算机的迅猛发展和文化交流与应用需求的增加，机器翻译正逐渐成为人们克服语言障碍的重要途径。传统的有道翻译和谷歌翻译等软件发展迅速，市场普及率高，但时效性、专业性和准确率低。因此，以 Trados 为首的辅助翻译软件应运而生，在职业译员中，获得了广泛的应用，受到了极大的欢迎。

---

* 王俏，北京工商大学外国语学院教师。

1　Trados 的应用功能

Trados 是一种计算机辅助翻译软件，也称为翻译记忆软件。翻译记忆就是将译员做过的工作，用软件进行存储，并形成两个主要的数据库，一个是句料库，另一个是术语库。在进行翻译工作的时候，只要是句料库和术语库中有的，Trados 就会显示完全相同的句子，如果该语料为100% 匹配，软件将自动插入译文，避免了重复翻译。在语料相似的情况下，它用一种称为模糊匹配的方法，给出参考译文，方便译员选择及修改。与此同时，Trados 可以对数字、缩写、日期、时间和度量单位等进行自动替换。

2　Trados 的技术问题与解决方案

安装时出现故障，例如，系统提示：could not write value to key. 经实践，其原因可能由于杀毒软件的拦截造成。因此，在安装 Trados 时需要关闭和退出杀毒软件。

在添加记忆库时，软件提示：翻译管理系统不支持此项目。实践得出：这是由项目设置的源语言和目标语言与添加到记忆库的语言不一致造成。例如：项目语言设置为 English(United Kindom)而目标语言为 English(United States)，美式英语和英式英语属于不同的子语言，就相当于简体中文和繁体中文。

3　Trados 的应用评价

Trados 在翻译软件中的优势在于处理术语上，可以批量地导入行业术语，增强了专业性，节省了时间，并且提高了准确性。据统计，在计算机辅助翻译系统帮助下，几秒钟能完成近千字的翻译工作，而单靠人力完成一千字须几个小时。

Trados 帮助译员提高了翻译速度。双语对照模式又保证了句子意义的准确传达，最终保证了译文语篇的可读性，这些都是 Trados 优势的体现。

Trados 也存在一些不足。随着术语库的建立和完善，Trados 对于计算机的运行速度也是一种挑战，过多信息的储存，必将致使计算机运行速度变慢。语料库的质量也受译员影响，译员的错误翻译会降低 Trados 的使用质量。

4 Trados 在高校实验室的应用思考

随着科技发展，互联网和计算机辅助翻译的广泛运用为学者和译员提供了方便，高校对于新软件的普及和传播起到了一定作用。面对不断提高的翻译需求，软件也需要不断的更新升级，这对于高校的基础设施而言，也是不小的挑战。与此同时，实验室管理人员更应该提高计算机应用能力和语言能力，真正运用和维护好高科技软件。

技术辅助翻译中的法律术语库构建研究

邢琳　　苗天顺*

摘　要： 作为信息化时代发展的产物，计算机辅助翻译（CAT）为当今译学注入了新的活力，是现代翻译理论创新和翻译技术发展的一个着力点。术语管理是计算机辅助翻译的关键技术之一，也是现代翻译项目管理不可或缺的组成部分。法律英语项目中法律用语和法律文件等都具有鲜明的特点，要求采用严格的、规范的、正式的语体。法律文化的差异也对法律语言的理解造成了障碍，这些都对法律英语语言的掌握和运用提出了更高的要求。本文从法律翻译的特点出发，分析了法律翻译项目中术语管理的意义，阐述了创建术语库的方法和流程，以提高法律翻译项目的质量和效率。

关键词： 计算机辅助翻译；术语管理；法律翻译；术语库

1　引言

随着信息化时代的到来，世界一体化趋势逐渐形成，各国之间联系密切，交流频繁，对翻译的生产效率也提出了新的要求和挑战。现代信息技术迅猛发展，机器翻译的普及，计算机辅助翻译技术的发展，深刻影响着

---

* 邢琳，北京工商大学外国语学院 2017 级英语翻译硕士。苗天顺，北京工商大学外国语学院副教授，研究方向：翻译、语言学。

翻译活动的方方面面，极大地提高了翻译的效率，推动语言服务行业的变革和空前繁荣，翻译技术广泛应用于语言服务的各个层面，翻译呈现出信息化、多元化、流程化、协作化、专业化等职业化特征，职业化的翻译活动呈现出显著的变化：翻译需求量变大，翻译领域变广，翻译文本类型越来越多，周期越来越短，翻译的协作性逐渐变强等，这就对翻译提出了更为严格的要求。随着中国经济和社会的迅速发展，涉外法律工作的重要性日益突出。涉外法律工作是涉外经济活动的重要保障，法律英语则是完成涉外法律工作不可缺少的工具。英语作为国际通用语，是涉外法律工作必需的工具语言。[1] 因此涉外法律事务同样离不开法律翻译。在全球化协作翻译的时代，利用技术辅助翻译，保证术语的一致性和准确性是法律翻译工作者需要解决的一个重要问题。

2　技术辅助翻译发展状况

信息技术不断进步，语言技术迅猛发展。在追求效率的产业化时代，计算机辅助翻译技术在现代翻译实践中的作用日益凸显。据报告调查，80% 的译员"翻译过程中使用在线查询"；61% 的译者"翻译过程中使用辅助翻译软件"。[2]2013 年，国际知名翻译社区 Proz 网站（Proz.com）关于职业译者的一项调查显示，88% 受访者使用至少一种 CAT 工具，其余 12% 的受访者虽然没有使用 CAT 工具，其中大多数（68%）曾经使用过计算机辅助翻译工具。[3]可见计算机辅助翻译技术深受广大翻译工作者欢迎，具有重要价值，随着科学技术的不断发展，辅助翻译技术不断优化和普及，这一数据会继续呈上升趋势。

计算机辅助多人协作翻译已经发展成为翻译界常用的模式。在这一模式中，术语管理是保证翻译质量的重要组成部分。[4]法律翻译术语具有保守性、权威性、意义单一性、表达严谨性、专业性强等特点，"准确"是法律术语翻译的第一原则。因此在进行此类项目时，术语管理更是重中之重。

3　法律术语翻译及术语管理

法律英语（legal english），在英语国家中被称为 legal language 或 language of the law（法律语言），在英语中指表述法律科学概念以及诉讼或非诉讼法律事务时所用的语种或某一语种的部分用语。[5] 现代法律英语所使用的语言不仅是英语本身，还包括其他语种，如法语、拉丁文等。1066 年诺曼人入侵，对英国的语言产生了巨大的影响，法语成为英国的官方语言。此后将近 300 年英国法律诉讼程序语言都为法语，因此现在许多法律用语都源于那个时期，比如 property（房地产）、estate（不动产）、chattel（动产）、lease（租赁权）、executor（遗嘱执行人）、tenant（租户）等。

3.1　法律术语翻译

法律语言比较难懂，重要原因之一是法律英语是一门有别于普通英语的工作性语言，会包括外来词，如："包括但不限于"是 inter alia 而不用 among others；会采用一些少见介词（the same, the aforesaid 等）和少见的短语组（null and void, all and sundry）等；法律术语包含非律师难以理解的律师用语，从近乎行话语言到技术上的精确用语，比如 boilerplate clause and corporate veil 等；有一小部分词语在法律用语中和普通用语中所表达的内涵不同。比如 distress 一词，在法律英语中是指扣押财物，在普通英语中为焦虑、痛苦、疲劳之意；再如 consideration，在法律中意思是约因或对价，在普通英语里意思为考虑、斟酌、需考虑的因素、体贴等；construction 法律意义为解释，普通意义为建设、建筑物或建筑业等。

在英文法律文书中，我们经常会看到如：aforementioned、"hereinafter" "hereunder" "whereas" 等古体英语，熟悉这些用法便不难译。但法律术语翻译的另一难点是词缀的使用，包括同素合成词，指一个语素相同，另一个不同，如：covenants and contracts、covenant and agreement、stipulations and provisions、terms and conditions、loss or damages 等；翻译为中文时也应保留此特点，译为两个并列含相同语素的法律用语。又包括近义词重叠，如：null and void、made and signed、approve and accept 等冗词的大量使用。外来词、古英语及专门术语的使用可使法律理念范围表达更加准确。

3.2　法律术语管理

受法律翻译人员专业水平和翻译态度的影响，我国法律文件的翻译质量还有待提高，有些法律法规的翻译在词汇层面并未体现出法律文本的特点，不符合法律词汇特征的译法大量存在，法律术语在目标语文本中翻译不一致的现象也不少见。因此术语管理是法律翻译项目的核心工作，因其学术性、专业性较强，通常需要建立一个统一的翻译术语库，方便语言工作者在翻译时参照。术语库中通常存储着丰富的术语信息，如术语的定义、语境、使用状态、用法说明、语法信息、同义术语、缩略形式乃至公司的商标与知识产权保护等信息[6]。在整个翻译过程中，术语工作通常包括术语的收集、整理、存储、编辑、维护和更新等，这些活动可统称为术语管理[6]。

4　术语库构建

影响译文质量的一个关键因素是术语统一的问题。如果术语表中总词条在几十个之内，由人工来校对，还是可能保证的，但是如果客户提供的术语表高达数千条，很难依靠人工进行术语校对。加载术语库之后，可以在翻译过程中，保持术语在同一个文章或同一个项目中的一致性。对于一般法律翻译项目的术语库构建流程，大致可以归为术语的提取、术语的翻译与审核、术语库的创建、术语库的维护等方面[7]。

计算机辅助翻译工作流程可分为译前、译中、译后三个阶段。术语提取应当在译前进行，包括增添客户给予的术语表和从待译文件中提取新术语，并对新术语进行检验和审核，供用户选择和确认。通过译前创建术语库可以提高翻译效率和准确性以及保证术语一致性，在译中还要根据实际情况及时增添或修改术语，译后保存术语，以备不时之需，也方便以后再翻译类似文本时借鉴和参考。

5 术语库创建基本操作示例

以 Déjà Vu 为例描述术语库创建的基本操作流程。在 Déjà Vu X 中，所有翻译工作都需要在项目中进行，因此首先应创建一个项目，然后创建记忆库和术语库等，根据新建术语库向导指示创建术语库操作便捷，创建流程如下：

第一步：运行 Déjà Vu X，选择 File—New 菜单，创建新的术语库。

第二步：根据新建术语库向导指示，单击 Next。

第三步：单击 Create，为新术语设置名称和存放路径，单击 Next。

第四步：选择术语模板 Minimal（最小）即可，单击 Finish，一个新的术语库就建成了。

第五步：选择术语源语言和目标语言，比如设定源语言为 English（United States），目标语言为 Chinese（PRC）。

术语库建成后，就可以按照需求导入术语，或对术语库进行添加、删减和修改等设置。

6 术语导入操作方法示意

新建成的术语库是没有任何术语的，需要自行导入或一一添加。

在实践中术语来源主要通过三种方式：一是客户提供的术语表，通常需要我们转换术语表格式等以适合在计算机辅助翻译环境中使用；二是译员通过互联网资源、专业权威词典等渠道，自建术语表，多以 Excel 电子表格形式储存；三是译员根据源文件整理术语，这种方式比较费时费力，但翻译准确性较高。

最简单的批量导入术语，即导入 Excel 术语文档的方法如下：首先建立一个中英文对照的 Excel 术语文档，注意格式对齐，一般第一行为 fields 栏，在 Déjà Vu 导入 Excel 文档时做标签用。然后回到 Déjà Vu 的界面下，单击 File-> Import-> File or Database... 进入术语库导入欢迎界面，选择 Excel95/97/2000/xp 格式，单击 select 找到事先建立的 excel 文档打开，单击 Next，Déjà Vu 术语导入器会自动为 excel 的文件分栏。如果导入的文件是 txt 文件还需要选择分隔符号才能正确分栏，另外一定要保证语言选择正确。最后单击 Next，可选择是否过滤掉重复的术语，勾选 Remove duplicate entries 可在导入过程中过滤掉重复的术语，单击 Finish，即可完成术语导入。

7　法律术语的翻译

法律术语是最正式，最规范的语言，词义具有极强的专业性特征；其次是法律术语的严谨性，法律术语最突出的特点是词义单一而固定，每个专业术语所表示的都是一个特定的法律概念，在使用时其他任何词语都不能代替；此外法律术语具有词义相对模糊性和对义性的特点 [8]。因此在法律术语的翻译过程中，一方面要通晓源语言和目标语的不同的法律制度，了解由此而产生的差异；另一方面要研究法律术语的语言特征 [9]。法律术语和术语表的翻译不能依靠简单的直译，要考虑上下文情境，应忠实于原文的词义内涵。翻译法律术语时我们应当借助专业法律词典如《元照英美法词典》《汉英法律词典》等，还可以查阅法律网络资源如绍兴文理学院、中国法律法规汉英平行语料库（香港）等，或者与法律有关方面的专家学者探讨求教。对于专业性术语，应比一般的法律术语翻译更为严谨。术语翻译过后，入库之前可利用专业的工具进行批量检查。

8 结语

翻译工作者在翻译实践中是否能够有效利用术语提取工具提取术语、界定本项目中的术语以及翻译、保存和审查术语至关重要。随着翻译实践的不断积累，我们越来越意识到，作为翻译学习者和从业者，术语知识、术语意识和术语能力与翻译的质量息息相关，有时甚至直接关系到译文的成败。国外也有"翻译工作者即为术语工作者"的说法。西班牙学者 Silvia Montero Martínez 和 Pamela Faber Benítez 在探讨译者能力时，也提到术语能力是译者的必备能力之一。[9] 对于法律翻译工作者来说，术语管理能力的重要性更是突出，有效的术语管理可以避免重复劳动，提高翻译效率，从而降低翻译成本，同时可减少术语翻译不专业、不精确，与目标文本术语不一致等问题，从而提高翻译质量。

参考文献

[1] 张法连 . 基础法律英语教程 [M]. 北京：北京大学出版社，2017.

[2] 中科院科技翻译协会与传神公司 .2007 中国地区译员生存状况调查报告 [EB/OL].[2007-10-09][2018-06-27].http：//www.transn.com/html/yejiexinwen/chanyeyanjiu/20070710/104.html.

[3] 王华树 . 计算机辅助翻译实践 [M]. 北京：国防工业出版社，2015.

[4] 王华树，张政 . 翻译项目中的术语管理研究 [J]. 上海翻译，2014（4）.

[5] 梁爱林 . 从术语管理看跨国公司的翻译策略 [J]. 上海翻译，2012（1）.

[6] 王华树 . 翻译实践中的术语管理 [J]. 中国科技术语，2013（2）.

[7] 王华树 . 科技翻译项目中的术语管理 [J]. 中国科技术语，2015（4）.

[8] 李建波 . 论法律英语的词汇特征 [J]. 中国科技翻译，2003（2）.

[9] 朱春辉 . 科技翻译项目中的术语管理——以《海洋哺乳动物医学 CRC 手册》翻译项目为例 [D]. 济南：山东师范大学，2017.

浅谈新时代中国特色词汇的翻译 *

原翊翔　梁桂霞 **

摘　要： 本文分析中国新时代特色词汇的翻译状况，探索翻译应对策略和方式，以求使翻译工作能在新时代的中国发挥出更大的作用。

关键词： 新时代；特色词汇；翻译

1　新时代中国特色词汇翻译研究的意义

语言和文字是沟通的媒介。习近平主席在十九大报告中指出："经过长期努力，中国特色社会主义进入了新时代，这是我国发展新的历史路径。"这一席话也正式标志着中国进入了历史发展的新时代。进入新时代的中国迫切需要向世界介绍自己，讲好中国故事。各类跨国交流，跨文化沟通活动日益增多；人们交流方式日益多样化，文化交流也日趋多元化。人们对于翻译工作的期待和要求也就随之不断提高。

2　我国特色词汇翻译的状况

随着近年来中国文化软实力的不断增强、文化输出的日益增多，已

* 本文为北京工商大学大学生科学研究与创业行动计划大学生创业项目"新时代下中国特色名词的翻译研究"（编号：201810011105）的部分研究成果。

** 原翊翔，北京工商大学外国语学院161班在校学生。梁桂霞，北京工商大学外国语学院副教授，主要研究方向为外语教学、文化研究与翻译。

有的翻译需要不断改进与超越。这里我们以儒家经典——《论语》为例。

《论语》是儒家的经典著作，作为中华文化的瑰宝，国家大力对外宣传。在《论语》中，"礼"起着非常重要的作用。想要实现作为儒家思想的核心"仁"，要通过"礼"的途径。"礼"带有多重含义。首先是"政治制度"，孔子曾提出"夫礼，所以整民也。""夫礼，政之舆也。"即通过礼来整顿国家社稷。其次是"道德标准"和"宗教礼节"。因此在各个《论语》的译本中，对"礼"的翻译就变得格外重要。

《论语》最著名的译本当属19世纪的理雅各，发现理雅各把"礼"翻译为"propriety"。理雅各提到了"礼"本身遵从礼节的含义，但他没有对"礼"的含义进行完整阐述，没能理解"礼"的全部内涵，存在对中国传统儒家思想和西方基督教思想的混淆。

到了21世纪，一位新时期的汉学家 Edward Slingerland 开始对《论语》进行翻译，这也代表了西方对《论语》的最新理解和阐释，他主要将"礼"译作两个同根的词——"rites"或"ritual"。译者还采用了不同译法，包括"ritual and deference" "ceremonial practice"等，使之带有政治上的臣服、顺从之意。

在两个译本的分析对比中可以发现，在不同的语境中，译者灵活地转变翻译形式，不拘泥于特定形式，使得原文意思能最大限度地得到保留，尽量传达作者的原意。随着时代的发展，中西方交流的不断加深，使得译学不断发展，译员对文本的理解和翻译不断发展，并能够结合时代环境和社会背景进行翻译。我国特色词汇翻译的棘手问题有以下几个方面。

2.1 特色词汇翻译不准确

在很多公众场合或旅游景点中，经常存在很多不正确甚至背离本意的翻译，这都可能引发误解。有时，随意堆砌的翻译可能会造成语气生硬甚至带有中式英语的色彩。这一点在一些特色食品的翻译方面表现得尤甚。比如在某些餐馆里，著名川菜"夫妻肺片"会被翻译成"Man and Wife Lung Slice"。在实际生活中，这不仅会造成误解，甚至还会带来抵触情绪，也没能很好地传达出中国饮食文化的匠心独运之处。此外，一些公共场合的示范性英语存在易令人误解的内容，甚至语法错误。如在某些火车上，"残疾人厕所"被译作"disabled toilet"——"残疾的厕所"。这些示范性英语直接影响文化沟通，应当进行规范和监督。

2.2 特色词汇的内涵释义

一方面受到不同的社会制度、意识形态、文化传统、社会现状等各种因素的影响，导致中西方之间的价值判断和选择，以及文化观察视角存在较大的差异。另一方面，在历经千年之后，为适应现实社会的实际需要，一些中国优秀传统文化本身的含义发生变化，在翻译过程中必须慎重，否则发生文化冲突，且不利于对外宣传，这也严重阻碍了中国优秀文化对外传播，影响了文化外交战略的实际效果和传播速度。

2.3 外来词汇的吸收

一方面，越来越多的外来词汇进入我们的日常语言体系中来，成为固定的词汇，如把"party"叫作"派对"，把"KFC"叫作"肯德基"。另一方面，外来词与本土俚语融合，受到广泛的认可。如"fans"被读作"粉丝"，取代了原先"歌迷""影迷"的说法，"bar"被读作"吧"，与传统的茶楼，酒馆融合，被改作"清吧""酒吧"。对此，我们既要有取舍，也要进行创新。在保证本土语言规范，严谨的前提下，积极调整翻译形式，适应新时代的发展需要。

3 特色词汇翻译的两点应对策略

3.1 翻译方式应该多样化

对于特色词汇的翻译，译员不应该仅仅注重内容形式的翻译，更要注意原意和翻译目的，应当对特色词汇的思想内核和感情风格进行把握，尽量避免过于主观的翻译。建议可以不拘泥于特定的内容形式，而是根据上下语境的不同，灵活调整翻译所需的内容形式，最终完成对词汇的完整贴切翻译。

3.2 密切关注新时代需求

翻译工作的本质是为了现实而服务，不应当抛开实际新时代需要来谈翻译，翻译工作应当密切关注现实问题。步入新时代的中国，讲好中国故事，打造中国名片成为当务之急。因此，翻译工作的中心应当强调时代性，积极顺应时代需要，促进跨文化交流，发展翻译工作，以译学带动其他学科发展。

进入新时代的中国，带动了一大批新时代中国特色词汇的出现。在全球化进程不断推进的今天，国际交流正扮演着越来越关键的角色。因此，新时代中国特色词汇的翻译就显得尤为重要。译员应当不断发展翻译方法和翻译理念，密切关注现实问题，以译学带动其他学科发展，最终讲好中国故事。

商标名称英汉互译和文化差异浅析

——基于功能派翻译理论目的论

郝雪琴 *

摘　要：在功能派翻译理论目的论的指导下，探讨商标名称英汉互译中存在的问题，分析在商标翻译中为了 AIDA 目标实现的策略以及达到目的过程中，译者需要注意的文化背景差异和选词问题。

关键词：目的论；商标名称翻译；文化差异

随着全球经济的加速发展，国家与国家之间的经济交流越来越频繁。商标名称的翻译就成为一个非常重要的问题。不同的国家由于地理位置、自然环境、文化背景、宗教信仰以及价值观念的不同，对商标名称的翻译造成极大的困难。商标词语的翻译不仅仅要传达信息内容，还要体现语言的民族特色，并且符合当地市场的文化心理和消费观念。一个译名的好坏，正如美国学者艾·里斯所言，在销售成绩上能有千百万美元的差异。[1]

1　功能派翻译理论目的论和商标翻译

德国的翻译学家弗米尔在 1978 年发表《普通翻译理论的框架》（*A Framework for a General Theory of Translation*）中首次提出了目的论。翻译

* 郝雪琴，北京工商大学外国语学院讲师，主要研究方向为美国社会与文化、英语翻译、英语教育。

的最高准则即目的准则。他认为，翻译的目的决定翻译的策略，翻译中的诸多问题并非仅仅靠语言学就能解决，从而摆脱了以追求与原文对等为目的的翻译理论的束缚，提出翻译就是根据客户的委托，结合翻译的目的，满足客户的要求的一种目的性行为。因此，在翻译中，原文并非衡量一切的标准，忠实于原文是次要的，而实现翻译的目的才是最重要的。翻译者并不需要根据译文机械的模仿原文，应该根据译文预期的目的，灵活选用各种翻译的策略及方法。

翻译目的论属于功能派翻译理论，它继承了翻译理论中合理的成分，又突破了翻译理论的束缚，为翻译理论开辟了一个新的视角。商标名称的翻译与功能派翻译理论的许多主张不谋而合，与广告学中的 AIDA 原则高度契合。AIDA 原则是一条非常重要的广告学原则。该原则认为广告要想获得良好的宣传效果就必须引起消费者注意（attention）、唤起消费者产生兴趣（interest）、激发消费欲望（desire），并最终刺激消费者做出消费行为（action）。[2] 目的论翻译理论注重文本的交际目的和功能，强调"受众至上"。

商标如同人名，是代表商品的符号。它既要符合消费者的审美心理，又要力求创新，许多国际知名商标已成为企业的无形资产，成功的商标一般具备以下特征：符合商品的特征、具有联想意义、便于记忆、具有美感、朗朗上口。[3] 商标名称翻译的目的是激发译入语读者的购买欲望，使其具有与原商标同样的促销功能，为商品生产者赚取最大的商业利润。美国可口可乐公司的一名经理曾经说，可口可乐的工厂即使在一夜之间化为灰烬，仅凭"可口可乐"这块商标，就可以东山再起。这些都足以证明好的商标名称翻译是多么重要。[4]

为了达到商标名称翻译的目的，跨越民族心理文化的障碍、语言障碍，尽可能采用各种变通手段，摆脱死译、硬译的束缚。翻译的方法不少：谐音取义法、音译法、直译法、创新法、剪拼法、缩略法等。无论采用何种翻译方法，翻译实践的目的是起着决定性的因素。

2 商标名称翻译策略——目的决定选词

鉴于商标名称翻译的目的在于能激起译入语受众的兴趣，并促成消费行动。笔者认为，商标名称翻译中的最佳策略就是谐音取义法。这种译法是在翻译时尽量选取与原商标名称谐音而又有褒义的词语，充分契合目标语的文化特色和受众心理。如：Safeguard 这个香皂品牌，字面意思是"保安"，翻译成"舒肤佳"，听着就有购买的欲望，让皮肤舒适的上佳物品。著名汽车品牌 Benz 起初翻译成"本茨"，唤不起人们的注意，后来翻译成"奔驰"，让人们耳目一新，有一种风驰电掣的感觉。Coca Cola 最初被翻译为"蝌蚪啃蜡"，让人不知所云，后来译为"可口可乐"，既是谐音，又喜庆快乐，非常成功。Pepsi-Cola 翻译为"百事可乐"，让人感觉有百事快乐的含义。NIKE 作为著名体育品牌，意思是希腊神话中的胜利女神，中国文化中却很少有人知道，翻译为"耐克"，也有耐力克服困难，并取得胜利。Revlon 是美国一化妆品牌，被谐音取义为"露华浓"，取自唐代诗人李白描写杨贵妃花容月貌的名诗《清平调》："云想衣裳花想容，春风拂槛露华浓。"这种音意兼顾的翻译，既忠实于原文，又不拘泥于原文，给受众留下美好而深刻的印象，从而销路大增。

中国的非常可乐 Future Cola，在翻译成英语时，用的也是谐音取义法，翻译得很巧妙，说明这种饮料可以引领未来。海尔推向国际市场时，商标名称翻译为 Haier，这和 higher 谐音，预示着品牌能够更上一层楼。这些例子不胜枚举，足见选词的重要性。

3 商标名称翻译的成败和文化差异

中国人比较含蓄内敛，像 Kiss Me（润唇膏商标）翻译成"吻我"，中国受众一般接受不了，因此就采用音译，kiss 和汉语中的"其实""奇士"谐音，Me 音译为"美"，"奇士美"读起来既朗朗上口，又突出了该产品的性能和属性，给消费者以美的享受、美的意境。Poison 香水，中国消费者还不能接受被喷洒"毒药"，让自己变成"红颜祸水"的叛逆想法，总不能直接意译为"毒药"吧！因而翻译为"百爱神"比较合适，有些谐音，音意结合。Sprite 原意"小妖精"，按照产品的特性谐音取义翻译为"雪碧"，给人清凉的感觉，非常符合中国人的审美观。

特别要注重英汉两种文化对数字、颜色以及不同动物等的好恶，在翻译中要特别关注，以免引起误解。如"白象"（电池的商标）的英语翻译是 White Elephant，这是典型的翻译失误，在英语中 White Elephant 指昂贵无用的东西。白翎牌钢笔翻译为 White Feather，也是不合适的。在西方文化中 White Feather 指软弱无能的行为。Golden Cock（金鸡牌闹钟），在西方文化中，cock 指男性生殖器，可以改成音译来避免这样的文化误解。这些不成功的商标名称的翻译都是忽略了文化背景差异才造成的。

在商标名称的翻译中，一定多加注意文化的差异，受众的文化审美也要特别注意，同样名声和品质的国外葡萄酒白兰地和威士忌，人们却偏爱"白兰地"这个商标名，意为白云蓝天下广阔的土地，"威士忌"意思是连威猛的勇士都得忌讳的。白兰地在中国的销量一直都遥遥领先于威士忌应该是得益于这个商标名称的翻译吧。

总之，在功能翻译理论的目的论指导下，经过采用适合的翻译策略，注意不同文化背景的影响，架好文化与文化之间的桥梁，为全球经济一体化添砖加瓦，尽一份绵薄之力！

参考文献

[1] 里斯. 广告攻心战略——品牌定位 [M]. 刘毅志，译. 北京：中国友谊出版公司，1994.

[2] 朱益平，白辉 . 论 AIDA 原则在商标翻译中的适用性 [J]. 西北大学学报（哲学社会科学版），2010（3）：162-164.

[3] 章云燕 . 广告语言翻译特点与技巧 [J]. 湖北教育学院学报，2005（4）：116-117.

[4] 杨芳平 . 品牌学概论 [M]. 上海：上海交通大学出版社，2009：136.

商务汉英翻译中句法逻辑关系的显化处理策略

李学勤　刘晓辉　陈金阳*

摘　要： 翻译作为语际间的转换活动，逻辑在其间必然起着十分重要的作用。汉英两种语言在句法、衔接和逻辑关系上的差异，就决定了译者要熟练掌握两种语言的差异和显化处理策略，从而在翻译时自如实现两种语言的准确转化。本文通过阐述汉英两种语言的主要差异，通过翻译实例来探讨商务汉英翻译中句法逻辑关系的显化处理策略。

关键词： 汉英翻译；逻辑关系；显化处理策略

商务英语在全球经济一体化的发展中，地位日趋重要。中国走向世界的步伐在逐渐加大，做好中国经济文化等方面的国际输出也变得越来越重要。因此掌握好商务汉英翻译策略，做到准确地道的语言输出至关重要。

翻译作为语际间的转换活动，实际是一种思维活动，而逻辑在其间必然起着十分重要的作用。做好汉英两种语言间的逻辑关系处理，是商务汉英翻译成功的第一步。

---

* 李学勤，北京工商大学外国语学院副教授，主要研究方向为翻译教学，应用语言学。刘晓辉、陈金阳，北京工商大学英语 172 班学生。

1 汉英句法逻辑关系的主要差异

1.1 句内逻辑关系不同——汉语逻辑关系隐性化，英语逻辑关系显性化

汉语是一种意合语言，英语是一种形合语言。所谓意合，是指词语和分句之间不用语言形式手段连接，只求达意，句中的语法意义和逻辑关系主要靠读者（听者）来理解。而形合是指句中的词语和分句之间用语言形式手段（如介词、连词、关系词等）连接起来，表达语法意义和逻辑关系，注重从形式上区分主辅，达到以形显义的目的。[1]

如：外商投资企业经企业申请，税务部门批准，可减免征工商统一税。[2]此句中，核心信息为"外商投资企业可减免或免征工商统一税"，辅助信息为前提条件"企业申请并得到税务部门批准"。因此英译文可为：

A foreign investment enterprise may enjoy the reduction or exemption of the consolidated industrial and commercial tax if she applies to tax authorities and gets approved.

1.2 信息重心不同——汉语句子结构为后重心，英语句子结构为前重心

中国人的思维模式基本上是首先考虑事物的环境和外围因素，然后考虑具体事物或中心事件，表现在句子结构上就是"后重心"。西方人的思维模式正相反，首先考虑中心事物，然后才加上外围因素，由此形成了英语的右分支结构，句子多为前短后长的"前重心"。[3]

如：如贵方把交货日期提前至 6 月中旬，而且一次性装运，我方将十分感谢。该句的重心在于表态部分"我方将十分感谢"，句子的前半部分"如贵方把交货日期提前至 6 月中旬，而且一次性装运"是对事实的阐述。所以在英译文中将句子重心表态部分先译，事实部分后译。因此英译文可为：

We should be grateful if you advance delivery to the middle of June and ship the goods in one lot.

1.3 语法衔接方式不同——汉语篇章关注隐性衔接，英语篇章借助显性衔接

衔接是篇章研究中的常用概念。一般认为，所有能将篇章中各表层语言成分联系在一起的语言关系都可以称为衔接，包括句子成分之间依存关系等其他语言关系。衔接可以分为语法衔接和词汇衔接。英语和汉语这两种语言在语法衔接方面的差异主要体现在：汉语的语法衔接接近于隐性，以意统形，少用甚至不用形式手段，靠词语与句子本身意义上的连贯与逻辑顺序实现衔接；而英语的语法衔接具有明显的特征，主要借助于形态变化和形式词，明显地标明词之间、词语之间、短语之间或小句之间的语法关系。[4]

例：昨奉大函，诵悉一是。尊稿极佳，唯篇幅甚长，本志地位有限，故不克刊登，良用歉然。

该句全是短句，其中"唯篇幅甚长，本志地位有限"隐含稿件不能被刊登原因，故英译时需要用语法词进行显性衔接。

因此英译文可为：

I received your letter yesterday. Your article is very good，but I am sorry that owing to pressure of space，I find it too long to be published.

2 商务汉英翻译中逻辑关系的显化处理主要策略

2.1 汉语结构切分"三步走"

"三步走"是按着三步走将汉语进行切分，很多汉语篇章第一步给出理念、指导方针或原则；第二步具体阐述在这种方针原则的指导下都做了什么或要做什么；第三步给出结果或者要实现的目标。在进行切分的过程中，理顺前后的逻辑关系，在汉译英时通过介词、连词、关系词等将句子

逻辑关系进行显化处理。

如：通用汽车以提高中国人民的生活为己任，致力于利用资源帮助提高社会福利，并兴建更加清洁、安全、健康的环境，提升其在中国的企业形象。

该句中"通用汽车以提高中国人民的生活为己任"是给出通用汽车公司的经营指导方针，接下来具体阐述通用汽车在这一指导方针下具体做了两件事情——提高社会福利和兴建更加清洁、安全、健康的环境，之后给出结果"提升其在中国的企业形象"。

因此英译文可为：

GM takes seriously its responsibility to improve the lives of China's citizens by using its resources to contribute to their social welfare, and to build a cleaner, safer and healthier environment. As a result, it has enhanced its enterprise image in China.

2.2 汉语结构轻重要分清

根据汉语结构"前轻后重"和英语结构"前重后轻"的差异。在汉译英时要把汉语结构中位于前面的事实、背景放到后面，将表态、判断和结论放到前面。这样搭建起来的主从句框架，就会使译文逻辑一目了然，行文流畅。

如：1953年，英美两国计划对中国援朝不使用原子弹，并准备用核武器进攻中国。当这个消息由第三国外交官转告北京时，新中国的领导人深感忧虑，立即做出了建立和发展原子弹与导弹事业的决定。

该句中"1953年，英美两国计划对中国援朝不使用原子弹，并准备用核武器进攻中国"和"当这个消息由第三国外交官转告北京时"为背景陈述；"新中国的领导人深感忧虑"和"立即做出了建立和发展原子弹与导弹事业的决定"为表态部分和结论部分。因此，在英译时在结构上属于重要部分，而前面的背景陈述属于次要部分，用衔接词处理即可。

因此英译文可为：

The leaders of new China were deeply concerned, and therefore decided that China must have its own atomic bombs and missiles when they learned from diplomatic sources of a third country that the United States and Britain were prepared to attack the Chinese troops in Korea with nuclear weapons in 1953.

2.3 结构搭建中巧用"衔接词"

"As+ 句子""主句 +ing""主句 +with/With+ 主句"是汉英翻译结构搭建时可以常用的三个功能词或形式，活用这三大结构搭建，可以实现较好的译文结构。

（1）"As+ 句子"引出事实背景部分表示原因，后面添加主句。

如：随着人口老龄化的发展，政府正面临不断增加的养老金的挑战。

英译文：As population ages, the government is confronting a growing challenge to support ballooning pensions.

（2）"主句 +ing"是指通过"主句, doing sth."来补充说明主句主语动作造成的结果；"主句 +with sb. doing sth."功能一样，只是动作的执行者与主句主语不一致。

如：中国南部地区遭遇地震，上千人无家可归。

英译文：An earthquake hit the southern part of China, leaving thousands of people homeless.

或者：An earthquake hit the southern part of China, with thousands of people fleeing their homes.

（3）"With+ 主句"是指通过"With"引出事实背景，后面添加主句。

如：去年油价猛涨，如今人们不得不以高出全球平均价 10% 的价格支付。

英译文：With oil prices surging over the past year，people now have to pay 10% more at the pumps on average across the globe.[5]

3 结语

由于汉英两种语言的思维差异，以母语为汉语的人进行商务汉英翻译时，需要克服母语迁移的影响，熟悉两种语言的种种差异，尤其是句法逻辑差异。掌握商务汉英翻译中的逻辑显化处理策略，才会使汉英翻译更加顺利。

参考文献

[1] 苏军锋. 汉英翻译中的逻辑问题管窥 [J]. 盐城师范学院学报（人文社会科学版），2009，29（1）：72-74.

[2] 潘惠霞. 商务翻译（汉译英）[M]. 北京：对外经济贸易大学出版社，2010：63-64.

[3] 潘惠霞. 商务翻译（汉译英）[M]. 北京：对外经济贸易大学出版社，2010：56.

[4] 潘惠霞. 商务翻译（汉译英）[M]. 北京：对外经济贸易大学出版社，2010：113-114.

[5] 韩刚. B2A"译点通"90 天攻克二级笔译 [M]. 北京：中国人民大学出版社，2015：39.

社会符号学视角下的法律术语汉英翻译

吴心笛　　刘婧*

摘　要：法律文本翻译实际上是对法律术语进行翻译，法律术语代表了法律语言的文体特征，反映了不同法律体系和法律文化。法律术语翻译也是一种文化交流，涉及不同的法律文化和社会结构。本文基于绍兴文理学院中国法律法规汉英平行语料库（内地）及中国法律法规汉英平行语料库（香港），从社会符号学角度探讨法律术语汉英翻译，以"物证""文物"两个法律术语为例进行法律术语汉英翻译的数据收集和分析，并提出翻译修改建议。

关键词：社会符号学；法律术语；汉英翻译

1　社会符号学和翻译

符号学翻译法的代表人物尤金·奈达认为，世界是由各种符号系统组成的，语言只是其中的一种符号系统，对语言进行解释，不可脱离语言的社会环境。[1]社会符号学建立在符号学的基础上，作为一种新的视角来指导翻译实践。社会符号学突破了传统意义上普通符号学的束缚，实现了传统符号学语义分析与现代社会语言研究的结合，不再仅仅是对个体符号内

* 吴心笛，北京工商大学外国语学院硕士研究生，主要研究方向为法律英语翻译。刘婧，北京工商大学外国语学院副教授，主要研究方向为翻译理论与实践。

在特征的静态研究，而是对符号的社会活动和交际功能的动态研究。[2] 苏联学者符号学家巴赫金认为，"世界是文本、符号学或符号系统"。符号具有物质性、历史性、社会性、意识形态性、交际性和对话性。巴赫金的符号学观点进一步证实了符号学是一门具有开放性的元科学，它与众多子符号系统均有纵聚合或横组合的联系，如符号学与文学、心理学、社会学、语言学、文化学、传播学等。[3]

2　社会符号学在法律术语翻译中的应用

在法律移植或双语、多语立法的过程中，创造及选择法律对等翻译不仅仅是语言或符号方面的转换，更受到社会文化因素的影响，选取或创造这样的符号解释以实现对等时，译者必然受到社会符号学方面的限制。一方面，符号载体在特定话语社区中通常与特定意义相关；另一方面，作为符号载体的目标语篇章本身自成系统，受篇章驱动的影响，译者对对等的控制会减弱。[4] 例如，competition 与 law 分别表示"竞争"与"法律"，但 competition law 不是"竞争法"，而是"反不正当竞争法"。natural father 指"亲生父亲"，但 natural son 指"私生子"，而不是"亲生儿子"，"亲生儿子"应译为"legitimate son"，不能因为 natural 与 father 的组合而直接套用 natural son 来表示"亲生儿子"。再如，common law 与 marriage 分别表示"普通法"与"婚姻"，但 common law marriage 不是"普通法婚姻"，而是"事实婚姻"的意思。如果不懂得根据整体交流语境译出源语意义和传达功能，就很容易产生错误翻译。

3　语料库数据

本文所使用的中英文语料库分别是绍兴文理学院中国法律法规汉英平行语料库（内地）及中国法律法规汉英平行语料库（香港）。该内地法律法规语料库为汉译英语料库，香港法律法规语料库为英译汉语料库，源语是直接移植英国本土法律法规，因为香港的法律制度大致沿袭自殖民地时期的宗主国——英国，1997年主权移交后，《中华人民共和国香港特别行政区基本法》作为香港特别行政区法律制度的宪制性文件开始实施。根据一国两制的原则，香港的法律制度得以继续以普通法为依归，并由多条本地法例作补充，直至1997年香港回归前五年才全部翻译完，故该语料库中的英语表达为地道的英语惯用表达。

4　数据分析

我们以"物证"为检索词，对"中国内地法律法规语料库"进行了检索，得到以下结果（见表1）。

表1　"物证"英译（中国内地）

"物证"英译	法律来源	次数
material evidence	刑事诉讼法	6
material evidence	民事诉讼法	3
material evidence	行政诉讼法	1

表1显示，"物证"术语涉及3部法律法规，包括民事诉讼法、刑事诉讼法和行政诉讼法，分别有3次、6次和1次，共10次，全部译为"material evidence"。

我们以"material evidence"为检索词对"香港法律法规语料库"进行了检索，得到以下结果（见表2）。

表2　material evidence 汉译（中国香港）

法律来源	次数
HK09	8
HK13	3
HK20	7

表2为整理后的数据，表2显示，"material evidence"涉及3部法律

（HK09、HK13 和 HK20），分别有 8 次、3 次、7 次，共得到 18 条结果，全部翻译为"关键性证据"。

查阅资料发现，在"United States v. Velarde–Gomez，269 F.3d 1023，1032–33（9th Cir. 2001）"中明确写道："The U.S. Court of Appeals for the Ninth Circuit has held that 'physical evidence includes one's fingerprints，handwriting，vocal characteristics，stance，stride，gestures，or blood characteristics'."《中华人民共和国行政诉讼法》中，物证指"能够证明案件真实情况的一切物品痕迹。如犯罪使用的工具，犯罪时遗留的各种痕迹（血迹、指纹等），查获的赃款赃物以及其他能证明案件真实情况的物品"。[5] 由此可见，"物证"一词的常用译法为 physical evidence。

我们以"文物"为检索词，对"中国内地法律法规语料库"进行了检索，得到以下结果（见表 3）。

表 3　"文物"英译（中国内地）

"文物"英译	法律来源	次数
cultural relics	文物保护法	78
cultural relics	加强完善文物法	118
cultural relics	刑法	11
historical and cultural value	文物保护法	16

表 3 为整理后的部分数据，检索共得到 223 条结果，涉及 24 部法律法规，包括文物保护法加强完善文物法和刑法等，其中，加强完善文物法和刑法中均将"文物"译为"cultural relics"，分别有 118 次和 11 次。文物保护法中将"文物"译为"cultural relics"的有 78 次。可以看出，我国法律对于"文物"一词的译法基本上为"cultural relics"。

由于"文物"基本都翻译成"cultural relics"，我们再以"文物"为检索词对"香港法律法规语料库"进行了检索，得到以下结果（见表 4）。

表 4 "文物"英译（中国香港）

"文物"英译	法律来源	次数
heritage	HK17	11
items	HK20	6

表 4 为整理后的部分数据，涉及 2 部法律法规（HK17 和 HK20），共检索到 17 条结果。其中，将"文物"译为"heritage"的有 11 次，将"文物"译为"items"的有 6 次。可以看出，英文的法律中对于"文物"一词的习惯用法基本上为"heritage"，并非我国法律法规汉英翻译中常用的"cultural relics"。

5 结论

通过检索绍兴文理学院中国法律法规汉英平行语料库（内地）及中国法律法规汉英平行语料库（香港）发现，法律术语汉英翻译存在较大不足，法律术语概念翻译不对等。通过查找相关法律资料，本文建议将"物证"改译为"physical evidence"，将"文物"改译为"cultural heritage"。社会符号学视角下的翻译应注意特定社会背景，注意具有特定内涵的法律术语，切忌字对字翻译，应当将法律术语意义完整翻译出来。

参考文献

[1] NIDA E A. Language and culture[M].Shanghai：Shanghai Foreign Language Education Press，2001.

[2] 王遥，李景娜.社会符号学的功能主义理据[J].外语研究，2014（3）：8-12.

[3] 胡壮麟.走进巴赫金的符号王国[J].外语研究，2001（2）：10-15.

[4] 程乐，宫明玉，李俭.社会符号学视角下法律翻译对等研究[J].浙江大学学报（人文社会科学版），2016（4）：78-90.

[5] 郭翔.犯罪学辞典[M].上海：上海人民出版社，1989.

脱离源语形式的实证研究综述

王致虹 *

摘　要：口译员在将源语语句输入大脑后，会剥离其语言形式，而保留其意思。源语语句的意思在大脑意识中存留的状态，即为脱离源语形式（deverbalization）。源语语句的形式被剥离后，口译员的大脑中并无任何语言形式，仅存源语语句的意思。随后，口译员会回忆存留于大脑中的源语语句的意思，并将其以目的语表达出来，从而形成译文。释意理论强调翻译的交际属性，认为以交际为目的的翻译应当传递出源语语句的意思，而非源语语句的语言形式。

关键词：同声传译；脱离源语形式；实证研究

口译员在将源语语句输入大脑后，会剥离其语言形式，而保留其意思。源语语句的意思在大脑意识中存留的状态，即为脱离源语形式。待源语语句的形式被剥离后，口译员的大脑中并无任何语言形式，仅存有源语语句的意思。随后，口译员会回忆存留于大脑中的源语语句的意思，并将其以目的语表达出来，从而形成译文。释意理论强调翻译的交际属性，认为以交际为目的的翻译应当传递出源语语句的意思，而非源语语句的语言形式。

学界对脱离源语形式的研究基本上都集中于理论层面，而少有实证研究，后者主要采取实验法对口译中是否存在脱离源语形式进行验证。

---
* 王致虹，北京工商大学外国语学院助教，主要研究方向为口译理论研究。

其中，在国外对口译中脱离源语形式的实证研究里，有影响力的主要是 Isham 的研究。

Isham 的实验共有 12 名英法双母语者和 9 名职业口译员参加。实验对象先听一段文字，然后回忆所听到的内容，并尽可能完全按照原文将其写下来。实验结果显示，有 5 名职业口译员采用了脱离源语形式的策略，而另 4 名则没有。[1]

由此 Isham 认为，对英法口译而言，脱离源语形式并不是必需的处理源语语句的大脑过程，口译员也有可能不脱离源语形式，而直接基于源语的语言形式输出译文。然而随着两种语言的语法结构差异增大，脱离源语形式的必要性也会增加。Isham 特别指出，英汉口译员在口译过程中就必须脱离源语形式，才能有效地完成口译任务。然而，Isham 认为，实验中 4 名没有脱离源语形式的职业口译员有可能是为了完成实验任务，即尽可能完全按照原文写下所听到的内容，而改变了其通常在口译过程中一贯采取的策略，转而选择不脱离源语形式。不过 Isham 又指出，大脑处理所接收到的源语语句的方式，并不取决于是否需要进行口译。尽管如此，Isham 依旧认为，口译员能否有意识地控制、选择源语语句处理方式依旧有待进一步研究。另外，Isham 的实验有效样本容量过小，仅有 9 名职业口译员参加实验，这也就降低了实验结论的说服力。

在英汉口译方面，上海外国语大学的孙海琴所做的实证研究有一定影响力。孙海琴在其博士论文中就英汉同声传译中脱离源语形式的程度与源语专业信息密度的关系做了实证研究。研究结果显示，与假设相反，源语内容专业信息密度与脱离源语形式的程度成正比。此外，仅在源语语句专业信息密度高时，口译员的专业背景知识才有助于脱离源语形式；如果源语语句的专业信息密度低，则口译员的专业背景知识就不能促进脱离源语形式。[2]

该研究的实验设计基于 Setton 和 Motta 提出的同声传译中脱离源语形

式的四个表现，制定出脱离源语形式程度的判定标准。具体包括句子顺序重组，解释，添加、删除或转化连接词，词汇与表达的创造性。然而该实验设计未考虑一种重要的情况，即口译员成功完成了脱离源语形式，但由于受制于从完成脱离源语形式到译文表达结束之间所存在的影响因素（如目的语的口语表达水平），而未能达到上述判定标准。

长久以来，学界对脱离源语形式的研究基本上都集中于理论层面，鲜有实证研究。

参考文献

[1] ISHAM W P. Memory for sentence form after simultaneous interpretation：Evidence both for and against deverbalization[J]. Bridging the gap：Empirical research in simultaneous interpretation，1994：191–211.

[2] 孙海琴 . 源语专业信息密度对同声传译"脱离源语语言外壳"程度的影响 [D]. 上海外国语大学，2012.

"维C反垄断案"被告法律文书的语气系统分析

邱天然　　刘红艳 *

摘　要： 本文基于韩礼德系统功能语法中的人际功能理论，以"维C反垄断案"中被告提交的全部法律文书为语料，自建16万字语料库，借助语料库检索工具AntConc，从语气系统方面对其进行分析，以揭示此案件中法律语篇的特点。

关键词： 维C反垄断案；语气系统

1　引言

20世纪70年代，韩礼德[1]把语言功能概括为概念功能、人际功能和语篇功能。其中人际功能是指人们用语言来和他人交往，建立和保持人际关系，表达说话者的身份、地位、态度、动机的功能。人际功能主要通过语气（mood）和情态（modality）两个语义系统来实现。[2]语气系统功能是表达说话者希望通过说话所达到的目的。近些年，语言学领域对法律语篇的关注越来越多，主要体现在对法律语篇的文体、意识形态、体裁和修辞等方面的研究。本文拟从语气结构、语气表达和剩余结构三个方面，对"维

---

* 邱天然，北京工商大学外国语学院2015级国际法商英语硕士研究生，研究方向为法商话语。刘红艳，北京工商大学外国语学院教授，研究方向为基于语料库的话语研究、学习者语料库研究、言语障碍患者即席话语研究。

C 反垄断案" 审理过程中，被告六家中国国药企业提交的法律文书的语气系统进行分析，以揭示此类法律语篇的特点。

2 语气系统：语气结构

语气由主语（subject）、谓语动词的限定部分（finite）和剩余部分（residue）构成。[3] 其中，语气主要由主语和限定成分来实现。剩余部分包括谓语动词、附加语和补语。语气在语气系统中可分为指示式（indicative）语气和祈使式（imperative）语气。其中，指示式语气可分为陈述式（declaratives）语气和疑问式（interrogative）语气，而疑问式语气则可进一步分为"是/否"问题（yes/no interrogative）和"wh-"问题（wh-interrogative）。说话人通常以不同的语气来实现不同的言语功能。

主语和限定成分的位置决定语气的信息。具体的排列组合如表1所示。

表 1　语气结构

语气类型	语气结构
declarative mood	subject +finite
interrogative mood （yes/no type）	finite + subject
interrogative mood （wh-interrogative type）	wh-/subject+finite （wh-takes the subject place） wh-/finite+subject （wh-doesn' t take the subject place）
imperative mood	（subject）predicator

3 语气系统：语气表达

表2统计了案件审理过程中，被告提交的全部法律文书中所使用的语气。从表2中可以得知，在该案审理的全部阶段只使用了陈述式语气和祈使式语气。这是由于大多数文件（约占所有文件的3/4）都是为了向法院提供信息。这些文件依照所使用的语气可以分为两类：一类包括信件（letter）、答复（reply/answer）、声明（declaratives）、通知（notice）、

备忘录（memorandum）、证物（exhibit）、状况报告（status report）和陈述（statement）等，其功能通常是通过使用陈述语气来实现的；另一类包括动议（motion）及信件动议（letter motion），目的是请求法庭批准某些事项，其功能通常是使用祈使语气来达到的。

为了探究被告在一审、二审期间所采取的语气策略，表3统计了不同审理时期所采用的语气。表3显示，在二审期间，被告使用更多的陈述式语气（比一审期间多19.4%）和较少的祈使语气（比一审期间少19.4%），这表明被告在二审上诉期间加重强调自己的立场。

表2　全部法律文书中所使用的语气

语气类型	案件审理全阶段	
	频率	比重 /%
declaratives	2016	69.2
interrogatives	0	0
imperatives	898	30.8
total	2914	100.0

表3　一审、二审时期采用的语气

语气类型	一审期间		二审期间	
	频率	比重 /%	频率	比重 /%
declaratives	1644	66.3	372	85.7
interrogatives	0	0	0	0
imperatives	836	33.7	62	14.3
total	2480	100.0	434	100.0

4　语气系统：剩余部分

依据韩礼德的理论，小句（clause）是由语气（mood）和剩余部分

（residue）构成的。[4] 剩余部分包含谓语动词、附加语和补语。剩余部分中，情态附加语对应人际元功能。下文将从情态附加语入手，分析语料的人际意义。表 4 对全部语料中的情态附加语进行了统计。

表 4　全部语料中的情态附加语

情态附加语			示例	频率		比重 /%
mood adjuncts	adjuncts of polarity and modality	polarity	not, yes, no, so	1826	1964	73.6
		probability	probably, possible, certainly	37		
		usuality	usually, always, ever, rarely	59		
		inclination	readily, certainly, easily	18		
		obligation	absolutely, possible	24		
	adjuncts of temporality	time	yet, still, already, once, soon, just	117	139	5.2
		typicality	generally, regularly, mainly	22		
	adjuncts of mood	obviousness	surely, obviously, clearly	42	482	18.1
		intensity	simply, merely, even, actually	399		
		degree	hardly, entirely, completely	41		
comment adjuncts		opinion	personally	6	47	3.1
		admission	frankly, to be honest	0		
		persuasion	seriously	2		
		entreat	please	22		
		presumption	evidently, presumably	9		
		desirability	hopefully	2		
		reservation	tentatively	1		
		validation	in general	4		
		evaluation	understandably	1		
total				2632		100.0

表 4 显示，语料（法律文书）的特点是频繁地使用极性（adjuncts of polarity）和情态附加词（adjuncts of modality）。

4 总结

本文从语气系统方面对被告的法律文书进行了分析，主要得出以下结论：①陈述式语气（69.2%）在整个诉讼中占据主要地位；②在二审期间，被告更多地使用陈述式语气（比一审期间多 19.4%），减少祈使式语气（比一审期间少 19.4%）。这表明被告在上诉审判中，更加着重于强调和申明自己的立场；③极性附加词和情态附加词在语料中占比最大。

参考文献

[1] HALLIDAY M A K. Explorations in the functions of language[M]. Edward Arnold, 1973:
    652-655.

[2] HALLIDAY M A K, MATTHIESSEN C. An introduction to functional grammar[J].
    Language, 2004, 65（4）: 862.

[3] HALLIDAY M A K. Spoken and written language[J]. Folia linguistica, 1977, 11（3-4）:
    207-216.

[4] 苗兴伟. 人际意义与语篇的建构 [J]. 山东外语教学, 2004（1）: 5-11.

文本类型学视角下法律文本英汉翻译研究

——以《海牙规则》的翻译为例

杨婷　陶爽[*]

摘　要：法律翻译长久以来一直是翻译研究中一大难题。本文旨在以赖斯的文本类型学为启发，试图从文本类型角度分析并探讨法律文本的翻译策略。

关键词：文本类型学；法律文本；翻译

1　引言

随着依法治国观念在国内得到不断加强，我国与其他国家在法律事务上的往来越来越频繁，法律翻译研究在我国的重要性也日益凸显。就整体而言，我国法律翻译研究起步较晚，但范畴宽泛多元，在理论、原则、方法等方面取得了不少成就，但也仍有一些问题，如缺乏系统性研究、缺少方法论指导、缺乏学科建立和学科独立意识、缺乏法律翻译的研究以及教育资源稀缺。[1]而本文则尝试通过赖斯的文本类型学视角，对法律文本类型进行剖析，并由此探讨与之对应的翻译策略。

---

*　杨婷，北京工商大学外国语学院硕士研究生，主要研究方向为法律英语翻译。陶爽，北京工商大学外国语学院讲师，主要研究方向为外国语言学及应用语言学、语篇分析。

2　文本类型理论

文本类型理论由德国翻译理论家凯瑟琳娜·赖斯（Katharina Reiss）在其《翻译批评：潜能与局限》一书中提出，认为译者应根据不同的文本类型采取不同的翻译原则与策略，以求译文能与原文本达到相同的交际功能。这一理论以德国功能语言学家卡尔·布勒（Karl Buhler）的功能语言三分法为基础，主要将文本分为四个类型：信息功能文本、表情功能文本、操作性功能文本以及听觉—媒介文本。[2]

虽然赖斯将法律文本归为信息功能文本，但也有学者认为，法律文本包含众多不同类型的文本，如合同、诉状、法律法规以及法律相关学术文献，并不能简单以信息功能文本来概括。因此目前对于法律文本的细分，业界学者提出了许多看法，但还没有一个得到广泛运用的统一标准。

张新红认为，法律文本的主要功能是呼吁和规范，提供信息只是一个次要功能，规范功能是规定性的，而提供信息功能是描写性的。她将法律文本分为两类：第一类是规定性法律文本，主要功能是规范人的行为、责任和义务，主要包括法律法规、法典和合同等。第二类是既有规定性又有描写性的混合型文本，主要包括答辩状、请求书、申诉书、判决书和案情摘要等。[3]

孙世权在张新红的基础上，将法律文本分为三类：规范性法律文本、描述性法律文本和混合性法律文本。其中，规范性法律文本与混合性法律文本的概念与张新红提出的类似，但描述性法律文本是指法学家的著作和法律论文等。[4]

胡道华则是根据赖斯的文本类型理论，将法律文本分为信息型文本（信息功能文本）和感染型文本（操作性功能文本）。他将成文法、司法文件、合同等法律文本归为信息型文本，将公诉书和刑事自诉书等有事实陈述部分的法律文本归为感染型文本，因为事实陈述主要介绍犯罪过程及其严重后果，主要功能是说服法庭采取行动，以惩处犯罪嫌疑人及维护受害人或自述人的利益。[5]

虽然胡道华与张新红的分类原则不同，但实际分类后的两类内容是相同的。本文就将在这两类法律文本的基础上进行下一步的翻译策略探讨。

3 法律文本类型

根据文本类型理论，法律文本应属于信息功能文本。信息功能文本注重对客观事物和现象的描述与表达，旨在准确传递信息和知识。这类文本主要包括新闻报道、商业文书、使用须知、教学材料、官方文件、专利说明、论文以及科技类文献等。译者在翻译这类文本时应注意充分传达原文的内容和意义，而非形式。

以世界上第一部关于提单的国际公约《海牙规则》为例，《海牙规则》全称为《统一提单的若干法律规定的国际公约》，于 1924 年 8 月 25 日在比利时布鲁塞尔由 26 个国家代表出席的外交会议签署，其内容用语正式，专业术语较多，逻辑缜密，信息量大，是典型的信息功能文本。在翻译时必须查清每一个专业术语的概念，理清逻辑，大幅调整语序，才能准确传达原文的内容。

4 翻译策略

法律文本中绝大多数都是信息功能文本，如法律法规和合同，有较多专业术语，逻辑严谨，语言权威。翻译过程中应选取以直译为主的方式，注意准确简明地传达其内容，这里以《海牙规则》中的一段话为例。

"Contract of carriage" applies only to contracts of carriage covered by a bill of lading or any similar document of title, in so far as such document relates to the carriage of goods by sea, including any bill of lading or any similar document as aforesaid issued under or pursuant to a charter party from the moment at which such bill of lading or similar document of title regulates the relations between a carrier and a holder of the same.

参考译文："运输合同"仅适用于以提单或任何类似的物权凭证进行有关海上货物运输的合同；在租船合同下或根据租船合同所签发的提单或任何物权凭证，在它们成为制约承运商与凭证持有人之间的关系准则时，也包括在内。

这段原文作为一个大长句，句式较为复杂，还有 bill of lading、document of title 等专业术语，译文通过直译辅以增译的方式，将原文复杂的逻辑关系用简明的语句表达了出来。

而法律文本中的操作性功能文本，除了包含信息功能文本的上述特点以外，还具有一定感染性的特点。译者在翻译时应在真实充分还原原文内容的基础上，辅以一些能够帮助增强感染力的词汇句式等手法，以达到以理服人、以情动人的效果，如：

At the time of trial, Respondent was thirty-nine years old and Appellant was fifty-four. Therefore, Respondent still had enough time and energy to acquire income, while there was not much time left for Appellant. Furthermore, even though Appellant acquired several properties from which rental income was earned, as a result of the world financial crisis, the rental income was recently greatly reduced. Appellant's personal properties also shrank greatly.

参考译文：目前，被上诉人仅 39 岁而上诉人已有 54 岁。因此，被上诉人仍有足够的时间和精力取得收入，而上诉人的时间所剩无几。上诉人虽然有几处资产可收取租金，但是由于受国际金融危机影响，租金收入最近锐减。上诉人的个人资产也严重缩水。

相较于语言较为平实的原文，译文用了一些程度更深的词汇，如"所剩无几""锐减""严重缩水"，充分表现了上诉人的不利状况。

5　结语

　　赖斯的文本类型理论自提出以来就对众多的翻译实践起到了指导作用，运用到法律翻译这一领域同样也有一定的启发和帮助作用。译者在翻译法律文本时除了要注意准确传达信息功能文本的内容，也要注意还原操作性功能文本的感染力效果，才能真正做到还原原文。另外，文本类型理论虽然认为文本类型决定翻译策略，但在实际翻译过程中，还需要根据具体情况考虑其他要素的影响。

参考文献

[1] 李德凤，胡牧. 法律翻译研究：现状与前瞻 [J]. 中国科技翻译，2006（3）：47-51.

[2] REISS K. Translation criticism：the potentials and limitations [M]. Shanghai：Shanghai Foreign Language Education Press，2004.

[3] 张新红. 文本类型与法律文本 [J]. 现代外语，2001（2）：192-200.

[4] 孙世权. 法律英语文本的类型化与规范化特征 [J]. 中国社会科学院研究生院学报，2014（3）：110-114.

[5] 胡道华. 法律文本翻译标准——以文本类型论为视角 [J]. 理论月刊，2011（3）：115-117.

系统功能语言学视角下商务文本翻译探究

李莎　关涛*

摘　要：本文试从系统功能语言学视角探究商务文本翻译，结合商务文本的特点，从语言学视角分析商务文本，探讨语域理论对商务文本翻译的指导作用。

关键词：系统功能语言学；商务文本；语域

1　引言

近年来，全球经济快速发展，我国与世界各国的商贸活动日益频繁，"一带一路"战略的提出，更是促进了我国与其他国家的经贸往来。经济贸易必然涉及各种商务文本，因此商务文本的翻译越来越受到各界人士重视。笔者搜集近几年（2004—2018）有关商务类文本翻译的研究，分析发现国内对商务类文本翻译的理论研究相对不足，且翻译理论重复多，对商务类文本翻译的指导有限。为此，笔者尝试从语言学角度选取韩礼德的系统功能语言学理论探究商务文本的翻译，希望从语言学视角为商务文本的翻译提供理论指导。

---

* 李莎，北京工商大学外国语学院翻译专业 2017 级硕士研究生。关涛，北京工商大学外国语学院副教授，文学博士，硕士生导师，主要研究方向为比较文学和翻译研究。

2 系统功能语言学与语域理论

系统功能语言学由著名语言学家韩礼德（Halliday）在马林诺夫斯基（Malinowski）和弗斯（Firth）理论的基础上创立，并在实践中不断深化和完善，其应用范围也扩展到了翻译领域。黄国文首次提出尝试借鉴和应用功能语言学理论进行有关翻译的研究和探讨。[1] 语域理论是系统功能语法论的重要分支 [2]，语域（register）是指语言的功能变体，即因情景语境的变化而产生的语言变化形式。[3] 语域由语场（field）、语旨（tenor）和语式（mode）三个成分构成，与语篇的三重意义——概念功能、人际功能、语篇功能相对应。语场是指交谈的话题和内容，语旨是指交谈双方的关系，语式是指交谈的方式即口语或书面语。这三种成分共同作用，在具体的语言活动中构成特殊的语境，制约说话者对词语和语义结构的选择。[4]

翻译的本质属性是把一种语言文字承载的意义用另一种语言文字再现的特殊语言使用，所以从语言学角度对其进行描述和阐释 [5]，对翻译具有指导意义。本文通过系统功能语言学理论，希望进一步了解该理论在翻译领域的应用，从而为以后的翻译实践提供借鉴和指导，丰富翻译理论，提高翻译质量。

3 商务文本类型及特征

商务类文本是商务活动交流的载体，对商务活动的顺利进行发挥着关键性作用。商务类文本包含商务知识和各行业的专业知识，因此在商务活动过程中有效传递商务文本中的信息并非易事。商务文本类型主要有商务合同、外贸信函、广告等，与其他文本类型相比，具有以下几点特征：①商务语言词汇专业性强。如"party"一词在合同中指签订合同的一方，"offer"在贸易中指报盘，即报价；②用词正式、严谨。如商务合同中为确保合同内容严谨，多用 hereto、hereof 明确指代本合同或本协议；

③句子结构规范。如："Under the principles of fairness, free will and good will, it is hereby agreed between both parties as follows"。如合同等文本通常有其固定的格式和约定俗成的表达。

4　系统功能语言学与商务文本翻译

根据语域理论，就商务活动而言，语场具体是指与商务活动有关的话题和内容。那么也就意味着文本中所涉及的词汇范围就是与商务活动有关的词汇，因此在翻译时应充分了解相关的背景知识和专业词汇及其规范的译法。

例 1：In case of late delivery of the goods or any part thereof after the agreed contract delivery time, the seller shall pay to the buyer a liquidated damage of two percent（2%）of the value of the portion of the goods which is late per week of delay, up to a maximum aggregate of ten percent（10%）of the total purchase order value.

例 1 为买卖双方就交易所达成的协议，其中 goods、delivery time、purchase order value、seller、buyer 为贸易常用词汇。Good 是常见的形容词，意为"好的"，而在贸易中用复数意为"商品"，在例 1 的语场中则具体是指交易的货物。Liquidate 意为"清算，清偿"，damage 意为"损害"，在此句中，liquidated damage 则译为"损害赔偿金"。

在商务活动中，语旨即参与商务活动的人之间的关系。语旨主要通过人际功能表现出来。[2] 每个交际者的社会地位、人际关系、说话态度、交际目的都会直接影响其说话的语气、用词和风格。[3] 在商务活动中，双方为促进交易活动顺利进行，达到获利目的，在沟通交流中须注意说话的语气、用词和风格。如原文语言正式、用词讲究、措辞礼貌，译文也应当采用同样正式的语言，以求与原文的用词和风格保持一致。

例 2：We avail ourselves of this opportunity to approach you for the establishment of trade relations with you.

译文：我们愿借此机会与你方联系以期建立业务关系。

买卖双方为合作伙伴关系，通过函电沟通交易细节，为促进交易顺利进行，双方在函电中通常都保持客气、礼貌的态度。如例2，"借此机会"没有用 take，而是用 avail，avail oneself of something 意为 formal to accept an offer or use an opportunity to do something，可见 avail 一词既正式又能向对方表达诚意。approach 做及物动词意为 ask，to ask someone for something, or ask them to do something, especially when you are asking them for the first time or when you are not sure if they will do it，含有询问对方建议之意，所以 approach 一词既表现出对对方的尊重，又表达出自己的意愿。

就语式而言，商务活动中多涉及双方达成的协议或合同等，此类文本属于书面用语。书面语多用复杂的句子结构，且句子包含大量信息，但语篇结构清晰，逻辑严谨，注重语法衔接与词汇衔接。掌握商务文本的语式特征有助于译者理解把握文本内容，准确传达原文信息。

例 3：This agreement is entered into between the parties concerned on the basis of equality and mutual benefit to develop business on terms and conditions mutually agreed upon as follows ...

译文：为在平等互利的基础上发展贸易，有关方按下列条件签订本协议……

本句为销售代理协议的首句，虽只是一句话，却包含了大量内容，长句看起来难以理解，但仔细分析，就可以发现句子成分之间的逻辑关系：原文用介词和介词短语来加强句子衔接性与连贯性。译文可通过分析句子结构，理解把握原文意思后整合出符合书面表达的译文。

5 结语

商务文本语言正式、简洁、规范，从语言学角度分析其语言特征可为商务文本翻译提供语言学研究视角。在经济大发展、大繁荣的新时代，商务文本翻译的重要性不言而喻。运用系统功能语言学探究商务文本翻译，可为商务文本的翻译提供新的理论方向和指导，从而提高商务文本的翻译质量，促进商务活动发展。

参考文献

[1] 黄国文 . 翻译研究的功能语言学途径 [J]. 中国翻译，2004（5）.

[2] 徐露 . 语域理论视角下外贸英语函电的翻译研究 [J]. 天津中德应用技术大学学报，2017.

[3] 胡壮麟 . 系统功能语言学概论 [M]. 北京：北京大学出版社，2008：273–274.

[4] 刘娜，孙红梅 . 基于语域视理论的 3 本中医药双语教材研究 [J]. 中医药导报，2016.

[5] 司显柱，陶阳 . 中国系统功能语言学视角翻译研究十年探索：回顾与展望 [J]. 中国外语，2014.

[6] 吴羡 . 从语域视角浅谈翻译 [J]. 英语广场，2017（2）.

新时代中国特色词汇翻译探微 *

赵偲予　　梁桂霞 **

摘　要：通过指出新时代中国特色词汇翻译的意义，从不同角度初步探索特色词汇的英汉双语翻译技巧和方法。

关键词：新时代；特色词汇；翻译

1　中国特色词汇翻译研究的意义

文字是对语言的记录，使得语言突破在时间、地域上的局限，使得文化交流更加便捷，让文化在不断地传播碰撞中得以更快的发展。当今中国迈入新局面，各类新兴词汇层出不穷，无论是在经济、政治、文化、社会、生态方面，都有新鲜词汇的产生，展示着中国最新的状态。

特色词汇翻译是用译语中的等值词汇或者其他词替代源语中的词汇。中国迈入新时代也意味着我们将会进入历史上从未有过的新的环境，因此做好翻译这项工作，把汉语根据中国文化的特有内涵对应到一定的外语词汇，能让我们在向外传播中国文化的时候，能够准确地翻译出来，避免"词"不达意、语言混乱的情况。

* 本文为北京工商大学大学生科学研究与创业行动计划大学生创业项目"新时代下中国特色名词的翻译研究"项目（编号：201810011105）的部分研究成果。

** 赵偲予，北京工商大学外国语学院161班在校学生。梁桂霞，北京工商大学外国语学院副教授，主要研究方向为外语教学、文化研究与翻译。

2 我国特色词汇翻译的研究示例

2.1 政治方面

例 1：三大攻坚战：three tough battles.

中共中央总书记、国家主席、中央军委主席、中央财经委员会主任习近平于 2018 年 4 月 2 日下午主持召开中央财经委员会的第一次会议，研究打好三大攻坚的思路和举措，研究审定《中央财经委员会工作规则》。在这里，我们将"攻坚战"翻译成"tough battles"。三大攻坚战（three tough battles）分别为防范化解金融风险、精准脱贫、污染防治。原文：习近平在大会上强调，防范化解金融风险，事关国家安全、发展全局、人民财产安全，是实现高质量发展必须跨越的重大关口。译文：Preventing and defusing financial risks is relevant to national security, overall development, and the security of people's property, and is a key threshold that the country must cross to achieve high-quality growth.

2.2 经济方面

例 2：年度账单：annual spending report.

2018 年 1 月 3 日，我国应用广泛的电子钱包"支付宝"，推出了 2017 年度用户支出账单（spending/ transaction report），用户纷纷在微信等社交平台"晒"起自己的"年度账单"（annual report）。原文：根据相关报道表示，近日上线的基于个人移动购物历史记录的支付宝 2017 年度账单引发了公众对于隐私问题的担忧。译文：Alipay 2017 Spending Report that based on a person's history of mobile purchases that went online recently has sparked a public outcry over public issues.

2.3 文化方面

例3：快应用：fast app.

快应用是手机硬件平台开发的新兴应用，优点是手机用户无须下载安装 APP，即点即可使用。国内各大手机厂商联合推出此种应用程序，以期能打破微信"小程序"（mini program）的垄断地位。根据相关报道，华为、小米等国内十大智能手机厂商联合推出"快应用"技术标准，对抗腾讯旗下的小程序。翻译：The top 10 Chinese smart-phone vendors, including Huawei and Xiaomi, joined hands to promote technical standards for "fast apps", which against Tencent's mini programs.

例4：山寨产品：knockoff/ copycat.

"山寨"一直是知识产权领域的一个病痛，市场上充斥各种"山寨产品"，可以用 knockoff 或者 copycat 来表示。根据相关报道，北京蛋糕连锁店——鲍师傅对国内数百家冒用其品牌经营的店铺发起诉讼。翻译：Master Bao, a Beijing-based pastry chain, filed cases against hundreds of shops across the country that are operating illegally under its brand. Courts in Beijing. "鲍师傅山寨店"可以用 knockoffs of Master Bao pastry 来表示。鲍师傅糕点创始人表示，目前他们公司在北京开设的鲍师傅门店只有 14 家，全国也才 26 家，但是仅仅北京地区的"鲍师傅山寨店"就有 200 余家。由于山寨门店太多，"网红"糕点鲍师傅决定诉诸法律武器维权。

2.4 社会方面

例5：相亲游：dating tour.

相亲游是相亲体验的补充。与传统相亲方式不同的是，在旅行中相亲可消除传统相亲方式两人初次见面时没有话题的尴尬，让参与的单身人士都处于一个放松、自然的状态，缓和气氛，而且有更加充分的时间了解彼此。dating 意为"约会"，dating agency 即为"婚姻介绍所"；这里 tour 是"旅游，旅行"之意，因此"相亲游"可以译为"dating tour"。

3 结语

中国社会迈入新时代，积极推动中华文化走向世界，翻译工作尤为重要。翻译不仅是语言间的切换，更是文化信息的移植与传递。大学英语翻译学习，不仅应该注重英语水平的培养，还要注重汉语言能力的提升；多阅读，多写作，在翻译的过程中将汉语的逻辑、修辞等表达出来。做好特色词汇的翻译，需要拓宽知识面，关注时事热点，多积累，多推敲，找到准确的翻译表达。

招股说明书的词汇与翻译

郑昊霞　马莹[*]

摘　要: 招股说明书的英汉对照文本是中国企业境外上市必须提交的法律文档。招股说明书的翻译须符合法律文本规范并顾及语言风格、文本类型和词汇特征等方面。本文拟对招股说明书的词汇特征略作归纳分析,并提出相应的翻译策略与建议。

关键词: 招股说明书;词汇特征;翻译策略

招股说明书 (prospectus) 是公司发行股票上市过程中必备的最重要的法律文件,也被称为招股书或招股章程。中国企业谋求在中国香港、新加坡及美国等交易所上市发行股票募集资金时必须提交英汉对照版本的招股说明书,由此产生了特定的文本翻译需求。招股说明书的翻译须符合其作为法律文本的特定规范,并考虑其语言风格、文本类型和词汇特征等。因篇幅所限,本文作者仅尝试对英文招股说明书的词汇特征略作归纳分析,并提出相应的翻译策略与建议。

1　招股说明书的词汇特征

1.1　行文严谨、用词规范

招股说明书是股份有限公司发行股票时,就有关事项向公众做出披露,

---

* 郑昊霞,北京工商大学外国语学院讲师,主要研究方向为英语翻译与教育。马莹,北京工商大学外国语学院商务英语专业在读本科生。

并向非特定投资人提出购买或销售其股票的要约邀请性文件，具有法律文本的特点，行文严谨庄重，语句冗长复杂，用词规范正式，如下例。

Subject to the listing Committee granting the listing of, and permission to deal in, the Class B Shares in issue and to be issued pursuant to the Global Offering as mentioned in this prospectus (including any additional Shares which may be issued pursuant to the exercise of the Over-allotment Option, any additional Shares which may be issued pursuant to the Pre-IPO ESOP, Post-IPO Share Option Scheme, Share Award Scheme and the conversion of the Preferred Shares into Class B Shares) and certain other conditions set out in the Hong Kong Underwriting Agreement including, amongst others, the Joint Representatives (for themselves and on behalf of the Hong Kong Underwriters) and the Company, agreeing upon the Offer Price, the Hong Kong Underwriters have agreed, severally but not jointly, to subscribe, or procure subscribers to subscribe, for the Hong Kong Offer Shares which are being offered but are not taken up under the Hong Kong Public Offering on the terms and subject to the conditions set out in this prospectus, the Application Forms and the Hong Kong Underwriting Agreement. (见香港联交所披露易网站，以下各例均出于此)

上例中整段英文实际上只有一句，主干结构是 the Hong Kong Underwriters have agreed...，其余均为附属成分，包含两组括号内的补充说明和结尾处 which 引导的较长的定语从句，正式用语 subject to、pursuant to 反复出现，这些都使原文具有明显的法律英语的特征。

1.2 术语繁多、专业性强

招股说明书涉及拟上市公司的各个方面，通常包含法律文书、咨询报告、财务报表、机构声明等多种文本，因此也就汇集了各式各样的术语，最常见的有证券术语，如 sponsor（保荐人）、underwriter（承销商）、

bookrunner（账簿管理人）、global offering（全球发售）、share capital（股本）、shareholder（股东）等；财会术语，如 revenue（收入）、gross profit（毛利）、income tax（所得税）、assets（资产）、liabilities（负债）等；法律术语，如 legal advisor（法律顾问）、waivers（豁免）、rules（条例）、regulations（法规）、ordinance（条例）等。此外，拟上市公司还有其特定行业的术语，如互联网、计算机、通信、房地产、钢铁、电力、石油、化工等。近期在香港上市的一家国内知名互联网公司就在其招股书中专设"技术词汇"一章，列举解释了若干专业词汇术语，如 AI（人工智能）、cloud-based system（云系统）、DRAM（动态随机存储器）、IoT（物联网）、ISMS（信息安全管理系统）、SoC（系统芯片）等。

1.3　大量使用缩略语和套语

招股说明书中有一些术语和机构专有名词反复出现，为简化行文方便理解，常以缩略语代替，如 IPO（首次公开发售）、ESOP（员工持股计划）、CSRC（中国证监会）、SEC（美国证券交易委员会）、QFIIs（合格境外机构投资者）、CDRs（中国存托凭证）等。此外，招股说明书中还有不少套语（formulaic language），如香港交易所上市公司招股说明书中 Risk Factors（风险因素）一节的开头都会有千篇一律的套语：You should carefully consider all of the information in this prospectus, including the risks and uncertainties described below, before making an investment in our Shares. Our business, financial condition, results of operations or prospects could be materially and adversely affected by any of these risks and uncertainties. The market price of our Shares could significantly decrease due to any of these risks and uncertainties, and you may lose all or part of your investment.

2　招股说明书的翻译策略

由上文对英文招股说明书词汇特征的归纳分析，可以初步得出相应的翻译策略，大致有以下几点：第一，认真研读招股书的英汉双语平行文本，熟悉专业词汇术语的表达，做到透彻理解、准确翻译；第二，招股说明书作为法律文件，翻译时应力求严谨，基本上是逐句逐行地直译，而不是随意增删地灵活意译，应保证所有内容完整传递，对套语部分则沿用以往译例；第三，招股书的翻译通常是时间短、工作量大，往往需要团队分工协作，充分沟通协调，以保证按时提交高质量的译本。

中国法庭话语打断现象研究综述

许佳佳　　刘红艳*

摘　要： 本文从我国法庭话语打断现象的研究现状入手，结合我国法庭话语的特点着重讨论了法庭话语打断与权力的关系，法庭话语中被告的打断现象及法庭话语打断现象与性别的关系，并提出了未来我国法庭话语打断现象研究的新的切入点。

关键词： 法庭话语；打断现象；权力；被告；性别

当下中国法律语言学研究的侧重点逐渐由静态研究向动态研究转变，将语言学中的理论与法庭实践相结合，从而为进一步促进司法公正提供借鉴。相较于其他自然话语和机构话语，法庭话语有其自身的特点。首先，法庭话语具有秩序性，法庭话语的参与者在交际过程中必须严格按照法定程序进行，这与其他场景中的话语交流有所区别。[1]其次，法庭话语的参与者在交际过程中存在着对抗性，控辩双方针锋相对，往往在话语中产生激烈对抗；最后，法庭话语参与者具有主体的复杂性和身份的多样性，在庭审中可能存在着原告、被告、法官、证人等多种主体，且在诸多主体之间又存在着势位差距。[2]法庭话语所具备的秩序性、对抗性、主体的复杂性等特性决定了在庭审过程中不同的参与主体之间必然存在着打断现象。

*　许佳佳，北京工商大学外国语学院硕士研究生，主要研究方向为国际法商英语。刘红艳，北京工商大学外国语学院教授，研究方向为基于语料库的话语研究、学习者语料库研究、言语障碍患者即席话语研究。

1 法庭话语打断与权力关系的研究

法庭审判过程事实上是一种庭审参与者之间的权力较量过程。[3] 此处权力的概念不再是传统意义上统治阶级与被统治阶级之间的统治关系，而是一个动态的权势较量过程。由于参与者之间在庭审地位及法律知识等方面的差异导致了各主体权力上的强弱。这种权力关系通过法庭话语来实现和维护，又影响着法庭话语的内容和方式。以打断现象为例，由于法官、公诉人、律师与被告之间存在着势位差距，其中被告的权势最弱，因此在庭审中被告的打断数量低于其他主体，这体现了被告在庭审中的话语权明显低于法官、公诉人及律师[4]，同时法官、公诉人也会通过打断被告人与案件无关发言的方式推进审判的进行。[5]

2 法庭话语被告的打断现象研究

有学者研究表明，与法官、公诉人、律师相比，被告在打断的数量上是明显低于其他主体的，打断原因也与其他主体不同。如法官打断的原因是基于被打断者话语量过多，话语与案件缺乏关联性，为了保证庭审效率，保证准确认定案件事实，打断其他主体发言。[6] 被告打断的原因在民事案件和刑事案件中有所不同；在民事审判中，由于控诉双方不存在较大的势位差距，因此被告打断的原因主要是为了争夺话语权；在刑事诉讼中，控辩双方地位在事实上存在不平等，被告打断往往是出于合作的目的。同时，在打断位置上被告也很少存在像法官那样在开头位置打断的情况，这也同样体现了被告作为庭审中较为弱势的一方在庭审中缺乏话语权的问题。

3 法庭话语打断现象与性别研究

学者们对法庭话语打断现象与性别关系的研究同样值得我们关注。为避免因对话主体之间存在较大势位差距而使得研究结果发生较大误差，这一研究限定在法官、公诉人、律师这三类对话主体之间，研究表明在打断数量上，女性打断的比例比男性高出约 30%；在打断位置上，女性打断的开头位置的比例也大大高于男性，而在开头位置打断对话相较于在中间位置打断对话显然更具有攻击性。[7] 结合不区分性别的一般性研究可知，女性法官在法庭话语交际中更具有攻击性和压迫性。

4　结语

目前，大部分法庭话语打断现象的研究语料均非来自最新的庭审现场，无法有效反映当下最新的庭审实践。为了能够反映我国近年来司法改革的成果，我认为应将司法改革前后的法庭话语打断现象做一对比研究，进而讨论司法改革对我国法庭话语打断现象的影响。

参考文献

[1] 胡海娟 . 法庭话语研究综论 [J]. 广东外语外贸大学学报，2004，15（1）：8-11.

[2] 廖美珍 . 法庭问答及其互动研究 [M]. 北京：法律出版社，2003.

[3] 赵洪芳 . 法庭话语、权力与策略研究 [D]. 北京：中国政法大学，2009.

[4] 胡范铸 . 基于"言语行为分析"的法律语言研究 [J]. 华东师范大学学报（哲学社会科学版），2005，37（1）：87-93.

[5] 吴鹏 . 中国法庭话语中的打断现象研究——目的、权力与打断 [D]. 镇江：江苏大学，2007.

[6] 龚进军 . 中国法庭话语中被告的打断研究 [D]. 武汉：华中师范大学，2016.

[7] 廖美珍，龚进军 . 法庭话语打断现象与性别研究 [J]. 当代修辞学，2015（1）：43-55.

从翻译中的语言文化差异看中西方思维
特征的不同

肖云逸[*]

摘　要：西汉两种语言都有着悠久的历史，隶属于不同的语言体系，各自有着独特的语言形式、结构、词汇、句法等，两者的差异性也是显而易见的。这些差异也反映出两种文化不同的发展历程，两个民族不同的思维特征。在翻译过程中，有时我们会受制于中国固有的思维模式或缺乏对西方思维的认知而局限于翻译方法。本文将分析中西方思维方式的不同，从而更有效的把握两种语言间的联系，促进翻译的实践。

关键词：西汉翻译；中西思维特征；文化差异

1　中西方思维方式的差异

季羡林先生认为：东西方文化的区别就在于中西思维模式，思维方式不一样，在于中西思维模式的基础不同。一言而蔽之，东方文化体系的思维模式是综合的，而西方则是分析的。这种思维特征的差异主要体现在：

---

* 肖云逸，北京工商大学外国语学院讲师，主要研究方向为西班牙语翻译、西班牙语教育。

1.1　主体思维和客体思维

人文主义向来被认为是中国文化的一大特色，是指以人为考虑一切问题的根本。中国式思维强调主体的力量和主观的感受，以主体的意向统摄客观事实。而西方文化强调客体本位，以自然界的事物为主体，强调人类与自然的对立关系，把自然当做观察、分析、研究的重点。

中西方主客体思维的差异在语言形式上的反映则是：汉语常用人即有生命的词做主语，注重人称的表达，多采用主动语态。定语在前，被修饰的中心词在后。而西班牙语较常用物和抽象概念等非生命形态的词作主语，注重事物的客观呈现，表述过程中也常用无人称和自复被动形式。强调句子成分间的逻辑关系。中心词在前，修饰语在后。（有时也会出现形容词置于名词之前的情况，一般在意义上与后置时有所区别，或者表示说话人想突出强调该事物的这一性质或想要表达自己的思想感情。）

例 如：En la Declaración del Milenio, firmada en 2000, se formularon ocho objetivos de desarrollo aceptados por la comunidad internacional.

2000 年签署的《千年宣言》中提出了八项为国际社会接受的发展目标。

本句的后半句是自复被动句，主语为 ocho obejetivos，表意为"八项发展目标被提出"。

1.2　抽象思维和具象思维

中国的传统思维是具体的、形象的，注重事物的功能和统一。在汉语语句中，不要求一定要有主语和动词，汉语中较少使用表示抽象概念的名词，更多的使用有着实指意义的具体名词，喜欢用具体比喻抽象。

西方的思维是抽象思维，侧重运用概念、判断、分析、推理等思维形式，对客观现实进行间接的、概括的反映，重视事物的形式、结构及其对立面。西班牙语在表达时必须要使用主语和动词（虽然主语可以省略，但人称已通过动词的变位表达出来），抽象名词、前置词的使用频率较高，常常使用表达同类事物的整体或集合名词来表达具体的事物和现象。

例如：冰冻三尺非一日之寒。

El l í o ha venido arm á ndose por bastante tiempo.

汉语习惯用一些具体的数字虚指，表示多数或者少数，"三尺"指较厚的厚度，而"一日"则表达较短的时间。在这种情况下，我们翻译时要把握好它的抽象意义。

例如：La verdad amarga.

忠言逆耳，良药苦口。

此句直译为"真相是苦涩的"，但通常在我们汉语习惯中将其与"忠言"、"良药"这种具体事物相对应。

1.3 形合思维和意合思维

汉语重"达意""以意统形"，即不需要用严谨的语言结构来分析句子间的逻辑关系，句子的主谓语和宾语的排列不是紧密相连，短句多、并列句多，依靠主观的对上下文内容的理解，构成语句篇章。因此，只要可以"意会"的，许多词语都可以被省略。

而西班牙语则表现为"树杈型"，它的形合体现在它对语法结构的依赖性较强，以丰富的形态变化制约句子的格局，组合程式规范。先确定中心词，其他附加成分、从句再依次向上叠加，犹如枝繁叶茂的大树。因此，西班牙语句子可以很长，主从复合句使用较多。此外，西班牙语还要求修饰词与被修饰对象之间严格遵守性、数一致的原则。

例如：君不见，高堂明镜悲白发，朝如青丝暮成雪。

No ve que ante el espejo brillante en mansi ó n alta se lamenta por las canas，la seda negra a la madrugada se hace nieve a las sombras.

本句中"高堂""明镜""白发"均是名词，却表达了"高堂之上的人对着明镜慨叹自己白发"的含义。在翻译时，我们要加入大量的连接词、前置词等词语，将其中的逻辑翻译出来。

2 翻译过程中思维转换的策略

由于中西方思维存在着较大的差异，作为一名译者，我们应该主动培养抽象思维能力，提高客体意识，重视抽象名词的表达和使用，主动进行主客体、主被动转换，逐渐适应这种思维，使译文符合西方表达习惯。

美国翻译理论家尤金·奈达曾给翻译下过这样的定义："翻译是指从语义到文体在译语中用最贴近而又最自然的对等语言再现原文的信息。"翻译的核心目的是实现两个或多个不同文化之间的语言转换，搭建不同语言文化群体之间的沟通桥梁，中西方由于其地理位置、经济状况、文化背景等不同，想要实现思维转换，了解西方背景文化、风俗习惯和宗教是十分必要的。而中华文化作为西汉翻译的基础，更需要我们不断学习，加深理解。

法商话语与翻译研究

教育教学研究

文学与文化研究

语言学研究

其他类

"在语境中主动习得程式化短语"教学方法初试

——以"动词 + 介词 to"为例

马蓉 *

　　摘　要：词汇是语言学习的基础，然而，词汇却是大多数语言学习者的最大障碍。传统的语言教学中，教师作为主导者和讲授者，通常会对词语的意思和用法通过举例子、做比较等方式来进行详细讲解。然而，在这种传统的教学中，教师讲学生听，大多数学习者一直处于被动接受的状态，缺乏主动思考的过程，可想而知，最终的学习效果不甚乐观。为了解决这一问题，笔者尝试着让学生"在语境中主动习得程式化短语"，收到了较为理想的效果。

　　关键词：程式化短语；语境

1　引言

　　词汇是语言学习的基础，更是核心，其他技能如听、说、读、写、译都无法脱离词汇而存在。然而，词汇却是大多数语言学习者的最大障碍。传统的语言教学中，教师作为主导者和讲授者，通常会对词语的意思和用法通过举例子、做比较等方式来进行详细讲解。在此之后，针对这些词语

---

* 马蓉，北京工商大学外国语学院讲师，主要研究方向为应用语言学、英语翻译、英语教学法。

会有相应配套的练习来巩固知识并检验学习效果。然而，在这种传统的教学中，教师讲学生听，大多数学习者一直处于被动接受的状态，缺乏主动思考的过程，可想而知，最终的学习效果不甚乐观。为了解决这一问题，笔者尝试着让学生"在语境中主动习得程式化短语"，收到了较为理想的效果。

2　相关概念的界定

根据瑞伊的理论，程式化短语（formulaic sequences）包括各种形式的多词语短语和固定搭配或固定句型结构，如习语、词汇语块、词汇短语等，一般包含两个或者两个以上单词，在语义或句法层面上形成一种不可分割的意义单位。这些短语的重要性不容忽视。学习者在掌握大量的英语语法知识和具备了初步的语言运用能力的基本上，仍然需要进行英语程式化短语的学习，可以说，这与英语的学习是一直相伴始终的。

众所周知，语言学习不是孤立地一个个单词，所有的词汇是需要依附语境来完成语言功能的。那什么是语境呢？简单通俗地说，就是上下文；深入来看，包括具体的语言知识信息、语篇或句段的上下文、语言的社会文化背景、语言交际活动发生的时间和空间、语言交际者的语言风格和表达方式等。

3　"在语境中主动习得程式化短语"教学方法的运用

为了对比教学方法的效果，笔者选取了大学一年级同一级别的两个班学生作为受试者，他们的学习水平均属于中等偏下。在第二学期的英语课堂中，笔者针对不同的班级采用了不同的教学方法。

在班级A，笔者运用了传统的思路，将"动词＋介词to"的短语（共96组）一一给学生举例讲解，之后进行测试。

在班级B，笔者将同样的短语随机分成16组，每组6个。同时，也将学生对应分为 16 组，每组两到三人。各组学生代表随机抽取含有 6 个短语的小纸条，回去后小组合作完成任务。

任务要求及操作步骤如下：①学生自行查阅词典，了解这 6 个短语的含义及用法。②学生利用这 6 个短语，编写小故事，最多不超过 10 个句子，内容短小精悍、易读易记。③教师对编写的小故事进行批改并给出反馈意见，学生反复修改直至定稿。④学生进行课堂展演，将自己的作品以 PPT 的形式展示给大家，同时简要讲解文中所用到的那 6 组关键词组。⑤使用同样的测试题检验教学效果。

通过对比两个班级的测验成绩，班级 A 的及格率只有 45.3%，平均分 46.9；而班级 B 的及格率高达 92.8%，平均分 72.5。很显然，"在语境中主动习得程式化短语"教学方法收获了颇为显著的良好效果。

4　结语

程式化短语本身在英语学习中就扮演着举足轻重的角色，当学习者自主参与，营造习得这些短语的语境，学习能力和学习效率就会大大的提升，随之而来的便是对语句和篇章更精准的把握和更透彻的理解。

Register in English as Foreign Language Teaching and Learning*

王梦琳**

Abstract：Register, referring to language used by particular groups of people or in specific situation, is not a new concept in sociolinguistics. However, EFL learners have been questioned possessing little register awareness and knowledge. Starting with definition of register, this paper discusses the problem and offer some suggestions.

Keywords：register, TESOL, language learning

In the sociolinguist Janet Holmes1' words, "register tend to be associated with particular groups of people or sometimes specific situation of use". Sports announcer talks, advertisement and prayer are examples of registers. Other sociolinguists also define register as the language variation that correlates to different social situations of use 2. Register explains why sports announcer talk is different from weather report and news broadcast in terms of linguistic features.

Based on the definitions above, registers are described for their linguistic features and situational context. We can adopt the three dimensions that Halliday

---

* 本文得到 "科技创新能力建设 – 基本科研业务费 – 青年教师科研能力提升计划"（编号：PXM2018_014213_000033）的资助。

** 王梦琳，北京工商大学外国语学院助教，主要研究方向为二语习得、计算机辅助英语教学。

and Hasan 3 proposed to examine situational context, which are field, tenor and mode. The field of discourse refers to the subject matter or topic; tenor refers to the participants of the discourse and their relationship; mode refers to the channel or medium of the communication. Therefore, although sports announcer talk, weather report and news broadcast are all spoken discourse on television (similar mode) and the participants are similar (announcer/broadcaster and TV audience), the language use of the three is different because the fields (sports, weather and news) are totally different.

EFL learners without or with little register awareness and knowledge may cause some problems. It could lead to offence to others; for example, many Chinese EFL learners studying abroad address their professors in the same way they address friends in e-mail (e.g., "Hi Anne!") because though e-mail writing is taught, explicit instruction on writing an appropriate English e-mail to professors is not part of the curriculum. It could also have negative influence on academic performance. A corpus-based research 4 compared the academic writings of upper-intermediate to advanced EFL students from 16 mother tongue backgrounds (including Chinese) and native speakers (written academic corpus of British National Corpus), and found that EFL learners are lack of register awareness in general with overuse spoken-like features in academic essays. Teaching process is one of the possible causes identified.

Therefore, this paper argues that TESOL teachers should recognize the importance of registers in language teaching and hold a more positive attitude toward it. The awareness and knowledge plays the role of filter, influencing the decisions that teachers make in choosing or adapting the teaching materials before class, the approach they address register-related issues in class and the guidance they provide for students to explore the topic after class, etc. For instance, when teaching the verb "construct", a register-aware teacher would not only teach its general meaning of "build something", but also "form an idea by bring together various conceptual elements" (Oxford Online Dictionary), as the latter is widely used in academic essays.

Teachers can teach registers by exposing learners to various authentic materials, including menus, job advertisement and travel brochures, etc. These varieties have different linguistic patterns with different sets of vocabulary used, and learners must be able to recognize and understand them. Learners also need to receive instruction on how to produce some of the registers that are essential for their future academic study, such as forum posts, research reports, in-class presentations and office-hour conversations. Moreover, TESOL teachers can also encourage students to conduct independent or collaborative projects investigating specific registers of their interests in detail, such as Facebook posts, sports announcer talks and business English.

北京工商大学通识教育选修课现状与对策

——以二外日语为例

李香春[*]

摘　要： 为满足高等教育的要求，实现通识教育目标，我校2012年起开设了通识教育选修课。经过多年的改革和发展，我校通识教育选修课取得了一定的成绩，但也存在一些问题。本文以二外日语为例对我校通识教育选修课现状进行分析，提出了解决对策。

关键词： 通识教育选修课；现状；对策；二外日语

通识教育选修课（以下简称"通选课"）是本科教学课程体系的重要组成部分，是实施素质教育、完善学生知识结构、开拓学生视野、发展学生综合能力、加强学生全面素养、培育学生健全品格的重要途径。

根据人才培养需要，北京工商大学通选课分为五大模块：自然与科学文明、历史与文化传承、文学与艺术审美、经法与社会分析、素养与个体成长。各模块课程设置体现系统性，课程内容具有前瞻性、思想性。经过多年的建设，北京工商大学通选课门数现已达到135门，其中自然与科学文明37门、历史与文化传承15门、文学与艺术审美25门、经法与社会

* 李香春，北京工商大学外国语学院讲师，主要研究方向为日语语言文化和教学法。

分析 23 门、素养与个体成长 35 门。作为素养与个体成长模块中的二外日语通选课深受学生的欢迎。

1 二外日语通选课现状

1.1 课程设置

二外日语是为全校本科生开设的通选课，不受专业、学科的限制，学生可以根据自己的兴趣爱好来选择，无先修课程，从零起步。北京工商大学 2011 年底启动了本科教学综合改革，修订本科专业方案时，许多课程被合并，学时被减少。二外日语通选课开设时间由两学期变成了一学期，周学时由 4 变成了 3，总学时大大减少。

1.2 教学目标

教学大纲中写道："二外日语通选课从日语的语音开始教授，对学生进行听、说、读、写、译的基本训练，使学生掌握日语的基础知识和基本技能，具备初步的日语应用能力。同时，增强对日本社会、文化等诸方面的认知，帮助学生拓展视野，增加学习兴趣，提升学习能力。通过本课程的学习和基本训练，学生应掌握正确的语音、语调；掌握约 400 个词汇、50 个句型和基本语法知识。"可见教学大纲对二外日语教学提出了较高的要求，内容很多，通过短短 51 学时的教学，让学生掌握上述知识和技能，难度很大。

1.3 教材

二外日语通选课使用的是高等教育出版社出版的《日本语基础教程》。该教材具有诸多特点和优势，既重视语言的基础训练，又重视初步的语言运用能力的培养；既考虑到教材的实用性，也充分考虑到素质教育的需要；

突出听、说、读、写、译的综合能力的培养；多媒体课件质量高，方便课堂教学，方便学习者自主学习；练习实用、丰富，形式多样。为了解教材选用情况和质量，学校每学期都组织教材评价，从评价结果来看，大多数学生对该教材表示满意，但也提到内容多、讲解不够详细、语法跨度大等问题。

1.4 考核

二外日语通选课成绩由期末考试成绩和平时成绩两部分组成，期末考试采用闭卷形式，题型主要包括：单词读音和常用汉字、语法、翻译、回答问题、句子连接、判断对错等。期末考试成绩占总成绩的70%，平时成绩占30%，由于平时成绩比例偏低，有些学生不太重视平时学习、学习积极性不高。

1.5 学生情况

二外日语通选课每学期开设2～3个班，每个班选课人数上限一般控制在35人。自开课以来，深受学生的欢迎，往往在选课第一时间就会选满，选课的学生大部分学习兴趣高，学习积极主动，课堂表现良好，但也存在盲目选课、学习目的不明确、上课不认真、缺课、缺考严重等问题。

2 对于二外日语通选课存在问题的解决对策

2.1 加强对学生的选课指导

通选课不及格或缺考不会计入挂科的门数，也不会计入年度奖学金评选，因此很多学生在选课时随意性较大。为避免学生盲目选课，班主任、辅导员、导师应加强对学生选课的指导，让学生认识到提高自身素质的重要性，避免急功近利的学习观。学校教务部门要加大宣传，通过网络平台公开课程介绍、教师简介、教学大纲等。任课老师应在第一节课向学生介绍教学内容、教学目标、课堂要求等，明确要求学生认真上课，不允许旷课、迟到、不能抱有侥幸心理随便应付。学生应把握好前两周的试听机会，通过试听，觉得不满意或不适合自己，果断退掉。

2.2　帮助学生树立正确的学习目的

学生选二外日语通选课，有的是因为喜欢日语，有的是为了考研、过级，有的是为了玩游戏，也有一部分是从众心理、混学分的心理。在影响学习成效的众多因素中，学习目的至关重要。不同的学习目的直接影响学习态度和学习效果。因此，教师要帮助那些学习目的不明确的学生端正学习态度，养成良好的学习习惯。

2.3　合理安排教学进度，通过改变教学模式激发学生学习兴趣

学生在学习日语的初期，学习兴趣是比较高的，但随着学习深入、内容增多、难度加大，学生学习积极性和自信心逐渐降低。学一门语言只依靠课堂上的学习是远远不够的，课后需要花费大量的时间和精力去背诵、朗读、做练习，需要毅力和持之以恒的精神。教师在教学过程当中应注意由浅入深，让学生慢慢适应，避免其因内容太难而产生放弃学习的念头，增强其学习的自信心。根据学生的接受程度适当调整教学进度，通过开展问答、模仿朗读、小组会话、复述、角色扮演等多样化教学形式，活跃课堂气氛，提高学生学习兴趣。

2.4　提高平时成绩比例，加强教学过程管理

平时比例偏低，学生缺乏参与教学过程的积极性，而把精力放在最后考试的冲刺上，由此必然影响平时课堂教学效果。适当提高平时成绩比例，可以有效引导学生参与到教学的全过程，有利于充分调动学生全程参与教

学的积极性。笔者认为，平时成绩比例应由 30% 提高到 40% 或更高，同时要加强平时成绩的管理，真正达到督促学生学习的目的。平时成绩应综合考虑学生的考勤、作业、测验、课堂讨论、课堂表现、Bb 平台利用情况等。另外，应制定科学的评分标准，明确平时成绩各组成部分所占比例，保证平时成绩的客观、公正。

2.5 通过 Bb 平台保障课外学习

北京工商大学 2013 年 9 月起正式投入使用了 Bb 平台，为广大师生提供了强大的施教和学习的虚拟空间。Bb 平台的利用对课堂教学是一种补充和延伸，一定程度上弥补了学时的不足。教师可以通过 Bb 平台上传教学内容和背景资料、布置课前预习、作业、延伸思考题、练习、测验。学生可以随时随地获得学习资料，可以自由选择学习时间和地点，可以通过平台来预习、复习、讨论、与教师进行沟通和联系。平时教学中教师应鼓励和指导学生使用 Bb 平台参与学习活动的同时，密切观察学生的表现，及时反馈和评价，保障课外学习质量和学习效果。

北京市属高校大学英语教师专业发展现状和对策研究 *

——以北京市属三所大学外国语学院大学英语教师为例

张艳华 **

摘　要： 大学英语教师是在大学从事本科英语课程教学的专职英语教师。对大学英语教师的专业发展进行研究有助于帮助大学英语教师不断更新专业发展动力，保持专业发展的积极性和有效性。通过分析大学英语教师专业发展的困境，找到困境产生的原因，提出解决的策略，保证大学英语教师的专业发展更顺利，走得更远。

关键词： 大学英语教师专业发展；困境；消解路径

1　研究背景

进入 21 世纪以来，随着高中英语教学质量的提高，大学新生的英语水平与以往相比有了极大的提高。越来越多的大学生尤其是重点大学的新生一入学就参加大学英语四级考试，并且能达到四级的听、说、读、写能力要求，进而在未来的半年或一年内达到六级的能力要求。大学英语课程

* 本研究是"北京市属高校英语教师专业发展现状和对策研究"（SM201510011008）的课题之一。
** 张艳华，北京工商大学外国语学院副教授，主要研究方向为语言学、翻译理论与实践等。

与高中英语课程相似，因此大学生英语学习热情不高，大学英语学分开始受到压缩，大学英语教师在这种背景下面临极大的挑战，无论是教学成就感和教师地位都严重下滑。

2 大学英语教师专业发展困境的特质分析

根据目前已有研究可以发现，当前大学英语教师专业发展困境主要表现在教学方面、科研方面、自我认同方面以及发展与晋升方面。

2.1 教学方面

大学英语作为大学公共基础课程之一，在课时、学分、授课内容等方面受政策和文件等的约束，教师在教学工作中的专业自主性受限，教学内容老旧，内容重复，教师课时量大。大学英语授课对象为大学一、二年级的学生，专业背景不同，英语水平不同，同时往往采用大班授课，教学方法和教学手段受限。大学英语课程作为公共课之一，其中的刚性政策导向直接影响了学校、教师以及学生对公共课的认知。教师很难从教学中获得成就感，学生对公共课的学习也只是为了拿到学分。

2.2 科研方面

蒋玉梅在《大学英语教师的专业发展现状及影响因素分析》一文中指出："虽然和前几年的统计有了一定的提高，（大学英语）教师每年发表的论文数量还不够理想，科研质量差强人意，需要大力提高。主编及参编专著和译著的教师比例远远低于主编和参编教材与教辅材料的比例，质量要求高的科研成果对（大学英语）教师而言，仍然呈现出很大的难度"。

2.3 专业认同方面

大学英语教师发展脱离学科建设，这在高等院校里是很难体面生存的，由此而产生的校本认同、学者认同和学生认同问题接踵而至，不是被学术边缘化，就是被学科看不起。大学英语的学术身份成了"两不认"，语言学不认，教学学不认，以及"两不算"，不算学者群体，不算大学教授系列。

2.4 晋升与发展方面

大学英语教师在学校中的地位远远没有其他专业教师高，深造和培训的机会很少，严重影响其发展。现在大学中职称的评定主要是对其科研能力进行考察，大学英语教师在评定职称时普遍面临比较大的压力。

3 大学英语教师专业发展困境的实例分析

为了进一步了解大学英语教师专业发展困境的表现以及其成因，笔者选择北京市属三所大学外国语学院教授大学英语的 20 位教师为研究对象进行了调查研究。在问卷调查的基础上，还对 10 位教师进行半结构式访谈。在对教师问卷的数据和访谈内容的分析之后，随机选择在校一、二年级的非英语专业的英语学习者进行问卷调查。

根据已有研究成果，问卷在设计时包括了四个维度：教学情况（3 到 5 题）、科研情况（6 到 11 题）、自我认知情况（12 题）以及晋升与发展情况（13 到 20 题），共 18 道题。

根据教师调查问卷结果设计的学生问卷调查随机选取 100 位一、二年级的大学英语的学习者进行。共发放问卷 100 份，回收 100 份，除去有部分问题未作答的问卷，有效问卷共 89 份。

大学英语教师的专业现状与发展问卷统计结果采用数字和百分比的形式进行统计，统计结果如下：

3.1 教学情况

对北京市属三所大学外国语学院大学英语教师的教学情况问卷调查包

括两部分，第一部分是针对教师的问卷调查。从表中数据中可以看出，有40%的英语教师认为目前的教学工作状态一般或对目前的教学工作状态不满意。教学工作量在300课时以上的占到90%。学生对教师课堂教学的评价居于良好状态的占60%。认为教学工作量影响正常科研工作的进行的教师占到100%。

对大学英语教师的教学情况问卷调查的第二部分是针对英语学习者的问卷调查。其中77%的被访学生认为英语想要提高，关键是靠个人实实在在的付出。在英语学习方面，64%的受访学生认为自己属于被动学习型。在自主学习方面，72%的受访学生认为个人的学习态度是关键，同时33.7%的同学认为自主学习离不开老师的指导与管理，32%的同学在自主学习方面会受到同学的影响。网络自主学习存在的问题方面，44%的受访者认为缺少与老师的交流。94%的受访者认为教师的积极评价会大大提高自主学习的积极性和自信心。

在学生在对教师课堂教学进行评价中，从精神饱满，讲课投入，乐于辅导、答疑；认真批改作业讲课思路清晰，表达清楚；讲授有启发性，能激发我的求知欲重点、难点突出；按时上、下课，有效利用上课时间，授课进度合理；考核及评价方式能激励学生主动学习与钻研这五方面给予教师评价的同学分别占到36%，52.8%，59.6%，28.1%和40.4%。

3.2 科研情况

通过对教师科研情况的问卷调查结果的分析可以发现，有80%的教师认可科研的重要性。在科研目的方面，以职称的晋升和学校考核需要为主要目的的教师分别占90%和80%。只有30%的教师认可个人科研能力，70%的教师认为个人科研能力不足。60%的教师认为个人最需要提升的科研能力是科研方向的确定。

在影响大学英语教师科研发展的因素方面，90%的教师选择事务繁杂，没时间；80% 教师选择文科项目申请难，资助少；其他超过50% 的教师选择的影响因素还包括投外语类期刊数量少发文章难，以及缺少学科带头人和科研团队。

3.3 我认知情况

对大学英语教师的自我认知情况的调查的问题是"您对目前的工作状态是否满意"。表示非常满意的占60%，有40% 的教师表示一般或不满意。

3.4 教师晋升与发展情况

从教师专业发展方面的调查结果中能够看出，100% 的教师都接受过教学培训，接受过专业培训的教师也占到60%。只有20% 的教师经常参加英语类的专业讲座。与此同时，对目前学历持满意态度的教师占70%，有30% 的教师有进一步提高学历的想法。

4 结语

本研究通过问卷调查以及访谈的方法对北京市属三所大学外国语学院大学英语教师的专业发展困境进行分析，指出在大学英语教育的转型期，大学英语教师专业发展困境主要表现在教学、科研、自我认同以及晋升与发展四个方面。

由于笔者自身学识水平、科研能力的限制，尽管在本研究中注重对问题的多角度、多层次分析，但在研究中仍然有一定的局限性，提出的某些观点带有一定的主观性。

大学英语教学中的中国传统文化传播

陶爽 *

摘　要：大学英语教学离不开对目的语和母语的文化学习。在大学英语教学中进行中国传统文化学习既利于目的语的学习，也利于中国传统文化的传承与弘扬。

关键词：大学英语教学；中国传统文化

语言与文化密不可分。语言是文化的载体，是文化的一部分 [1]。语言教与学也不能脱离对母语与目的语的文化学习。很多英语学习者由于汉语文化基础薄弱，导致英语学习踟蹰不前、无法顺利完成跨文化交际活动，甚至在交际活动中犯下令人贻笑大方的错误。同时，中国要走向世界，必须要让自己的语言与文化走出去。新时代，人们肩负着更多的历史使命，必须是"兼具东西方文化的素养，才能承担历史赋予的更多责任" [2]。作为中国人要了解、尊重西方文化，要有文化差别意识，还要有民族文化主体意识 [3]。在新时代背景下，我们要东学西进，弘扬、传播中国文化，让世界了解中国，英语教育工作者肩负义不容辞的责任。

1　新时代背景下的大学英语教学

新时代背景下，高校大学英语教学无论是在教材还是在教学内容、教学目标和教学方式手段方面同以往相比都发生了革命性的改变。网络使学

* 陶爽，北京工商大学外国语学院讲师，主要研究方向为外国语言学及应用语言学、语篇分析。

生的学习渠道更加灵活多变，学生不再拘泥于教材和教辅材料，互联网和移动终端使学生可随时轻松获取一定的信息，词汇和语法的学习也不再是学生课堂的主要内容。实践证明，文化背景下的语言教学更能吸引学生的注意力，促进语言教学。然而，大部分高校所开设的大学英语课程中并不包括系统的文化课程。同时，在大力弘扬、传承中华民族文化，实现中华民族伟大复兴的新时代背景下，大学英语教学在"中华文化走出去"中扮演了重要角色，这就要求我们在大学英语教学中，不仅要涉及对英美文化的引入学习，更要在英语教学中对中华民族传统文化进行传承、弘扬。

2　大学英语教学中中国传统文化传播的策略

新时代的大学英语教学在进行英语语言教学的同时，肩负传播中国传统文化，让中国文化走出去的历史重任，这便要求我们采取相应的措施来促进英语教师在英语教育教学工作中传播中国传统文化。

首先，研发具有科学性、系统性的中国传统文化英文版教材。中国传统文化形式多样，源远流长，博大精深。目前，高校大学英语教学的教材内容以西方文化各方面内容为主，而适合大学英语课堂教学的中国传统文化教材较少，且缺少连续性和系统性。

其次，开设中国传统文化英语课程。目前大学英语课程主要由大学英语综合课程和视听说课程组成，涉及的文化课程，如英美文化、英美概况等课程大部分为学生的自主选修课。然而，语言离不开文化，在大学英语教学中，课程内容会涉及大量西方文化，学生易于"就事论事"的来接受课程里面所涉及的西方文化内容，而缺少对中西方文化的对比，削弱了对本民族文化的传播意识。在大学英语课程范畴内开设中国传统文化英语课程，学生在自己所熟悉的本民族文化中学习语言，利于学生在学习外语的同时，进行中西方文化对比，启发思考，加深对所学知识的吸收、利用，从而既达到了语言学习的目的，也奠定了中国传统文化传播的基础。

再次，创造利于大学英语教师专业、系统性学习中国传统文化的培训机会。大学英语教师自身的英语专业素质保证了对英语教学中西方文化知识点的传授，但是在专业化地、系统化地讲授中国传统文化方面仍需要进一步学习。中国传统文化博大精深，形式多样，诗词歌赋更是韵味十足，需要专业的汉语文化功底来鉴赏、传承和弘扬。对大学英语教师进行专业、系统的传统文化培训，既利于英语教学，又促进了对中国传统文化的弘扬和走出去。

最后，立足现状，强化大学英语教学中师生对中国传统文化传承和弘扬的意识。在现有的大学英语教学中，引导学生在语言学习时进行中西文化对比，从而达到促进语言学习和跨文化交际的目的，如在英汉、汉英翻译时，引导学生基于两种语言、文化的差异来进行翻译活动等。

3 结语

综上所述，采取一定的措施，在大学英语教学中融入中国传统文化的教学，不仅能促进学生对目的语的掌握和学习，也为中国传统文化的传播奠定基础。

大学英语教学中学生学习动机的激发和维持

周纳新 *

摘　要： 学习动机是推动学生从事学习活动的内部动力，培养和激发学生的内部学习动机，能够使学习活动从任务转变成追求。大学英语作为一门非专业的必修课，对于有一定基础的学生来说不是难学的课程，而是需要花费时间进行自主复习和拓展的学科。而目前学生的学习动机水平普遍偏低，缺少主动学习的动力和坚持。因此提高学生的学习动机，帮助学生建立和保持自主学习的习惯，即激发并维持他们的学习动机是教师迫在眉睫的任务。根据科学的理论实施一系列教学措施，将会使英语的教与学收到事半功倍的效果。

关键词：学习动机；激发；维持；自我效能

1　学习动机理论及其在教学中的意义

大学英语作为非专业基础课，在学生心目中的地位千差万别。学生学好英语的目的和方法也因人而异。尽管教师和各级教育部门采取了多方科学的手段来提高教学水平，大学英语的学习效果始终难以达到预期的目的，调查显示，各种因素造成学生的学习动机水平不高、兴趣维持的时

---

* 周纳新，北京工商大学外国语学院讲师，中国文体学会会员，主要研究方向为语言学、文体学和英语教学。

间不够持久。因此设法激发和维持他们的学习动机，将是提高教学效果的必要手段。

学习动机是推动学生从事学习活动的内部动力，在很大程度上影响学生学习的进程和效果。根据学习动机的来源，可将其分为内部学习动机和外部学习动机两类。内部动机（intrinsic motivation），是指由个体内在的需要引起的动机。内在的需求包括学生的求知欲、学习兴趣、改善和提高自己能力的愿望等内部因素，这些因素会促使学生积极主动地学习。外部动机（extrinsic motivation）是指个体由外部诱因所引起的动机。研究表明，内部动机可以促使学生有效地进行学习活动，具有内部动机的学生其学习行为具有自主性、自发性。具有外部动机的学生，其学习行为具有诱发性、被动性，他们对学习内容本身的兴趣较低（Lee and Spaulding）。动机来自需求和目的，学生学习的需求和目的不尽相同，其学习行为中体现的主动性和自觉性也有不同的表现。只有较高水平的学习动机才表现为学习的热情和浓厚的兴趣。事实证明，大部分学生没有表现出学习的热情和对知识的兴趣是因为他们的学习动机没有全面地被激发。而学生正确的学习动机既是掌握知识的必要条件，又是形成良好的学习习惯，树立正确的学习观念的重要指导。因此，教师要在教学中利用多种手段充分调动学生学习的积极性，激发他们的好奇心和求知欲，也就是正确培养和激发学生的内部学习动机。这是教育的目的，又是教育的手段。动机的来源是需要和目的。需要作为人类行为积极性的重要源泉，是激发人们进行各种活动的内部动力。动机的产生除了需要外，诱因的存在也是一个重要的条件。所谓诱因是指能够激发定向行为，并能够满足行为者需要的外部条件或刺激物。诱因是激发和维持动机的积极因素，学习动机的诱因是可以通过教师的创设来产生的。

因此，如果教师能够在教学过程中有效地帮助学生正确认识学习的需求，使学生正确了解学习的目的和要求，并在达到目标的过程中，不断利用各种手段吸引学生的注意力和兴趣，将学生学习的内部动机和外在诱因相结合，调动起学生学习的积极性，就可以实现激发和维持学生良好的学习动机，达到提高教学效果的目的。

2 在英语教学中实施策略，激发和维持较高的学习动机

2.1 确立学习英语的目标，使学生更爱学

实施学习动机的激发和维持是对教师提出的更高的要求，也是在教学内容和教学方法上更科学的设计和安排。要激发与维持学生的学习动机，首先要求教师长期坚持和培养学生求知、求成的欲望，从他们的兴趣、好奇心入手，满足他们的需求。在大学阶段，学生学习英语的需求是毋庸置疑的，但是他们却有着不同的学习目的。有的是为了应付四、六级考试，有的是准备将来出国进修，还有的只为了积累词汇量等。不同的目的导致他们有着不同的学习动机，而那些把掌握这门外语为目的的学生，是最积极主动的学习者。他们不但能认真完成课内任务，还能有更多的精力去拓宽阅读和欣赏的范围，把掌握目标语言和准确运用达到交流目的当成学习的目的，并从不断的进步和积累中得到乐趣。因此教师要帮助学生明确学习英语的目标，讲明学习英语在学术及职业生涯中的意义，以及外语作为交流的工具，在生活和工作中的作用。要让学生能够放眼世界和未来，要利用这门课来提升自己的认识和文化修养。而教师通过对作业的科学设计，能够使英语的学习成为学生生活的亮点，让他们在学习中获得成功和乐趣。

2.2 创设合理的学习情境和学习任务，使学习更高效

合理的学习情境是根据教学的内容，以落实教学目标为目的设定的学习环境。在英语学习的课堂上，师生应该共处于合作与和谐的交流情境中，在使用目标语言的过程中达到掌握语言的目的。因此教师要多给学生开口

的机会。在精读课上教师要多提问、少讲述；针对话题的讨论要在小组和全班的范围内全方位地展开；让学生运用多媒体的设备进行课件的制作和展示；充分发挥学生自主创新、合作的能力，以组为单位展开各种学习任务的竞赛等，所有这些设计的实施都要求教师对学生的能力和兴趣有充分的了解，有完善的管理课堂和课外学习的制度，教师还要对教材和学习材料的内容和难度有彻底的认识，这是教师创设合理学习情境的基础。英语对于部分大学生来说，不是一门难学的课程，只是诸如背单词、阅读文章之类的任务对部分学生来说实在枯燥乏味，他们失去了主动学习的动力，也就是减弱了学习动机。要想提高这部分学生的学习动机，需要精心设计适合他们完成的中等难度的作业，改变传统的学习方式，比如利用现代的技术手段，将记单词在手机或电脑的应用中进行；让同学通过讲故事的形式互查阅读作业，以小组为单位分配精度课文的课件制作和展示等。在这样的学习和作业过程中实现教师和学生之间的互动交流，也促成学生之间的互动合作，使学生更了解自己所处的学习环境和学习任务，以及自己在群体中的作用和能力。每个人的努力不仅为自己也为集体的进步做出贡献。学业的积累使得合作过程不断持续，也保证了学习动机的良好维持。

2.3 及时的评价与反馈，有利于学习动机的维持

教师与学生互动交流的一个很重要的形式是对学生表现的评价与反馈。教师应尽可能地让学生及时、准确地了解自己学业的进展及取得的成绩，要求教师及时批改作业，对学生的课堂表现当堂进行总结评价，对错误的批改分析不能简单笼统，越具体有针对性，效果就越好。因为当学生取得了学习的进步，尤其当他们得到表扬，就会产生一种推动力量，激发学生进一步学习的愿望。及时的评价和作业反馈不仅有利于学生的自我认识，更能够增加学生的自信和坚持，而这又是进一步追求学习进步的动机来源。

班杜拉的自我效能理论（self-efficacy theory）说的也是这个道理。班杜拉认为，自我效能是个体在行动前对自身完成该活动有效性的一种主观评估，这种估计对后续的行为会产生影响。自我效能不仅影响到对目标的选择，还会影响到行为的方式。该理论认为人们只会选择有可能成功的方式做事，避免失败的发生。而成功的确认更能够激发行动的保持和继续。因此教师要及时让学生了解自己学习表现和作业情况，才能形成恰当的自我效能，让学生选择继续学习。同时教师还要注意，尽管适度的批评和惩罚对促进学习都可能是有效的，但对于容易逃避任务的学生来说，表扬、鼓励要比批评、惩罚更能够激发学习动机。所以教师的评语中尽量体现鼓励和表扬，这样对激发和维持良好的学习动机最有效果。

3 结语

众多心理学家和教育家在激发和维持学习动机的研究中还有更多更深厚的理论指导值得学习和借鉴。各种教学策略和科学的管理手段都需要教师在实施过程中体现出自身的才华和智慧，展示学术和知识乃至人格的魅力，运用技巧尽可能地吸引学生的注意力和好奇心，只有在多方诱因的帮助下，才能吸引有不同需求的学生，让他们为着各自的目的，同样地产生学习的动机，有了内部动力，学习就不再是负担，而是追求和乐趣，这样达到教与学的最和谐共存。

大学英语精读互动式课堂的实现

侯霞 *

摘　要：随着我校（北京工商大学）大学公共外语分级教学的逐步推进，大学英语课堂所针对的学生级别进一步细化，为了使每一级别的课程更具有针对性，各级的教学目标和教学任务变得更加具体、细致。本文将以我校倡导的十级分级教学的第八级学生为例，总结本人在教学实践中如何在精读课堂中深化互动式学习，以及在此过程中取得的经验。

关键词：分级教学；精读课堂；互动式学习

1　分级教学下的大学英语精读课堂的互动式模式

1.1　针对学生语言水平的精读课堂教学目标

我校的大学英语分级教学制度将学生分为最高十级最低一级的十个级别，每个级别的教材、教学内容和教学目标均有一定的差别。根据对之前几个年级的学生的跟踪测定，八级学生入学分级时的名次为全年级的前百分之二十，第二学期参加全国大学英语四级考试，平均通过率为百分之九十。这一级别的学生的主要特点是英语语言基础较好，听力、阅读、写作和翻译均能达到英语四级考试的要求，能在全英语课堂中与教师形成有

---

*　侯霞，北京工商大学外国语学院讲师，主要研究方向为英语教育。

效的交流互动。这表明他们的语言能力足以使他们能够在两年的英语学习过程中参加四六级口语考试；但同时，有部分学生口语交流的经验不足，没有经历过口语培训，没有开口说英语的习惯。因此，本级别的培养目标增加课堂和课下的互动式学习，以此培养口语交流的习惯，提高学生的英语口语交流能力。

1.2 精读课堂教学互动模式设计

顾名思义，精读课堂的核心内容依然是传统的精读课文，如何以课文为基础，开展最大化的互动学习是精读课首要解决的问题。精读课本的文本是基础，任何课堂或课下活动都要以读懂课文为前提，以课文为核心延伸展开。综合本人使用过的各种课本，课文后都设置有用于引导阅读的各种练习题，但以此来进行课堂互动，将会局限于"做题、对答案"模式。因此，教师必须对课文的使用方式进行主导，提出引发思考和延展阅读探讨的问题，引导学生课下进行课文研读、查阅资料、编辑制作课堂上使用的材料。为做到有的放矢，教师必须将学生分组，把工作任务细化，保证课堂活动中的每一个点都形成相应的任务，分配到相应的一组学生中。在学生进行充分准备、回到课堂上时，教师应退出主导地位，而退居到串连任务点、进行点评、进一步提问的次要地位，将讲台交给学生，由他们展示和分享课下学习和研讨获得的知识与材料，教师的职责由主导课堂内容变为组织互动活动。为加强互动活动的效果，避免学生在课堂上的展示和互动活动变成各自交作业的"自说自话"，保证学生彼此之间相互学习，教师应在活动开始前提出学习的要求，要求"听者"获得必须获得的知识，以课后作业的形式分配给学生。

2 大学英语精读互动课堂实现的难点

2.1 课堂人数不可控

相比外语专业课堂，大学英语课堂的人数从来不是语言课堂的理想人数，以我校为例，一直以来大学英语课堂平均人数均为50人上下。也就是说，五十分钟一节课、两节课一个时段的授课过程中，每人能够发言讲话的时间都不能保证达到两分钟，更不用提课堂互动中会出现的重复、询问等占去的时间。外语课堂的理想人数应在20人以内，这样才能保证所有人参与讨论、互动和交流。

2.2 课下互动难以监控

互动式课堂的理想状态是学生为主导、教师为辅助，这就需要学生严格执行教师分配下去的任务，而任务的完成情况教师是无法掌握的，全凭学生的主动与自觉。比如在完成小组任务的过程中，查找资料、整理课堂展示内容这样的任务常有学生找人替做，课下讨论也会被简化为一个人进行思考、提出结论，这些在课堂上能看出端倪，却没有实证可以判定学生犯规。

3 精读互动课堂难点的解决方案

针对课堂人数太多的难题，目前常用的解决方法是将学生分成四至五人一组的小组，在某种程度上以小组成员之间的互动代替课堂上师生之间的互动。同时，在课堂互动活动过程中，教师要保证在某一时段教师和某一组的学生的交流是一对一的。但以18周的授课时间计算，50人一个班的人数设置，只能保证每个小组有一次完全交流的机会。但这依然不是最终解决问题的手段，若要真正解决这个问题，还是需要学校层面的更大投入，实现小班教学，才能保证课堂上更多的互动时间。

教师对学生课下准备工作进行监控是不现实的，这不仅会增加教师的工作量，还往往事倍功半。本人的解决方案是强化组长的职能，让组长参与为组员评分的工作。同时，尽量将任务细化到个人，在任务的执行过程中由组长监督，教师也可不定期抽查工作的进度。在课堂展示的过程中，所有同学都要参与对其他同学作业完成情况的评定，给出他们的评论和评分。所有点评和评分既要针对小组也要针对个人进行。

八级学生的课堂活动互动更多，以上措施能更好地保证互动的实现。

大学英语自主学习现状分析

艾丽娜 *

摘　要： 自 20 世纪 80 年代，"自主学习"引入中国高校外语教学以来，已经过将近 40 年的探索与实践。"自主学习"的初衷是为了培养学生终身学习能力和独立思考能力，可是在实践过程中却出现了很多问题。笔者作为一线教师，就自己班级的自主学习课堂上出现的问题进行分析，反思并提出解决方案。

关键词： 自主学习；角色转变；学习环境；学习工具

　　"自主学习"这一概念源于 20 世纪 60 年代西方教育家关于培养学习者终身学习技能和培养独立的思考者的争论。所谓自主学习，是指学习者对自己学习负责的能力（the ability to take charge of one's own learning）。自主的学习者能够根据自己的情况确立学习目标、制定学习计划、决定学习内容、选择学习方法、监控学习过程、评估学习效果。自 2 0 世纪 80 年代初由 Henri Holec 将"自主学习"这一概念引入外语教学界以来，自主学习就逐渐成为大学公共英语的讨论热点 .2004 年，《大学英语课程教学要求》的颁布，大学英语教学改革实践在全国范围内推广实施，自主学习及自主学习能力的培养被放到非常重要的地位。正如《教学要求》所言："教学模式改革成功的一个重要标志就是学习者个性化学习方法的形成和学习者自主学习能力的发展"。因此，培养学习者自主学习能力也是 21 世纪

---

*　艾丽娜，北京工商大学外国语学院讲师，研究方向为教育学。

我国大学英语教学的重要目标之一。国内很多高校设置了自主学习课堂，可大多流于形式．从以前的老师主宰课堂，学生被动听讲到现在的所谓"自主"，学生们放任自流，不知道学什么，如何学。

鉴于我国大学英语自主学习现状，笔者建议从以下三方面进行调整和改进。

（1）教师角色转变。在传统课堂上，教师是主导，教师决定授课内容、教学方式、授课进度及评价方法。长此以往，就形成了教师为主导的教学模式，学生是被动接受者，学什么、学多少、怎么学这些重要的学习环节都由教师决定．而在自主学习的课堂上，教师不再是传统课堂上的主宰者，而是转变成为指导者、帮助者、监督者，指导学习方向，学习方法，帮助解决学习过程中出现的问题，监督学习进程及学习效果，同时还要弱化应试教育，这样才能把教师从课堂中心剥离出来。

（2）学生自我角色转变。学生们不再被动的听课，被动接受教师灌输的知识。学生要主动地去找知识和学习内容，对他们感兴趣的，对专业有帮助的学习内容，敢于挑战教师权威，敢于质疑理论．兴趣是最好的老师，只有学生们感兴趣，才能主动学习，这是自主学习的关键环节。现在很多大学购买了各种教学平台，平台内容要常更新，贴近学生生活，对专业有帮助。教师也要提供一些相关的学习途径和资料，让学生用得上，用得好。这样学生的学习由被动变主动，这正是有效自主学习的关键。

（3）学生之间的角色转变。同学之间不再是学习个体，而是共同完成学习任务的合作者。教师发布的任务以小组讨论方式完成，极大地调动学生们的参与度和学习兴趣。大胆开展师生互评，生生互评，自我评价。这样学习不再是单向行为，而是多向的集体行为。

（4）学习环境的变化。众所周知，学习需要良好的学习环境，自主学习对环境的要求更高，它需要一个良好的平台环境，需要宽容的学习氛围，能够随时与教师沟通，与同学们讨论极大地刺激了学生们的学习动力。

（5）有效利用辅助学习工具。在大互联网的学习时代，信息冲破了范围和实效，学生不再找不到学习资料，而是在浩瀚的信息时代不知如何取舍。在这样的大背景下教师要利用多种教学手段，如 ipad、智能手机等便捷的学习工具。现在的学生争分夺秒的在刷朋友圈，如果我们教师从正面引导他们利用微信平台学习也是一个不错的选择。只有感兴趣才能持久坚持。教师可以在微信平台发布任务，及时接收学生反馈。

以上是笔者作为一线教师在自主学习课堂上的深切感悟和反思。自主学习理念如果不想成为一个美丽的愿景，就要从教师、学生、环境、工具等方面进行配合，使自主学习的要素成为完美链条彼此咬合推动学生学习能力的提高。

翻转课堂与大学英语教学

彭淳 *

摘　要： 随着网络技术的发展和广泛应用，网络教学变得越来越普及，传统的校内教学也相应地发生了变革。翻转课堂教学模式应运而生并在短短几年里在全球范围得到了关注和实行。本文介绍了翻转课堂的本质内涵和优越性，也探讨了它对中国大学英语教学的适用性和实施的条件。

关键词： 翻转课堂；大学英语教学

翻转课堂译自 "flipped class model"。所谓翻转是指它颠覆了传统的教师课上讲授知识点，学生课下练习完成知识内化的教学模式，通过视频分享等网络手段，让学生课前自主完成知识点的学习，然后在课上通过与其他学生和教师的互动进行练习和答疑，完成知识的内化。

美国的 J. Wesley Baker 在 2000 年大学教学国际会议的论文中提出了通过网络课堂管理工具为学生提供贴身学习向导，翻转传统学练过程的理念。2007 年春，两位美国科罗拉多州的化学老师开始使用录屏软件录下课件操作和讲课音频上传网络，供由于天气原因不能正常到校的学生自主学习，并取得良好反响。到了 2011 年，美国人 Salman Kehan 创建的可汗学院使得网络教学在全球引起了更多的关注和效仿。Salman Kehan2011 年在 TED 演讲中提到他从 2004 年开始经常把教学视频分享到 Youtube 上，得到学

---

* 彭淳，北京工商大学外国语学院讲师，主要研究方向为语言学、英语教育。

生和家长的欢迎并且被一些学校使用,一些教师也开始尝试通过网络视频课前完成讲授,课上集中进行练习和互动的新的教学模式。这种源于美国的革新性教学模式在中国教育界也引发了教改新方向的实践和研究浪潮。在中国知网上搜索以"翻转课堂"为主题的文献,可以看到相关成果近几年呈井喷式递增(2012 年 4 篇、2013 年 134 篇、2014 年 971 篇、2015 年 3201 篇、2016 年 5671 篇、2017 年 6712 篇)。

1 翻转课堂教学的内涵和优越性

翻转课堂的典型步骤分三个阶段:教师录制并上传授课视频,提出问题布置任务;学生观看视频,完成任务,总结疑难;师生在课堂上进行各种形式的互动和练习,解决疑难并内化所学知识。翻转课堂不仅是翻转了讲与练的环境,还改变了教师、学生在教学过程中扮演的角色。教师的作用从传授知识扩大到引导、协助和组织学习过程。学生在学习中有更多的自主性,可以在课前学习阶段按照自身需要更好地掌控节奏,课上有更多机会反馈疑难,跟教师和同学互动,在练习和运用中内化所学知识。

翻转课堂教学模式的出现是网络技术发展的必然。网络音像信息共享使得面对面一对多的单纯讲授不再是信息输入唯一的选择,甚至不是最佳选择。因为通过网络观看视频时学生除了可以自由选择学习的时间地点,还可以根据自身的情况暂停、回放,来调整信息导入的速度和节奏。课堂师生面对面的优势跟网络学习相比,反而在于它提供了互动的条件和环境,更有利于开展多种练习,帮助学生完成知识内化,巩固所学。

2 翻转课堂对于中国大学英语教学的适用性

翻转课堂如果能有效实施的确可以有助于解决中国大学英语教学实践中存在的一些问题。

2.1 提高学生的学习自主能力

由于应试压力，相当多的学生在中小学阶段习惯于被动接受完成大量作业练习，没有时间和条件发展自主学习的意识和能力。翻转课堂要求学生自己把握节奏，主动思考总结疑难，课上主动沟通请教师解疑，积极参与课堂活动练习使用所学知识。这些都会有助于提高他们的自主学习的意识和能力。

2.2 促进学生的合作意识

独生子女为主的一代中国年轻人往往缺乏团队合作意识，翻转课堂上的小组练习和小组展示都可以锻炼学生这方面的能力。

2.3 提供培养语用能力的机会

由于语言环境的限制，中国学生学习英语往往学习了许多词汇、语法却不能自如使用。翻转课堂提供了更多的机会让学生在实践中培养语用能力。

2.4 活跃课堂气氛，加强学习积极性

相当一部分中国学生习惯于课上保持沉默，导致课堂气氛沉闷。翻转课堂改变了以教师为主体的教学模式，以学生为主体开展活动，让他们有更多机会主动参与课堂教学，展示自我。

3 翻转课堂的条件

3.1 教师精力充沛、能力全面

在翻转课堂的教学模式中，由于无法现场得到学生的反馈，教师必须预估学生的需求和接受程度，设计适宜的讲授形式和内容，录制视频并上传。这相当于付出额外的时间精力把传统的面授工作事先完

成，此外还要花很多的时间精力在线引导督促学生完成线上任务，及时答疑解惑。

教师除了要熟练掌握相关技能完成课前录播，还要具备全面丰富的专业技能和学科知识，才能在翻转课堂的课上互动中灵活恰当地处理学生在练习中随机出现的问题，有效地加以指导。教师同时还要有较强的现场调度和组织能力，才能在活动中把控课堂，使课堂气氛活跃而不散漫。

3.2 学生认真自主学习、主动参与互动

由于课前学习是在没有老师监督和课堂压力下完成，学生需要具备学习自主性和自我管理的能力才能按时完成视频收看，不敷衍地完成线上任务，并认真总结自己的问题反馈给教师，否则课上的知识内化无从谈起。

学生需要克服被动的学习习惯，学会与他人协作完成课堂展示等活动，积极参与课堂互动，才能完成知识的内化，而不是尴尬地度过课上时间。

3.3 教学设施完善 教学管理灵活

校方需要提供录课设备，安排人员进行网络维护管理。而学生也需要使用个人电脑或者较充足的共享电脑和良好便捷的网络才能保证网络视频的收看。适于讲座的大教室和固定座椅不利于课堂活动，需要有可以灵活搬动调整桌椅的小教室。

班级规模过大不利于课堂练习和互动，需要把班级人数控制在30人以内。另外，翻转课堂的重点在于课堂活动，加大平时成绩权重有利于激发学生参与课堂的热情。

4　结语

综上所述，翻转课堂是对传统教学模式的革新，对我国教师、学生和教学管理部门都提出了挑战。如果能改变固有的观念，克服困难，精细切实地实施翻转课堂教学模式，它将有助于解决大学英语教学中现有的一些问题。

高校语音室使用管理及维护思考

王俏 *

摘　要：语音室在当代语言教学中，发挥了重要的作用，它普及范围广，切实优化了教学质量。如何科学运用和合理维护语音室，成为了保证教学的前提。本文总结归纳了语音室使用和维护过程中存在的问题，并给出了一些建议和思考。

关键词：语音室管理；语音室维护；语音室使用

随着语言教育教学的改革与发展，语音室承担的教学及科研任务日渐丰富，例如：高校公共外语的教学、英语专业的翻译教学及面向全国公共外语的等级考试任务等。总的说来，语音室管理工作和服务对象的层次、规格和范围不断的提高，对服务质量和水平有更高的要求，提供的服务范围也不断扩大，语音室管理和日常运营面临着严峻挑战。在现有条件下，语音室的管理和维护，适应外语教育教学改革的要求，提高服务意识、加强管理、做好服务显得尤为重要。

1　语音室存在的问题

随着教育教学改革的深入发展和信息化时代的推进，计算机应用发展迅猛，高校语音室的投入得到了不同程度的增加。近年来，对于语音室软硬件的投入和人员配备上的增加，更是让整体质量得到了质的飞跃，但语

---

*　王俏，北京工商大学外国语学院教师。

音室的日常维护和管理仍然存在一些问题。具体表现在：

1.1　专业队伍的建设

语音室的技术人员来自于不同专业，专业不对口对于日常学习和基础操作带来了一定困难。许多软件的操作要依赖于计算机信息技术，因此，计算机应用技术是这项工作的基础，基础的不牢导致业务难以精进，受过专业训练的管理人员匮乏。

1.2　管理人员的培训问题

随着软件不断更新换代，技术更新快，能力跟不上成为了语音室技术人员面临的问题。语音室的技术人员难以掌握最新软件技术，导致许多软件的应用很难达到效果。因此，定期培训的缺少造成了专业技术的限制。

1.3　使用和日常维护制度的建立

语音室有一定的规章制度和使用规则，但是落实难成为了许多语音室管理上的难题。在相对较详细的规章制度下，如何让师生及管理人员共同配合，这其中的沟通和协调需要语音室技术人员不断完善。

2　语音室日常维护的建议

2.1　定期培训

信息技术的一大特点是更新快，只有定期培训，不断地学习掌握新技术才能更好服务于日常教学和保障各项任务的开展。

2.2　制度的落实

语音设备的维护更多的依赖于日常的操作，使用者的规范操作和爱护直接影响设备的老化程度和损耗。因此制度的落实和设备的养护更是要联系教师和学生，共同的配合才是维护的关键。

2.3 厂家的检修和技术支持

软件的更新也给计算机运行带来了挑战，专业的系统和计算机检修要定期，小故障及时解决，大损坏立即联系厂家。

语音室的管理和维护在于勤，勤检查、勤学习。真正做到早发现、早解决，并做好记录工作，才能做好教学保障工作和服务考试工作。

非英语专业研究生英语听力教与学中
障碍分析与思考

赵聘 [*]

赵聘 *

摘　要：英语听力对于研究生阶段以及毕业后的英语学习有着极大的必要性，然而研究生英语听力教与学一直困难重重。本文试图分析听力教学中的各种障碍，包括教学大纲目标设定、班级设置、教学方式与内容以及学生自身的各种问题；并通过对以上障碍的分析试图给出一些解决方向。

关键词：研究生英语；听力教与学；障碍分析

国家教育部在 1992 年所颁布的《非英语专业研究生英语（第一外语）教学大纲（试行稿）》中对硕士研究生英语教学目标描述为："培养学生具有较熟练的阅读能力，一定的写、译能力和基本的听、说能力，能够以英语为工具进行本专业的学习和研究"。该大纲当时极大地促进了我国硕士生英语教学的规范发展和教学质量的稳步提高。不过也可以看到，对于听力能力的要求是"基本的"。随着改革开放和对外交往进一步扩大，教育部决定从 2002 年招收硕士生起，在非英语专业入学考试的外语科目中增加外语听说能力的测试。从大纲的目标和考试内容的变化都可以看得出听与说这样的语言实际运用交流功能越来越受到重视。

然而同时随着近十几年来研究生扩招，教育规模不断扩大，研究生英

---

* 赵聘，北京工商大学外国语学院讲师，主要研究方向为英语文学、研究生英语教育等。

语教学中却面临着越来越多的问题，变得更加的困难重重，尤其是听力教与学存在大量问题，本科阶段本就薄弱的听力能力变得更差，上课时无法理解教师的教学内容，并直接导致了学生毕业后的实际交流困难。

本文将会逐项分析研究生英语听力教学中的各种障碍，从宏观的大纲目标和学校因素，到微观的教师学生个体因素，依据相关理论，尝试通过分析障碍的缘由来找到克服和清扫这些障碍的方法对策。

1 研究生英语听力教学的必要性

谢宇在其对研究生公共英语教学现状的调查中，向 65 家用人单位、55 位已毕业研究生以及 28 所高校中的 300 名在校研究生和 90 名从事研究生公共英语教学的教师分别设计和发放了问卷问题，其中关于英语听力技能的问题包括：对已毕业研究生的问题"如果现在工作中需要使用英语，您觉得自己在哪些方面比较薄弱"答案中，72% 的人认为是口语，其次就是听力；对在校研究生的问题"您对现在开设的哪些英语课程感兴趣"答案中，最高比例 28% 认为是听力，其次是口语。尽管该调查有时间地域、调查对象、问卷设置等各种因素的影响，但是至少可以看出，听力学习的重要和必要性。

在《英语教学法》一书中胡春洞教授指出：听和读的吸收功能实际上是学习功能。使听读领先于说写就是充分发挥其学习功能作用，为说和写的技能发展准备条件。无论是作为交际的基本条件还是学习的能力，听都占有十分重要的地位，具有无可替代的重要性。

所以可以说，无论是从语言学习，交际功能，还是将来的工作使用，听力技能的重要性越发凸显出来。也正因如此，要提高听力技能，就要首先找到听力教与学的现存障碍究竟是什么。

2 研究生英语听力教学的现存障碍

2.1 课程教学目标的问题

　　21世纪初教育部高等教育司重新修订了的《大学英语课程教学要求（试行）》中，对大学英语教学目标的陈述为："培养学生的英语综合应用能力，特别是听说能力，使他们在今后工作和社会交往中能用英语有效地进行口头和书面的信息交流"。然而研究生英语的教学要求中并没有像本科一样，明确表示对听力口语能力的重视，所以主要课程安排还是以读写能力的提高为主要目标。两者之间无法衔接，所以研究生英语教学首要的就是要进行与时俱进的大纲修订，并且依据大纲进行教学目标和具体内容的改革。

2.2 班级设置的问题

　　如引言中所言，近十几年来研究生扩招，教育规模不断扩大。以北京工商大学2017级学生为例，这届学生共计941人，分为10个班级，平均每班94人，再除去免修学生，实际上课时每班大概是70人左右。按照研究生课时要求，英语作为公共课一周为两课时，每次50分钟，共计100分钟。这是个简单计算题，即，就算没有教师进行的课本讲解时间，每个学生如果要进行听力口语练习，平均到每人不足一分半钟。然而在实际情况中，完成大纲中要求的课本课程计划尚且时间不足，更遑论听力口语练习了。这种现象在各大高校的研究生院都是常态，且随着扩招，这种情况仍将持续且会更为严重。

2.3 教学方式与内容的问题

　　依据上文所谈及的教学大纲、教学目标和班级设置的大背景下，听说教学的时间被"压榨"的极短，而且往往采用的还是最常见的几步骤：学习单词，播放录音，完成练习，核对答案，简单讲解。从教的角度来看，教师讲的无趣，而且讲课方式其实和阅读课没有太大差别；从学的角度看，学生学的被动，无论听得懂听不懂都没有太大差别。两者之间没有太多互动，最终导致课堂气氛沉闷枯燥乏味。而教学内容也均是依据课本，甚少有学生感兴趣或者与专业相关的内容。

2.4 学生自身的语言与非语言障碍因素

众所周知，大学英语教学主要是在一年级和二年级进行，到了三、四年级，不再有公共英语课。这就是说到了研究生阶段，大多数学生已经有两年没有高频地接触过英语，词汇量停滞，听力口语能力更是下降。听力其实是一个对语言材料进行理解、加工、诠释、预测和最终做出反应的过程。但是学生的语言能力就决定了听不懂单词，理解不了上下文，也就无法做出任何反应。除此之外，对于语音的判断错误，对语法的刻板学习，对发音原则如连音爆破音等的不熟悉，等等，这些语言因素都决定了研究生阶段英语听力技能不高。

除此之外，还存在不少非语言障碍因素，其中比较重要的是不少学者调查过的学生自身心理因素。王文俊[5]调查了本校研究生的听力学习各项因素后得出结论，听力焦虑在研究生中普遍存在，焦虑主要包括听力材料不熟悉，听力策略不足和教师在听力课堂作用不突出。语言学研究已经指出过，学生在第二语言学习中的焦虑情绪和态度等会影响他们的学习行为和学习结果[6]。

3 结语

综上分析，研究生英语听力教与学中困难重重，既有外在的宏观因素，也有内在的语言因素和一些心理因素。因此，要做的事情还有很多。作为教育部门，应该着眼于如何设置出一套适应时代发展的教学大纲和目标；作为校方，应当考虑如何进行具体的班级安排和课时设置；作为教师，要在教学实践中摸索出一套更合理更有效更易操作的听力教学方法；作为学生，也需要提高自身语言能力，并且克服焦虑等心理因素。

高中英语教学思辨能力培养模式研究

刘英 [*]

摘 要：随着高等教育改革的不断深入，高中英语教学也在不断发展，但在学生思维能力的培养上还存在着诸多缺陷。使高中英语课程成为高中生真正喜爱的课程，使之有益于生活，是新时期高中英语课程面临的一项重要任务。培养学生的思维能力，提高学生分析、推理和判断问题的综合能力，提高学生表达自己独立判断和观点的能力，促进学生的发展，已成为高中英语教学的新目标和新方向，促进学生全面发展。本文介绍了思辨能力的相关概念，探讨了高中英语教学中思辨能力培养模式的构建。本文根据思辨能力的层次理论，提出了培养学生思辨能力的有效策略，以期为高中英语教学中学生思辨能力的培养提供有益的参考。

关键词：高中英语；教学思辨；能力培养

1 绪论

1.1 思维能力的基本概念

"思维能力"是早在 20 世纪六七十年代就有学者提出的技能概念，

---

* 刘英，北京市十一学校高级教师，海淀区兼职教研员，学科带头人，名师工作站学员，主要研究方向为英语教育。

其命题可以追溯到美国教育家杜威的反思性思维能力。苏格拉底所倡导的反思精神和质疑精神，为思维能力的发展提供了理论依据。反思性思维是指个体对所有信念和假设进行深入分析的能力。思维能力是指个体的思维能力更合理。因此，我们可以进一步将思维能力概括为以判断为核心，运用相关技能和知识对事物进行判断和思考的反思性思维能力。培养高中生的思维能力，应从精神和认知两个方面入手，加强对高中生思维技能和方法的培养，引导学生树立正确的思维观念。

1.2　高中英语思辨教学的情况及思辨能力培养的重要意义

随着中国高等教育改革的不断深入，高中英语教学也在不断发展。然而，在教学过程中仍然存在很多问题，主要体现在高中生的英语学习兴趣上。我国大多数高中不重视学生思维能力的培养，尤其在高中英语教学中，忽视了学生思维能力的培养，只注重高中生基本语言能力的培养；同时，他们采用不同的英语成绩来评价学生的能力，这种教学模式的运用使得学生毕业后没有一定的语言交际能力，在实际交际过程中不能得到充分的思考和分析，语言组织不严谨，逻辑不严谨。因此，我们应该以英语知识为载体，将思维能力的培养与教学内容结合起来，以提高高中生的独立思考能力和科学解决问题的能力。

2　高中英语思辨教学存在的问题

高中英语教学虽然取得了很大的进步，但仍存在许多不足，如高中英语教学中缺乏思维能力培养模式的构建。在高中英语教学过程中，教师没有重视学生思维能力的培养。他们没有重视学生思维能力的培养，没有充分挖掘学生的潜能，这使得学生在英语学习中的认知能力和情感特征没有得到充分发挥。在高中英语教学目标取向上，教师缺乏足够的思辨能力。因此，在教学过程中，教师往往采用应试教学法，在课堂上灌输教学模式，以达到学校安排的目标和绩效评价指标。此外，在高中英语教学模式中，课程相对单一。这样，高中生的课堂英语学习时间显得很短，学生的学习和视野受到限制，不利于学生思维能力的培养。

3 高中英语教学思辨能力培养的措施

3.1 课前准备

在课前准备阶段，可以采用小组合作学习，加强高中生创新精神和自主学习能力的培养。首先，英语教师可以提出一些关于课文的问题，让学生预览课文，然后采用小组合作学习的方法，讨论课文的结构，总结作者的观点，在这个过程中，教师不仅要引导学生从整体上把握课文的重点，还要帮助学生养成良好的提问习惯。提问是培养学生思维能力的出发点，只有通过提问，学生才能提出问题并独立思考，只有鼓励学生质疑课文的内容和作者的观点，教师才能使学生加深对课文的理解。在学生提问的基础上，教师总结和筛选英语教学的主要内容和难点。

3.2 课内教学

在讲解课文的过程中，为了培养学生的思维能力，英语教师应熟练地设计问题，有针对性地设计问题。教师设置问题，让学生对课文的内容进行提问，使学生能够保持最佳的学习状态。通过这些问题，让学生在课堂教学中成为反思的主体，从而更好地培养学生的思维能力。学生在阅读课文过程中会遇到生词，但不需要立即查阅参考书，英语教师应鼓励学生充分利用已有的经验和知识，结合上下文或句子之间的关系，对新词的意义进行推理和猜测。

3.3 课后强化

在课外巩固阶段，英语教师可以通过安排短文来巩固和加强学生的语言知识和技能。写作能更好地反映学生的思维水平，写作过程也是一个思维和认知创造的过程，是增强学生思维能力的重要途径。因此，英语教师应巧妙地设置写作主题，为学生提供发展自身思维空间的机会。在这个过程中，学生思考问题，在这些问题的正确引导下，让学生进行写作训练，调动学生的创新思维能力，同时也培养学生的思维能力。

4　高中英语教学思辨能力培养模式构建

4.1　改革教学设计

根据现代高中生的特点，构建高中英语教学思维能力培养模式需要改革教学设计。高中英语教学改革的第一步是改变教学模式。教师在课堂教学活动中不能完全地宣传，应立足于"从教材上讲，高于教材"的教学理念。改革要求教学设计重新处理教材中存在的问题，突破原有问题设置，使其更具思辨性，能够有效地培养学生的思维能力，从而满足高中英语教学的要求。教学设计的改革不仅培养了学生的口头表达能力，而且提高了学生学习英语的兴趣和积极性。同时，在课堂教学中要充分锻炼学生的分析、推理和评价能力，培养学生的思维能力。

4.2　营造活跃的课堂氛围

根据层次理论模型，对学生思维能力的培养表明，学生的好奇心、开放性、自信、正直等情感品质是思维能力的第二维度。因此，教师要构建高中英语教学思辨能力的培养模式，必须改变传统的教学模式，营造积极的课堂气氛。在课堂教学中，教师应鼓励和引导学生积极参与课堂教学，或利用课堂表现作为平时表现的一部分，这种合理的强制性提高学生学习主动性的方式。通过课堂参与，使学生在良好的学习状态下培养自己的思维能力。

5　结语

随着时代的发展，社会对人才的高度需求，使得高中作为人才培养的主要场所，面临着巨大的压力和严峻的挑战。高中英语教学中思维能力的培养对学生的全面发展具有重要意义。构建高中英语教学中的思维能力培养模式，是建立在教学设计改革、营造积极的课堂氛围、建立思维能力评价标准的基础上。相信它能有效地提高学生的学习主动性，加强自主学习，提高学生分析、推理、判断问题的综合能力，培养良好的思维能力。高中英语课堂教学与学生思维能力的培养相结合，可以激发学生探索和求知的欲望，培养学生的多角度思维能力。

基于翻转课堂的体裁写作教学法

史云 *

摘　要：混合式教学融合了传统课堂和网络教学模式的各自优势，正在引发教育模式的深刻变革。传统英语写作教学模式投入大、效率低，不能有效提高学生的写作能力。本文分析了体裁教学法的翻转课堂教学模式，尝试大学英语写作课堂教学改革的新思路。

关键词：英语写作教学；翻转课堂；体裁教学法

英语写作能力是中国学生积极参与全球化过程的一项重要能力，也是二语学习听、说、读、写、译五项技能中最具难度的一项。由于学生基本功差、阅读输入量低、大学英语课时压缩等原因，大学英语写作课堂始终面临教师投入大、学生语言产出技能提高缓慢的尴尬局面。随着互联网和多媒体技术的飞速发展，网络学习成为风靡国内外教育界的新潮，为传统的教育模式带来了新的改革契机。教育部高教司制定的《大学英语课程教学要求》提出新的教学模式应以现代信息技术为支撑，使英语教学不受时间和地点的限制，朝着个性化学习、自主式学习方向发展。但是单纯的网络自主学习系统存在一些弊端，如许多学生容易出现玩游戏、聊天、看视频、消磨时间等问题，使得自主学习系统和网络平台难以高效地发挥其应有的作用。翻转课堂模式结合丰富的网络资源和传统课堂教学模式的各自优势，提供了改进大英课堂写作教学的新思路。

---

* 史云，北京工商大学外国语学院讲师，研究方向为英语教育。

1 翻转课堂

翻转课堂的基本思路是：把传统的学习过程翻转过来，课前完成知识传授，课堂完成知识的内化。该模式源于 2007 年美国高中教师乔纳森和亚伦，他们把提前录制好的讲课视频传到网络上，让学生利用课余时间看教学视频，课堂时间是师生互动时间，通过互动完成课程的理解并就疑惑进行解答。传统教学中，课堂时间主要为教师讲解新课，学生没有太多内化的时间，翻转课堂则是以学生为主体，学生有更多的时间消化理解新知，交互活动使学生深入理解、掌握、应用所学习的理论知识。师生角色得以发生转变，教师更像是指导者、帮助者，学生是学习的主体，主动吸收知识，积极参与互动，努力构建新知。

2 体裁教学法

体裁教学法建立在语篇的体裁分析基础上，其目的是：引导学生掌握属于不同体裁的语篇所具有的不同交际目的和篇章结构；让学生认识到语篇不仅是一种语言建构，而且是一种社会的意义建构；引导学生既掌握语篇的图式结构，又了解语篇的建构过程，从而帮助学生理解或撰写属于某一体裁的语篇。学习者把写作当作工具来理解周围世界，通过讨论不同交际目的的语篇特征，了解不同的组织信息的方法，从而获得对语言的元语言意识，增强他们掌控信息并通过写作达成不同交际目的的能力。此外，由于改善了学生对语言学习的态度，体裁教学法还可以增强学生处理未来真实世界写作任务的信心。

3 翻转的体裁教学法

体裁分析理论应用于语言教学实践主要有三个流派：ESP 派、新修辞学派、悉尼学派。其中悉尼学派的理念在澳大利亚的学校得到了成功实施，如围绕报告、阐释、讨论和说明等交际事件开展教学活动，以帮助学生掌握教学计划要求的各类体裁的写作能力。教学步骤包括三阶段：范文分析、共同协商摹写、独立写作。其原则受到俄国心理学家维果茨基的支架理论影响。该理论认为独立解决问题能力较差的学习者的能力，在成人的指导或与能力较强的同伴的合作中可以得到提高。

3.1 范文分析

教师提前录制视频，供学生课下自学，这是培养学生拥有语篇特征明确意识的关键一步，以确保他们理解并产出相似语篇的固有模式。视频内容介绍韩礼德的语境概念知识：语场（文本的交际目的）、语旨（时间参与者的相互关系）和语式（交际媒介）。例如，目标体裁的交际目的是什么？是提供信息还是劝说性质？然后，学生阅读或观看几篇体裁相似但来源不同的材料（如海报、纪录片片段），思考人们如何以不同方式有效沟通。学生还要学习某个体裁的特定术语和其他语言特征，如教师利用范文讲解英语中连接词、情态动词、名词化的功能。

3.2 课堂共同协商摹写

学生通过课前视频学习获得语篇图示结构知识之后，师生课堂上共同讨论分析范文、解答疑问，加深了解写前构建语篇结构的重要性、考虑读者需求、特定体裁交际目的和语言特征，并尝试共同构建新语篇。教师角色应当逐渐弱化，以使学生从观察学习者过渡到自主学习者。

3.3 独立写作

在独立创作前，学生可能有必要反复学习前述阶段中某些活动，特别是观看视频中语法难点的讲解来巩固语法知识。在学生独立创作某一体裁作文的过程中，教师可以和需要单独反馈的学生进行协商，但不要直接告诉其正确答案。

翻转课堂教学模式减少了课堂讲授时间，增加了课堂互动时间，可以促进师生交流，兼顾学生的个体差异，真正体现了以学生为主体，教师为主导的理念，能够促进大学生英语写作水平。当然这一模式尚在探索之中，还需要大量的实证研究来找到课堂教学和网络教学的最佳结合点，外语教师应该不断加强理论学习，利用行动研究方法，探索我国大学英语写作教学改革新路。

课堂观察在教学中的应用

卢丹军[*]

摘　要：外语课堂教学中，课堂活动是广泛使用的一种教学方法。为了更好地完成课堂活动，就要以过程为中心，我们对课堂活动进行观察，在其进行过程中收集足够的数据。通过不同课堂的对比，分析数据，进行研究，获得更好的教学效果。本文以研究者作为观察者为主要研究方法，对课堂活动的观察方法进行了梳理，希望能更好地反馈课堂教学。

关键词：课堂观察；教学效果；数据分析

通常意义上的课堂观察可以分为两种[1]：一是研究者作为观察者；二是研究者作为旁观者。本文着重研究第一种情况。作为参与者的观察者就要与观察对象一起参加活动，扮演双重角色，完成双重目的：参与活动和观察活动。我们作为课堂教学的老师，可以充当这样的角色。作为旁观者观察的时候，我们可以去别的教师的课堂去观察，例如每学期的期中教学检查和相同学科的其他老师的课堂。由于篇幅的问题，我们本次主要探讨作为参与者的老师对课堂活动的观察研究和使用。

教学观察，首先是对教学设计的观察。教学设计的观察可以针对教学目标、教学内容、教学方法、教学活动和教学评价几个方面来进行观察。

作为教师在设计了教学目标之后，一定要观察我们的教学目标是否符

---

* 卢丹军，北京工商大学外国语学院讲师，主要研究方向为英语翻译、英语教育。

合学生的心理特征、认知能力和语言能力。观察教学后学生在知识、技能、学习方法和情感态度方面的变化。通过观察，可以清楚我们的教学目标的设计是否合理，从而针对学生的特殊性进行适当调整。

对于教师所设计的教学内容，我们要通过课堂和课后的调查来分析教学内容的量是否合适，难度是否适应学生的认知水平；是否为每个学生都提供了学习的机会；同时，最好能够搭建起学生自己的知识体系，帮助学生保持学习的兴趣和积极性。

每个教师都会针对不同的学习内容设计出不同的教学方法，但我们要在课堂上观察我们设计的教学方法是否符合学生的知识水平和语言能力，能否调动学生的学习热情和积极性，从而使学生成为学习的主体，养成良好的学习习惯。

同样，课堂的教学活动也是教师在备课时候精心设计过的，我们要通过对课堂实际情况的观察来分析我们所设计的活动是否符合教学目标和教学方法。特别要观察这个活动是否为学生提供了充分的学习语言的机会，是否为学生之间的合作学习、探讨学习创造了条件。同时，我们还要观察这个活动是否有效拓展了学生的知识面和文化视野。

最后，我们要对教学效果进行观察和分析。首先，我们要看教学目标的达成程度：学生是否达到各项预设的学习目标、达成多少。这样就要分析学生是否按要求抓住了学习重点，是否理解了教学内容的知识体系；是否在学习过程中提高了自身的人文素质，产生了多元文化的融合。其次，我们还要检查课堂氛围。学生是否积极参与到学习活动中来，能否通过对新知识新技能的运用来提高对英语学习的兴趣，而且产生了进一步学习英语的愿望。当然，最终还是离不开对学生的学习效果的观察。也就是说，我们还要观察学生是否有高涨的学习热情，强烈的求知欲。学生是否积极参加到课堂活动中来，最终是否有了良好的学习习惯和科学的学习方法。

教师在教学设计中对教学目标、教学内容、教学方法、教学活动都会进行非常详尽的安排。但是，每个教学活动的操作，我们都要通过观察学生的表现来检查教学目标是否明确、教学方法是否合适、教学活动是否适应不同的学生，从而在最终的教学效果和评估中进行数据分析，对下一个教学活动的改进提供相应的调整。

参考文献

[1] CRESWELL，JOHN W. Educational research：Planning，conducting，and evaluating quantitative and qualitative research[M].4th ed. London：Pearson，2011.

口译初学者听辨训练现状分析

刘思含 *

摘　要：听辨能力对口译活动中信息输入的效率产生至关重要的影响，在很大程度上决定着口译活动的成败。本文通过调查口译初学者听辨训练的现状，探索口译听辨训练的恰当策略，为口译教学与训练提供参考。

关键词：口译听辨；交替传译；口译教学

听辨能力对口译活动中信息输入的效率产生至关重要的影响，能否准确听辨信息在很大程度上决定着口译活动能否准确、顺利进行。本文对口译初学者进行问卷调查，探索口译初学者听辨训练现状，为口译教学提出建议。

1　文献综述

国内外学者对口译听辨均有涉猎，主要涉及口译听辨的过程及意义、口译听辨过程的独特性以及相应的训练、应用策略等。

1.1　口译听辨过程及意义

吉尔（Gile）指出听辨"包括所有基于理解的行为，从对译者听到的源语语篇音流的潜意识分析到最终确定'语篇'的含义"[1]。口译听辨过程包括"听"和"辨"两方面，即识别、获取信息，分析、提取重点信息

---

* 刘思含，北京工商大学外国语学院助教，主要研究方向为英汉翻译、国际关系。

及逻辑关系。鉴于实际口译活动中外语相对于母语而言在听辨上挑战性更大，另外，同声传译边听边说的性质，其听辨相较于交替传译和一般商务、陪同口译等较为特殊，故本文中主要关注外译中交替传译涉及的听辨。

1.2 口译听辨过程的独特性

"口译员的听辨任务是要用目标语言将讲话人的逻辑和观点再现出来……要求听者采取完全合作的原则，站在讲话人的角度，充分理解其想要表达的观点。"[2] 相较于听力练习，口译听辨过程更易受到现场条件、发言人非标准语音、语速等各种因素的干扰和限制，需要口译员更为主动的一次性获取源语中的信息和逻辑关系，并非仅仅关注语言层面本身。

1.3 训练策略和应用

以往研究基于口译实践或教学经验，提出提升听辨表现的种种策略，包括音流听辨、言意分离、意群区分、识别与浓缩关键信息等。[3] 另有学者提出利用复述的方式进行口译听辨训练，指出单句复述能避开双语转换对学生的干扰，既在口译训练的前期以源语语义捕捉为核心任务。[4]

2 问卷调查结果分析

本文针对 40 位口译初学者（含翻译硕士低年级学生、本科翻译专业学生、翻译水平考试考生等）听辨训练现状进行调查，调查结果如下。

（1）口译教学中对听辨一项较为重视，65% 的受访者表示所学课程中有专门课时涉及听辨。

（2）从人数分布看，语音/口音（32.5%）和逻辑关系（32.5%）为听辨训练当中的最大难点，但口译初学者并未积极采取措施加强训练。65%的受访者在听外文材料一题中选择"不确定，想起来就听一下"，62.5%的受访者听完材料后基本上不怎么总结逻辑关系，只有 10% 的受访者会比较主动收集不同口音的材料进行练习和总结。

（3）仅有27.5%的受访者会有意识地选择演讲材料练习，仅有10%的受访者会有意识地总结演讲材料的篇章结构和标志性表达。

（4）针对"复述"作为听辨训练的方法进行调查，25%的受访者表示基本上会用此方法练习，42.5%的受访者基本不会以复述作为练习方法。

3　结论

基于上述调查，对口译教学提出如下建议。

（1）口译教学中应更加鼓励学生主动、持续听外文材料、进行练习，可采取学生分享交流等方式提高学生积极性。

（2）教师选择训练材料时可偏重不同口音的材料，并帮助学生总结不同口音的特点；引导帮助学生分析所听材料的逻辑关系，并鼓励学生自主进行总结分析；鼓励、要求学生有意识选取演讲类材料进行练习并总结篇章结构和标志性表达。

（3）教师可鼓励学生以复述作为练习方法，并采取课堂示范和演练的方式帮助学生进行训练。

参考文献

[1] 吉尔.口笔译训练的基本概念与模型[M].上海：上海外语教育出版社，2011：149.

[2] 姚斌，等.会议口译[M].北京：外语教学与研究出版社，2016：19

[3] 卢信朝.英汉口译听辨：认知心理模式、技能及教学[J].山东外语教学，2009，30（5）：53-59.

[4] 邓辉敏.商务口译听辨之思维训练教学模式[J].佳木斯教育学院学报，2013（8）：329-334.

论法商英语专业口译听力理解阶段思辨能力培养

李英杰*

摘　要：本文探讨法商英语口译教学中听力理解阶段的思辨能力培养。思辨能力是口译中的核心能力，也是口译的基石，在法商英语口译教学中可以通过听力理解阶段思辨式思维习惯的养成训练来培养思辨能力，为最终输出高品质的目标语打下基础。

关键词：法商英语；口译；听力理解阶段；思辨能力

1　理论回顾

1.1　关于思辨能力

在国外思辨能力理论模型影响最广的是三元结构模型和德尔文研究的模型。而我国应用比较广泛的是文秋芳的思辨能力层级理论模型。该模型把思辨能力分为元思辨能力和思辨能力两个层级。元思辨能力凌驾于思辨能力之上，指的是自我调控能力，即对自己思维的计划、管理、监控和评估的能力。该层级管理和控制着下一级的思维能力。位于第二层级的思辨能力又分为思辨技能和人格特质两个维度，思辨技能可以概括为分析、推理、评价三个子技能；思辨的人格特质包括坚毅、开放、正直等品质。

---

* 李英杰，北京工商大学外国语学院讲师，主要研究方向为应用语言学。

1.2 关于口译过程

关于口译的过程，目前最有影响力的理论之一是 Daniel Gile 在其著作《口笔译训练的基本概念与模式》一书中提出的口译过程阶段三分理论，Gile 认为，口译过程可以分为三个阶段：第一阶段是听力理解阶段（Listening analysis）。包括源语言的信息被译员接收到，经过分析形成判断，在脑子里形成源语言所表达的思想内容和概念的全过程，这个过程也就是接收源语言信息码加解码的过程。第二阶段是短期记忆阶段（Memory）。在接收源语言信息和输出译文之间有个时间差，需要将接收到、经过分析的信息暂时存储在记忆中。第三阶段是输出阶段（Production）。在获知源语言思想内容及概念之后排除源语言的干扰，将原码所表达的意义和主旨按照目标语的习惯表达方式重新遣词造句，重新排序组合。

显然，听力理解阶段是基础，只有听明白理解准确，才有可能完成后面的两个阶段。

2 法商英语专业的口译输入阶段培养思辨能力的培养

黄源深于 1998 年、2010 先后两次指出大学生普遍患有"思辨能力缺席症"。思辨能力作为一种可迁移的通用能力应该贯穿到所有大学课程中。中级口译作为法商英语专业大三第二学期的必修课，也担负着培养思辨能力的任务。本文探索在口译听力理解阶段如何培养思辨能力。

要想培养思辨能力，必须让学生养成、逻辑化分析意义和条块化处理信息等三个思辨式思维习惯。

第一个思辨式思维习惯——整体化听取意义，指的是在听力理解阶段译员需要理清发言人的思路，把握整体意义，而不是把每个句子都硬记下来。在"听"上要实现三个转变：从听字词转变为听意思、从听语言形式转变为听内在含义、从语音听辨转变为语流听辨。在生词的处理上，遇到听不懂的词时，不要纠结于这个词语的字面意思，要学会丢卒保车，果断跳过该词，接着往下听，听整体的段落和篇章的意思。此外，除了听取发言人的用词之外，要学会去把握发言人的发言节奏、停顿和重音习惯等，在语流中实现辨音，抓取意思。要是忽视发言节奏、停顿等语流层面的要素，就可能导致词语和句子全听懂了，却不能把握总体意思，临场翻译也会语言支离破碎。

第二个思辨式思维习惯——逻辑化分析意义，指的是听的同时要找寻各个句子和段落间的逻辑联系，是对源语进行逻辑分析后的再加工。逻辑是口译的生命，锻炼逻辑思维，在听力理解阶段可以将精力放在 WHAT、WHO、WHEN、WHERE、HOW、WHY 等几个要点上，努力理出讲话人的思路，增强逻辑分析意识。听取各个要素间的逻辑关系和转折点（听取各类关系标识词），以达到最后以逻辑主线为轴，对各个要素进行串联，进行结构性输出。

第三个思辨式思维习惯——条块化处理信息，指的是在听力理解阶段要灵活断句，以意群为单位进行信息处理，把句子打散，条块化的提取信息。意群切分练习，可以从视译和听辨两处入手。多做视译，是有效养成处理条块化思维的有效方式。听辨时，可以先从长句开始，培养以意群为单位的听取意识，逐渐扩展意群长度，扩大听幅，然后扩展到段落和篇章。切成意群、语言条块化的目的不是为了"散"，而是为了"合"——是为了提升听辨效率。断而不乱，在切的同时，要体会各意群间的联系，在输出的时候用逻辑词或者联系词，将其黏合在一起。

总之，口译教学中，思辨能力的培养是非常重要的。有了良好的思辨能力，后续的学习之路才会走得更顺畅。在听力理解阶段，有意识地培养学生的思辨能力，是学好口译的第一步。

3 结语

法商口译的语言虽然具有很强的操作性，但归根到底并非只停留在技术层面，而是深入到思维层面。所以法商口译教学中不能只关注语言技巧层面的提高，更要关注于思辨层面的提升。本文以思辨能力层级理论为指导，论述在法商英语专业口译教学中的思辨能力培养。

参考文献

[1] DANIEL G. Basic concepts and models for interpreter and translator training[M]. 上海：上海外语教育出版社，2011.

[2] 黄源深. 思辨缺席 [J]. 外语与外语教学，1998（7）.

[3] 黄源深. 英语专业课程必须彻底改革再谈"思辨缺席"[J]. 外语界，2010（1）.

[4] 文秋芳，等. 构建我国外语类大学生思辨能力量具的理论框架 [J]. 外语界，2009（1）.

论平行文本对翻译实践的指导作用

杨怀恩　杨静　张洪萍*

　　摘　要：随着全球化经济的不断发展和信息技术的日益进步，各行各业对翻译的质量也提出了更高的要求，而阅读和学习平行文本对翻译质量的提高起着举足轻重的作用。平行文本可以帮助译者更加全面地了解翻译文本，从而呈现出高质量的译文。本文将从平行文本入手，通过平行文本在翻译实践中的应用来探讨平行文本对翻译实践的指导作用。

　　关键词：平行文本；翻译实践；指导作用

1　引言

　　随着全球化进程加快和中国对外交流的不断深入，翻译的需求也日益增加，而各行各业也对翻译质量提出了更高的要求。众所周知，在翻译的过程中，译者会遇到不同类型、来自不同领域的翻译文本，例如法律文本、商务文本、旅游文本甚至文学作品等。不同的领域所需背景知识不同，并且有着各自的专业术语，这使得译者很难在较短时间内吃透不同领域的知识。如果缺乏对翻译内容背景知识的全面了解，很有可能造成误译，曲解原文想要表达的意思。因此，翻译时阅读和借鉴平行文本就显得十分有必

---

*　杨怀恩，北京工商大学外国语学院教授。杨静，北京工商大学外国语学院 2017 级翻译专业研究生。张洪萍，北京工商大学外国语学院副教授。

要。通过借助平行文本可以学习到更加地道、专业的表达方式，从而帮助译者更好地完善译文。

2　平行文本

关于"平行文本"，不同学者对其有着不同的定义。Neubert 从翻译的角度把"平行文本"定义为"在大致相同的交际情境中产生的具有相同信息性的双语文本"。李长栓在《非文学翻译》一书中对平行文本做了如下定义："平行文本本来指并排放在一起、可以逐句对照阅读的原文及其译文。简单地说，平行文本就是与原文内容接近的任何参考资料。"李长栓认为把众多的平行文本搜集起来，按一定标准组合在一起就形成平行语料库。其中这些资料可以是专题性的文章、资料，也可以是百科全书中的词条，甚至包括词典中的解释和例句，这一解释也更加通俗易懂地说明了我们平常在翻译过程中所用到的"平行文本"。在实际的翻译中，我们所认为的"平行文本"也就是与原文内容相关相近的文本，把这些"平行文本"整合起来对于我们系统了解翻译文本的背景知识很有帮助。

现在随着信息技术的不断发展，获取平行文本的方式也更加多样化。除了常见的书籍、期刊之类的传统方式，互联网已经成为我们获取平行文本的一个主要来源，例如百度、Google 或是维基百科等网站。通过在互联网上搜索关键词，我们可以查阅到大量与翻译文本有关的背景知识、词条介绍，甚至是一些相关报道。除此之外，我们还可以查找相关领域的官方网站。通过阅读和借鉴这些平行文本，能够使译者翻译出来的文章更加符合目的语读者的表达习惯，为读者所接受。

2.1　平行文本与翻译实践

我们以《经济学人》中的材料为例来探讨如何将平行文本应用到平时的翻译实践中，以下内容是节选的一段：

A group of hackers use a stolen cyber-weapon to try to extort money from people worldwide. The attack cripples hospitals，causing ambulances to be diverted and operations to be cancelled. Then a lone security researcher stumbles across a way to halt the bug in its tracks. Yet that is exactly what happened last week when a piece of ransom ware called WannaCry，which infects computers running outdated versions of Microsoft's Windows operating system，hit not just Britain's National Health Service （NHS） but Russia's interior ministry，Chinese universities，Germany's state railways and plenty more besides. Indeed，as malicious programs go，WannaCry is not even in the premier league：although it has a nasty payload，it had compromised only about 300000 computers and raised an estimated $80000.

2.2　平行文本在翻译实践中的应用

对翻译文本有了大致了解后，译者就要开始着手查找平行文本。通过阅读以上材料，我们可以知道这一段主要是关于"WannaCry"的内容。但由于该话题具有一定的专业性，所以我们要通过阅读平行文本对该话题的背景知识有一个大致的了解。同时，我们还要重点查找那些不理解的搭配、专业术语或者有文化意义的词，这类词语在阅读平行文本时要多注意。经过查阅，我们可以知道"WannaCry"是一种勒索病毒，这样就可以以此为线索来查找相应的平行文本。

既然已经知道了文章主题，我们可以先搜索一下 WannaCry 的相关中文报道。我们可以在百度中搜索"WannaCry 勒索病毒"，共出现约1480000 个结果。这里我们以百度百科内容和搜狐网的新闻报道为例：

"WannaCry"是一种"蠕虫式"的勒索病毒软件，大小为 3.3MB，由不法分子利用 NSA 泄露的危险漏洞"EternalBlue"（永恒之蓝）进行传播。勒索病毒肆虐，俨然是一场全球性互联网灾难，给广大电脑用户造成了巨大损失。最新统计数据显示，100 多个国家和地区超过 10 万台电脑遭到了勒索病毒攻击、感染。

WannaCry 的入侵，英国医疗体系第一时间被影响。英国多家国营医院的电脑曾遭受大规模的网络攻击，至少 19 家位于英格兰和苏格兰的 NHS 所属的医疗机构也遭到网络攻击，这些机构包括医院和全科医生诊所。黑客在电脑留下勒索信息，声称不支付款项就会删除电脑所有资料。

通过这些平行文本，我们对"WannaCry"的背景知识有了基本的认识，其中网上查阅的百科以及新闻报道中的有些内容甚至可以直接套用到翻译中去。搜狐新闻中的"至少 19 家位于英格兰……"和我们选段中的"hit not just Britain's National Health Service（NHS）but Russia's interior ministry"意思基本相近，翻译时可以借鉴。但是我们在选择平行文本时也要注意选材的时效性，一些过时、老旧的观点可能对我们的翻译参考价值不大，平行文本的时效性对保证翻译质量十分重要。

2.3 平行文本对翻译的指导作用

借助平行文本不仅可以帮助提高译文质量，同时可以提高我们的英汉互译能力。虽然我们的选材是英译汉，但通过学习平行文本，可以帮助我们提高汉译英能力。例如"The attack cripples hospitals……"这句话中的"cripple"是翻译难点，我们可以参考新闻报道中的平行文本，把它译为"入侵、攻击"比较合适。以后我们再遇到中文的类似语境，就可以试着用"cripple"一词。

除此之外，我们还可以利用平行文本学习专业词汇。例如在"although it has a nasty payload"中的"payload"可能会难住很多译者。我们也可以用类似的方法，先搜索"payload"的中文意思，检索的内容大多都是"有效载荷"。但再搜索"有效载荷"，发现它是航空航天的专业术语，所以我们改变策略，搜索"payload 计算机"，浏览其他页面，发现"payload"

可以译为"有效负载"或"攻击负载"。平行文本可以加深我们对一些特殊领域专业词汇的理解，使我们的翻译能够更加忠实、准确。

最后，平行文本可帮助我们不断积累各个领域的知识，这也是平行文本最大的作用。譬如说，我们这次所选的"WannaCry 勒索病毒"的翻译，可以把搜集到的平行文本以及所有与之相关的中英文材料都找到，对照着学习并积累，如下次再遇到计算机病毒类专题，我们所搜集的平行文本就可以派上用场了。

3 结语

从大量的翻译实践中我们可以得知阅读相近的平行文本对于提高翻译质量很有帮助，平行文本可以帮助译者理解原文并找到合适的表达方法。平行文本对于翻译意义重大，特别是在翻译专业性很强又不太熟悉的领域的文章时，译者更需要大量阅读平行文本来了解相关领域的背景知识，总结出各领域不同的翻译特点，从而形成一个明确的翻译思路。在如今这个翻译量大且对质量要求高的大环境下，译者更需要通过不断学习平行文本来提高自己的翻译能力。

略谈语块构成对文本词汇教学和
提高阅读能力的意义

邱国红 *

摘　要：在英语教与学的过程中，认识到语块是文本语言的一种存在状态很重要。教师要积极利用语块理论，培养学生的语块意识，这样不仅能大大提高学生对文本词汇的认知和运用能力，而且可以使包括阅读速度和理解能力在内的听、说、读、写等各种语用能力得到全面提高。

关键词：语块；文本词汇；阅读能力；新标准大学英语

词汇的记忆和运用始终是英语学习者非常重视的问题。没有大量的词汇支撑，英语的阅读理解就成了"无源之水，无本之木"。因此，词汇教学尤其是文本词汇教学一直以来是英语教学中的重中之重。笔者在多年的英语教学中，深深体会到一些学习效果不理想的学生在阅读文本时遇到的障碍。他们遇到的不仅仅是单纯的词汇积累问题，更需要教师引导他们在意义关联性和主题性等前提下，运用语块结构等手段，将意义相关的单一词汇组成一个个意义完整的语言单位，以达到对词汇和文本的深入认知和正确理解。

---

* 邱国红，北京工商大学外国语学院副教授，研究方向为英美文学。

1   学生在阅读中出现的问题

笔者在教学中发现，很多同学词汇量严重不足，而有限的词汇在英语的阅读中也很难产生有效的意义。他们阅读理解的很大障碍来自于无法将文本中的词汇建立起有效的联系，一个个孤立的词汇无法构建出有效的意义，再加上语法功底的薄弱，使这些学生不仅阅读速度慢，而且这些看似孤立存在的词汇也阻碍了他们对文本的正确理解，因而导致大量的误读和复读等情况的出现。根据教学实践中积累的经验，笔者认为利用语块结构进行文本词汇教学，不仅可以使学生建立起词汇间的意义，提高词汇学习的效率和准确性，而且能有效地提高其阅读速度和理解能力。

2   在语块中学习目标词汇

语块，从其形态和功能上可称为不同长度的"预制语言单位"，兼具词汇和语法的特征，是语言输入、记忆、存储和输出的一种特殊的多词单位，能作为统一的整体语言单位存储在人的记忆系统中，方便学习者在需要时直接提取和使用。[1]语块的重要意义在于，它能引导学生在文本学习中，将语言单位从单个词汇扩展到多词的意群上来，有效地培养起语块意识，在语块结构中提高对于目标词汇的认知能力，最终确定其在文本中的独特意义，提高阅读理解的能力。

根据 Nattinger & DeCarrico（1992）的分类方法，英语的语块类型包括四类：聚合词语块（polywords）、习惯用语型语块（institutionalized expressions）、短语架构型语块（phrasal constraints）和句子构造型语块（sentence builders）。[2]聚合词语块，是由多个单词组成并固定在一起的整体语言单位或固定短语，可根据能否用常识性语言规则来分析其含义的特征，区分为规范性（canonical）和不规范性（non-canonical）两类，其特征为单词之间不能变换位置或随意分割，如 by the way，so to speak，on the contrary 等。习惯用语型语块，是在语言使用过程中出现的高频词汇组合，通常指作为独立话语，绝大多数是规范类的、不可改变形式的谚语、格言和社交套话等约定俗成的表达形式。例如：like father，like son，seeing is believing，long time no see 等。短语架构型语块，是由某些固定或半固定的词组组成的短语框架。在使用中可根据不同的语境进行相应词汇的替代。其显著特征是，其空格可由有聚合关系的同类词语充当，具有很强的语言生成性。例如 as far as ...concerned，twice as ... as，two __ ago 等。句子构造型语块，是指那些为整个句子提供框架的词块形式，语块中可插入其他成分以表达完整的语义，如 it seems to me that，for one thing，for another，as a result 等。在文本学习词汇的过程中，教师应引导学生对于文本的语言信息进行语块化处理，将目标词汇所在的语块整体内化吸收，同时利用语境和词群等知识，提高学生学习语言的流利程度和对于目标词汇学习的效率和准确性。

以《新标准大学英语》第二册[3]第四单元 Reading1：Making the Headlines 为例，其第二段可提取多个语块，如"But it is not just ... that ... . It was the ...，too"，"so striking，so sensational，was the news that ..."，"their first instinct was to ..."；"historical and international dimension"，"years after the event"，"make 9/11 memorable and newsworthy"，"across the globe"，"For many people across the globe"，"providing confirmation"，"the old saying"；"where they were"，"what they were doing"，"bad news travels fast"等。通过语块进行文本词汇教学不仅可使学生避免"只见树木不见森林"的低效学习法，而且便于他们宏观掌握句子结构、摘抄记录、快速学习记忆词汇并准确提取段落信息。

因此，在文本词汇的教学中，教师应以语块理论为指导，培养学生的语块意识，并利用字典、网络等资源，延伸课外的语块学习和应用，提高学生对于词汇的认知和运用能力，进而有效提高包括阅读速度和理解能力在内的听说读写等各种语用能力。

参考文献

[1] 索恩伯里 . 朗文如何教词汇 [M]. 王琦，译 . 北京：人民邮电出版社，2011：151–160.

[2] NATTINGER J，DECARRICO J.Lexical phrases and language teaching [M]. Oxford：OUP，1992.

[3] 文秋芳 . 新标准大学英语（第一版）[M]. 北京：外语教学与研究出版社，2008.

美国大学教育教学模式及启示

胡艺东 *

摘　要: 美国高等教育教学具有鲜明的特征和模式。传统美国高等教育的核心,即通识教育机制,注重全面培养学生的综合知识及能力素养。美国高校课堂教学模式则注重学生参与和教师在教学自愿选择上的灵活性。这些特征为我国大学英语教学改革提供了启示。

关键词: 美国高等教育;教学模式;大学英语教学

美国高校的教育教学模式具有鲜明的特征和优势,这些特征和优势为我国大学英语教学改革提供了有价值的启示。其中,美国传统高等教育的核心,即通识教育模式,注重全面提高学生的综合知识和能力素质。而美国课堂的教学实践则注重学生的参与互动,并给予教师在教学资源选择上的自由和灵活性。这些特性对我国大学英语教学,尤其是基础教学,具有重要的借鉴意义,有助于提高学生的英语实践及应用能力,也有利于将语言技能与知识拓展相结合,提高英语课堂教学的效率。

1　美国大学的通识教育

美国传统高等教育的核心是"通识教育"（liberal arts education）。通识教育起源于古希腊,核心特征是非专业性和非职业性。[1] 通识教育的目

---

* 胡艺东,北京工商大学外国语学院讲师,主要研究方向为英语教育教学、比较文化。

的在于全面培养学生的人文科学素养以及建立高尚博雅的价值观。[2] 和与之相对应的职业教育不同，通识教育不专注于某一种专业技能的培养，而是普遍应用于所有大学生，旨在培养学生包括阅读、写作、逻辑和批判性思考的综合能力以及对包括人文、社会科学和自然科学等各领域的基本认识和理解。这种综合性教育的目的不是培养某方面的专业人才，而是通过对学生综合能力以及对广泛世界认知的提高，为培养具备领导素质的人才打下基础。

2　通识教育的课程设置

美国大学通识教育的课程设置同时具有灵活性和规划性的特征。在通识教育体系下，美国大学的一、二年级通常不要求学生选定专业。相反，学校鼓励学生在一、二年级广泛地修读各类课程，拓宽知识和眼界。更重要的是，学校希望学生通过体验各种课程，探索自己的兴趣，从而在三年级决定专业的时候可以对自己有充分的了解，作出明智的选择。

在课程设置上，通识教育给予了学生灵活和自由的选择，但更重要的是，通识教育的课程设置并不是随意的。通常情况下，大学会把通识教育的课程分为两个大类别，即技能型课程和知识性课程。两个大类别继续细分为多个小类别。技能型课程包括写作和语言课等，而知识性课程则由例如人文社会科学、自然科学、数理科学、跨学科研究等领域组成。[3] 学生必须在各个类别内选修一定学分的课程才能满足毕业的要求。例如哈佛大学 1982 年开始全面推行的核心课程模式规定，本科生必修的 32 门课程中，包括 16 门专业课，8 门自由选修课，8 门核心课程。而核心课程则包括了文学艺术类课程、历史类课程、外国文化类课程、道德伦理类课程以及科学类课程等。[4]

3　美国大学课堂的教学模式及特点

通识教育从教育理念和结构上为美国高等教育所注重的综合素质及能

力的培养奠定了基础，而美国高校课堂多样化、注重师生交互的教学方式，则从实践上进一步促进了高等教育对学生综合能力的培养。

3.1 注重学生参与互动的教学模式

学生的参与和互动在美国大学的课堂教学中占有举足轻重的地位。即便是学生人数众多、以老师讲解为主的基础大课，学生也可以随时举手提出问题或自己的观点。而为了弥补学生没有充分机会参与课堂互动的短板，这样的大课常常配套设有独立的讨论小班，将大班学生分为几个 10～20 人的小班，每周与助教会面，讨论课堂上或作业中遇到的问题。而在讨论班（seminar）形式的课上，学生参与更是课堂的核心。与传统授课不同，在通常仅有十几名学生的讨论班上，教师更多地扮演着引导者的角色，引导学生针对问题进行讨论，就问题展开师生和学生之间的对话，从而提高学生独立思考和自主学习的能力。[5]

3.2 教学资源多样化和灵活性

美国高校的课堂教学注重教学资源的多样化，教师在选择教学材料上具有很强的灵活性。[5]教师教学的材料不局限于课本，而是常常自主选择其他的材料供学生在课前阅读。教师选择的教学材料范围也很广，从传统的著作、学术论文，到报刊新闻，甚至影视材料。这些丰富的教学资源的运用，增强了课堂教学的趣味性，使得教学材料更易于与时俱进。更重要的是，使用课本之外的教学材料可以锻炼学生们的批判性思考和对新鲜知识以及信息的总结能力。

4 对我国大学英语教学的启示

美国高校的通识教育体系以及其灵活多样、注重学生参与互动的课堂教学模式为我国大学英语教学方法的改革提供了启示。虽然我国没有实行通识教育的机制，但是大学英语，尤其是作为基础课的公共英语，可以吸收通识教育的长处，将英语语言技能教育与综合素质的提高和其他领域知识的拓展有效结合起来。英语语言教学的材料选择种类众多，教师可以仿照美国课堂教学的方式，突破课本的限制而灵活选择各种类型的听读材料，不仅关注材料本身的语言学习价值，也关注材料本身的内容对大学生学习、拓宽知识面的价值，实现语言学习和拓展各方面知识相结合的目标。

美国高校课堂教学注重学生参与和互动的教学模式对于大学英语的教学也多有助益。虽然英语课程，尤其是公共英语和专业英语的基础课程，属于基础技能型的大课，多以教师的讲解为主，但是这样的传统模式容易造成学生只听不练的弊端，进而造成例如"哑巴英语"等实践能力欠缺的后果。然而中国大学英语课堂学生人数多，课堂讲解内容重，难以实现学生与教师经常性的互动。对于此问题，可以借鉴美国高校与基础大课配套的讨论班模式，将大班分为小班定期与老师或助教见面，解决上课时无法解决的问题，增强学生的参与和互动，提高学生的英语学习和实践能力。

参考文献

[1] [2] 王焱，李诗桐. 美国大学通识教育的实践与启示 [J]. 中国市场，2013（29）：180-181.

[3] 刘少雪. 美国著名大学通识教育课程概况 [J]. 比较教育研究，2004（4）：6-10.

[4] 张凤娟."通识教育"在美国大学课程设置中的发展历程 [J]. 教育发展研究，2003（9）：92-95.

[5] 顾小存. 感受美国高校的现代化课堂教学模式 [J]. 中国高等教育，2006（24）：54-56.

浅谈大学生跨文化英语词汇学习

刘红 *

摘　要：本文阐述英汉文化差异对语言表达及理解有很大影响，特别是词汇的理解，并指出英语词汇教学中存在的普遍问题以及增强跨文化意识对英语学习和交际的重要意义。

关键词：文化差异；英语词汇学习；文化与语言

1　文化与语言的关系

人类的交际不单是一种语言现象，也是一种跨文化现象。在教学中，要对两种交际文化进行对比。文化（culture）一词是一个含义极其广泛的词语，它狭义指文学、音乐、美术等，而广义上是一个社会学术语，按照社会学家和人类学家对"文化"所下的定义，我们所说的"文化"是指一个社会所具有的独特的信仰、习惯、制度、目标和技术的总模式。语言是文化的一部分，又是文化的载体和折射镜。透过一个民族的语言，可以窥见该民族绚丽多姿的文化形态。英语词汇作为英语中最活跃、最具生命力的组成部分，最能反映英美文化独特的魅力和内涵。学习英语词汇，实际上也是学习西方文化。对于在母语环境下的英语学习者来说，应该了解在中西方不同文化背景影响下，英汉词语之间所存在的差异；从另一方面看，语言又受文化的影响，反映文化。可以说，语言反映一个民族的特征，它不仅包含着该民族的历史和文化背景，而且蕴藏着该民族对人生的看法、

---

*　刘红，北京工商大学外国语学院教师。

生活方式和思维方式。如果不了解其文化，就无法正确理解目的语和表达自己的想法，造成交际失败。

2 英语词汇教学存在的主要问题

许多大学生学习英语多年，还是无法用英语正确表达，经常在口语和写作中出现中国式英语。其重要原因是教师和学习者忽略了目的语的文化知识的积累。笔者发现英语教学存在一个普遍问题，教师大部分时间用于讲解词汇、课文和做练习，对学生词汇的考查也仅仅停留在要求学生会读、会写以及会运用单词简单造句，对于文化知识或是自身缺少了解，或是课时紧张，因此往往忽略不讲。许多学生也认为文化背景知识对提高考试成绩无多大关系。这种做法的弊端是显而易见的：大部分学生虽然了解一些单词和短语，却无法说出一个完整的句子。由于对语言文化差异缺乏了解，导致词汇使用不当，表达的仍然是"中国式英语"。出现诸如把"力大如牛"译成"as strong as cow"，把"凡人皆有得意时"译成"Every person has a happy day."，把"挥金如土"译成"to spend money like earth"，产生交际方面的一系列错误。它们应翻译为"as strong as a horse"，"Every dog has its day"，"to spend money like water"。中国式英语在学生的写作中比比皆是。

3 英语文化对其语言词汇的影响

词是语句的基本单位，通常所说的话都是由一个个词构成。有些人认为，学英语，就是按照一些基本语法把单词、词组及短语连接起来。其实不然，如果我们只是把单词按字面意义串起来，而丝毫不懂有关文化背景知识，在实际运用中是行不通的。笔者将从地理位置、动物及宗教神话三方面举例说明跨文化差异对语言的影响。

英国是个岛国，地处西半球，北温带，海洋性气候。英国的航海业有悠久的历史，因此，在英语表达中有很多与航海有关的短语，比如 to rest on one's oars（暂时歇一歇），to keep one's head above water（奋力图存），all at sea（不知所措），习惯用语 learn the ropes/ know the ropes（摸熟门路、找到窍门），set sail（启航；扬帆；起锚），等等。

在对待动物的态度上中西文化也存在差异。中国人崇尚龙文化，把自己比喻是龙的传人，龙图腾象征着皇权，也是吉祥的象征。然而在西方人的眼里，龙（dragon）是一种可怕、凶猛的怪物。狗在汉语中是一种卑微的动物，与狗有关的习语含有贬意："狐朋狗友""狼心狗肺""狗腿子"等，狗的贬义形象深深地扎根在汉语言文化中。而在西方英语国家，狗则被认为是人类最忠诚的朋友、家庭的一员。英语中有许多有关狗的习语，常以狗的形象来比喻人的行为。如 You are a lucky dog（你是一个幸运儿）；Old dog will not learn new tricks（老人学不了新东西）；Love me, love my dog（爱屋及乌），等等。这些词语充分表达了西方人对狗的热爱。

与宗教信仰有关的习语也大量地存在语言中。在西方许多国家，特别是在英美，人们信奉基督教，相关的习语如 Good helps those who help themselves（上帝帮助自助的人），也有 Go to hell（下地狱去）这样的诅咒。英语言中还有大量习语的结构简单，意义深远，往往是不能单从字面意义去理解和翻译的。英语典故习语多来自《圣经》和希腊罗马神话，如 Achilles' heel（唯一致命弱点），meet one's waterloo（一败涂地），Penelope's web（永远完不成的工作），a Pandora's box（潘多拉之盒，灾难、麻烦、祸害的根源）。学习者不仅要掌握词汇字面意义（基本的或明显的意义），还要知道词的含义即词的隐含或附加意义。

不了解词汇含义，会在语言上犯严重错误，有时误把好言当恶语，引起谈话者的一方或双方不快；有时误把嘲讽当称赞，被人耻笑。学习者如不了解文字背后的文化知识，就会出现交际障碍。

4 结语

综上所述，无论是教师还是学习者都应注重语言文化知识的学习，只有了解了英汉文化差异，以及思维习惯，才能实现有效的沟通，正确领会词汇的真正含义，从而使英语学习和教学改革进一步得到提高。

如何提高英语低级别学生的听力理解能力

王劲松 *

摘　要：本文运用英语听力教学理论对本校英语低级别学生的听力学习现状进行分析并提出提高学生英语听力水平的教学方法。

关键词：大学英语；听力理解能力；听力教学

教育部颁布的《大学英语课程教学要求（教学大纲）》[1] 中对听力理解能力的一般要求是"能听懂英语授课；能听懂日常英语谈话和一般性题材讲座；能基本听懂慢速英语节目，语速为每分钟 130 个词左右，能掌握其中心大意，抓住要点；能运用基本的听力技巧帮助理解"。

达到这一要求，对我校绝大多数英语低级别学生而言都是一件非常困难的事情。因为这些学生的英语综合能力较差，而听力理解能力却对学生的整体语言能力水平都有一定的要求，包括对语音、词汇和语法知识的掌握，对英语国家文化的了解，还包括对所听到的信息进行短期记忆、提取和分析的能力。因此，对英语听力能力的培养是诸多能力培养中最难的一项。

听力理解是一个复杂的过程，任何一个环节都会影响整体听力水平。心理语言学把听力理解分为"自下而上"（bottom-up）、"自上而下"（top-down）和"互动"（interactive）模式。"自下而上"模式是指运用语音、

---

* 王劲松，北京工商大学外国语学院讲师，主要研究方向为语言学、教学法。

词汇和句法知识来进行听力理解，也就是按照语音、单词、句子、语篇的顺序来理解所听到的内容。"自上而下"模式是利用"已有的知识和预期"对接收的信息进行分析处理。"互动"模式认为听力理解是听者的背景知识与接收的信息相互作用的动态过程。在这一过程中，听者不但要运用到语音、语法、词汇和句法知识，还会调动已有的背景知识对短期记忆中的信息进行分析处理，从而达到理解的目的。

目前，英语低级别学生在语音、语法、词汇、背景知识方面都存在较大问题。他们的语音知识贫乏，而且自身发音不准成为辨音能力差的主要原因。这些学生的语法知识也非常薄弱。有些学生的语法概念是混乱不堪的，甚至分不清人称代词的主格和宾格形式。同时，他们的词汇量也是少得惊人，甚至会混淆 joy 和 joke 的词义。至于背景知识，学生们的水平参差不齐。因此，若要提高英语低级别学生的听力水平，必须帮助学生掌握扎实的语音、语法知识，扩大词汇量，了解更多背景知识，才能最终达到提高听力理解水平的目的。

语音方面，要提高学生对英语语音的敏感度和快速辨别能力。做到这一点的前提是学生自身的发音要准，否则在听到正确语音时是很难辨别出来的。因此，首先要帮助学生纠正发音。要让学生掌握国际音标并了解自然拼音法的知识。同时，为学生提供更多说英语的机会，以便发现他们在语音中存在的问题并予以纠正。但要注意纠正的时机和方法：要在学生的表述结束后再纠正；一次纠正的错误不要过多，只挑两三个重要的予以纠正。这样既不会打击学生说英语的积极性又能让他们印象深刻。教师要努力培养学生对语音的感知力、敏感度和快速反应力。根据语音学理论，语音感知能力如果使用不足会退化甚至消失。因此，要让学生有尽可能多的机会听到英语语音系统中的全部成分。另外，我们听到的英语语音都不是孤立的，而是同其他因素组合在一起的。学生要能够辨别出现在不同组合、不同位置的同一音素的各种变体。纠正学生发音的任务可以和精读课结合

起来，纠正生词的发音，并可要求学生在课下跟读精读课文

除了语音感知能力的培养外，还要让学生了解重音与节奏，弱读、连读等语流音变知识。如果没有这些知识，学生平时很熟悉的单词也会听起来很陌生而根本听辨不出来。还有一个不能忽略的内容是语调。语调是一个语言社团内约定俗成、几近标准化的一些模式。人们用这些模式表达情感、态度和意图。一句话的完整意义是由词汇意义和语调意义两部分组成的。所以要真正理解一句话，不仅要能辨别出语音，还要了解某个语调所表达的意义。因此，在教学中要让学生了解并掌握英语语调所表达的含义及使用规律。

英语低级别学生的词汇量小也是妨碍听力水平提高的障碍之一。没有一定的词汇量，即使能辨别出语音也无法将其与对应的单词联系起来，从而无法得知它所代表的意义。英语低级别学生中有很多人欠缺正确的词汇学习方法。所以要把词汇学习的有效方法介绍给他们。首先，他们应该掌握构词法知识。这是学习词汇最有效的方法之一，同时还能培养学生的自学能力。其次，也可以把词汇记忆的一些方法介绍给他们，例如，归类法，即按照同义、反义、音近、形近（指拼写相近）等成组记忆单词。他们学会把单词放到语境中去记，而不是孤立地去记单个的单词。

语法也是不可忽视的一个重要内容。由于很多考试取消了语法单选题，有些学生便误认为语法不重要了，不用认真学、认真记了。又由于有些教师说了"说英语的时候可以暂时不管语法"之类的话，有些学生就断章取义地认为语法没用，可以不学。教师要对学生的这种错误想法加以纠正和引导，并帮助他们进行语法的梳理。

应该说，若要提高英语低级别学生的英语听力理解能力是一个庞大的工程，因为他们在上面提到的几个方面都需要提高，这对学生和教师都是一个不小的挑战。教师的教学方法要多样，避免单一的教学方法带来学生的新鲜感消失后产生的懈怠。应该用交互式教学方法代替传统的读单词—

听录音—对答案的三部曲模式，增加师生互动和生生互动，提高学生的课堂参与度。当然，学生也要认真完成课外的听读作业。否则，即使教师的方法再好，仅凭非英语专业学生每周两次的英语课也是不可能达到预期目标的。

参考文献

[1] 教育部高等教育司 . 大学英语课程教学要求（教学大纲）[M]. 北京：清华大学出版社，2004：6.

商务英语专业人才创新能力及其培养[*]

田莉^{**}

摘　要：本文讨论了商务英语专业人才创新能力的理解以及创新能力的培养途径，并提出了创新能力培养的五个方面。

关键词：创新能力；商务英语；人才培养

2018年1月颁布的《商务英语专业国家标准》明确规定，商务英语专业的培养目标是："英语基本功扎实，具有国际视野和人文素养，掌握语言学、经济学、管理学、法学（国际商法）等相关专业基础理论与知识，熟悉国际商务的通行规则和惯例，具备英语应用能力、商务实践能力、跨文化交流能力、思辨与创新能力、自主学习能力，能够从事国际商务工作的复合型、应用型人才。"创新能力被列入国家标准体现了我国对商务英语专业人才创新能力培养的高度重视。本文将讨论商务英语专业人才创新能力的理解及该能力的培养途径，并提出创新能力培养的五个方面。

1　商务英语专业人才创新能力的理解

对于什么是创新能力，我国外语界从21世纪初开始有所讨论。文秋芳[1]认为创新型英语人才应该是具有创新素质的复合型英语人才。创新素质包

＊　本文为北京工商大学青年教师科研启动基金项目（编号：QNJJ2017-30）和北京市教委社科一般项目（编号：SM201810011007）的阶段性成果。

＊＊　田莉，北京工商大学外国语学院讲师，主要研究方向为二语习得、商务英语。

括创新精神、创新能力和创新人格三个方面，其中的创新能力是创新所需要的创造性思维能力与解决问题的实践能力。所谓创造性思维能力必须具备敏捷性、灵活性、批判性、独创性、探索性和多向性的思维品质。解决问题的实践能力包括与人沟通的能力、与人合作的能力、善于向他人学习的能力、组织能力、决策能力以及处理复杂问题的能力。戴炜栋等[2]也指出，创新能力实际上是一种批判能力，是一种较为独立的客观分析和评判问题的能力。庄智象等[3]也提出了类似的观点，认为"外语专业人才的创新型应该说更多地体现在他们的批判性的思维能力以及在学习、生活和工作中独立思考、分析和解决问题的能力"。

从以上论述可以看出，三位学者对外语专业人才创新能力的理解基本一致，认为主要是一种批判性思维能力和解决问题的能力。

2 商务英语专业人才创新能力的培养途径

如何提高学生的创新能力？文秋芳[1]指出，英语专业创新人才的培养手段包括课程设置、教学内容、教学方法与手段以及评估体系的系列改革。这其中，一般认为实践教学环节和第二课堂创新教育活动是培养学生创新能力的主要环节。另外，庄智象等[4]还提出有必要开设科学技术史、逻辑学、批判思维等课程来培养学生的创新能力。对于如何在课堂教学中培养学生的创新能力，多位学者指出，要改革"填鸭式"教学，使学生成为学习的中心，倡导探究式、启发式、任务驱动等教学方式。徐新辉[5]提出，商务英语创新教学的组织与实施还需要注意更新教学观念、实施开放式教学、创建安全和民主的教学气氛以及进行情境模拟化的教学形式等。

以上各位学者所提出的商务英语专业人才创新能力的培养途径对我们的教学实践有一定的指导意义。在此基础上，我们认为，还应该把创新能力细化，具体分析从哪些方面对学生的创新能力进行培养。

3 创新能力培养的五个方面

我们借鉴 Dyer 等 [6] 的研究，认为在培养学生创新能力的时候，要注意从五个方面入手，即联系、发问、观察、交际和实验。Dyer 等人研究了近 500 名创新者，并比照研究了近 5000 名主管，发现有五项发现技能使得创新者不同于一般的主管。这五项技能是联系、发问、观察、交际和实验。联系是指创新者尝试将其所见所闻进行整合，将看似不相关的问题或想法联系起来，从而发现新的方向。创新者也是好的发问者，他们总能提出挑战现状的问题，由此激发新的见解、联系和可能性，并带来新方向。同时，创新者也是勤奋的观察者，他们仔细观察身边的世界并通过观察获得新的见解和想法。创新者善于交际，他们所认识的人具有截然不同的背景和观点。创新者会运用这一人际关系网，通过积极地和观点迥异的人交谈寻找新的想法。创新者总是在尝试新的体验，试行新的想法。他们通过思考和实验探究世界，不断检验新的假设。我们应当从这五个方面入手，在教学中有意识地对学生的联系、发问、观察、交际及实验能力进行培养，从而提高他们的创新能力。

由于篇幅有限，本文只提出了创新能力的五个方面，对于如何在教学实践中从这五个方面入手培养学生的创新能力还需要进一步的探讨。

参考文献

[1] 文秋芳. 英语专业创新人才培养体系的研究与实践 [J]. 国外外语教学，2002（4）：12-17.

[2] 戴炜栋，张雪梅. 对我国英语专业本科教学的反思 [J]. 外语界，2007（4）：2-11.

[3] 庄智象，韩天霖，谢宇，等. 关于国际化创新型外语人才培养的思考 [J]. 外语界，2011，147（6）：71-78.

[4] 庄智象，孙玉，刘华初，等. 探索适应国际化创新型外语人才培养的教学管理模式 [J].

外语界，2012，152（5）：68-72.

[5] 徐新辉.商务英语创新教学和能力的培养[J].温州职业技术学院学报，2003，3（3）：
45-48.

[6]DYER J. 创新者的基因 [M]. 曾佳宁，译 . 北京：中信出版社，2013.

提高大学生产出性词汇应用能力的行动研究 *

王秀珍**

摘　要：本研究在大学英语综合课程的词汇教学中开展，试图论证如何提高学生的产出性词汇应用能力，最后从词汇和写作教学中找出需要注意的问题反思教学。

关键词：产出性词汇；写作；行动研究

1　产出性词汇与写作

产出性词汇指的是学习者以口头或书面的形式表达意思时能够使用的词汇。产出性词汇对于英语写作至关重要。没有丰富的产出性词汇，学习者只能使用一些简单通用的词汇表达思想，无法准确生动地表达意图，进而影响作文的整体质量。学习者在特定的场景下成功使用新学词汇，能够增强其使用该词汇的信心，并且有助于把接受性词汇转化为产出性词汇。

＊　本文是北京工商大学 2018 年度社科计划一般项目（编号：SM201810011006）"输入强化理论与输出驱动假设视角下大学生产出性词汇应用能力提升的研究本文是北京工商大学 2018 年度社科计划一般项目（编号：SM201810011006）"输入强化理论与输出驱动假设视角下大学生产出性词汇应用能力提升的研究"的部分成果。

＊＊　王秀珍，北京工商大学外国语学院讲师，主要研究方向为第二语言习得、教学法、语言学、翻译等方面的研究。

2　行动研究与实施步骤

行动研究是一种自我反思的研究，这种研究方法的最基本特征是将"行动"和"研究"结合起来：在实践中验证理论从而提高教学，并增强对课程、大纲、教学和学习的认识，其结果是教学的改进、更好地诠释和验证现行的教学理论。[1]行动研究是教师自己的研究。它是由教师把教室当成实验室，针对教学提出问题，通过课堂观察、语言测试、教学访谈、教学日志等多种渠道得到数据从而分析和解决问题，其目的是提高教学质量。行动研究通常包括发现问题、收集数据、解释数据、开展行动、反思。

3　提高大学生产出性词汇应用能力的行动研究

3.1　词汇教学中存在的问题

学习词汇的重要目的是为了应用。教授学生如何应用词汇是大学英语教学的重要组成部分，但多年的教学经验发现，学生在写作时应用新学词汇的能力偏低，词汇应用意识薄弱。[2]具体表现在：①有些学生对词汇的学习仅限于发音、拼写和词义方面，对词汇的内涵、用法等深度知识了解很少；②有些学生错误地认为，在写作中只要按照要求把意思表达清楚即可，因而措辞还停留在使用一些低级、简单的词汇，在写作中经常采用"回避"和"迂回"的策略，新学词汇很少出现在作文当中。

3.2　数据收集与分析

为了验证上述问题，我们选择了北京工商大学1个班32名学生为研究对象，在2017—2018学年第一学期第一周对其进行问卷调查。问卷由两个部分构成，第一部分是个人信息及问卷说明；第二部分是有关词汇学习和写作中遇到的问题，有单项选择和多项选择，共12个问题。分析问卷时，关于"我在英语词汇学习过程中遇到的困难"这一问题，发现56.25%的学生认为即使记住了词义，也很少能在作文中应用。关于另一个问题，"学生在写作时很少应用新学词汇的主要原因"有两个：一是还没有完全掌握词汇的用法，所占比例为46.88%；二是缺乏词汇应用意识，所占比例为40.63%。通过和学生交流发现问题产生的原因如下：一是对词汇的深度知识掌握不够；二是缺乏输出动机和输出机会。

3.3 提高产出性词汇应用能力的行动教学

为了解决问卷调查中存在的问题，我们决定对研究对象展开提高产出性词汇应用能力的行动研究。研究从 2017 年 9 月开始到 2018 年 1 月结束。教学材料为《新标准大学英语 2》[3]，选择目标词汇时参照了《大学英语课程教学要求》中的积极词汇表。为了验证此次行动研究的有效性，在开展产出性教学活动之前和完成教学活动之后，分别对学生进行了作文测试。要求学生在题为 *The Prevalence of Digital Products Aamong College Students* 和 *Internet and Privacy* 的两篇作文中任选一篇按照提纲写作，时间为 40 分钟，不得查阅词典和使用网络工具。在历时 14 周的行动研究之后，再次对学生进行命题作文测试，作文题目和要求与前测一样。为了进一步验证产出性教学法对学生产出性词汇应用产生的效应，作者展开了问卷调查。

根据产出性词汇应用教学的特点，教学活动围绕每个单元的主题和目标词汇展开，整个教学过程分为以下 6 个环节。

（1）教师呈现产出性词汇，告知教学目标和产出任务。在每一轮产出性词汇教学之前，向学生展示需要学习应用的目标词汇，通常为 8 ~ 10 个，告诉学生需要完成的最终产出性任务。

（2）指导学生学习目标词汇。课上讲解词汇，通过列举搭配、句子示例以及英汉互译等方式，指导学生学习目标词汇的用法。然后，留出 15 分钟左右的时间，要求学生尽量使用其中的词语自由造句，鼓励学生写小段落，多用复合句。

（3）督促学生应用目标词汇。课后给学生布置笔者自行设计的以目标词汇为主的练习，包括同义替换、选词填空、汉译英等，要求学生做出目标词汇的思维导图，包括词性、词义、词汇变体、近反义词、搭配、联想词汇、造句等。此外，还要求学生预习相关课文，标出目标词汇在课文中的意思以及搭配。

（4）在语境中提升词汇应用能力。在第二次课堂上讲解目标词汇所在的课文，检查学生对目标词汇的理解掌握情况。

（5）完成产出性任务。讲解完目标词汇所在的课文之后，布置一篇命题作文，话题与课文内容相关，写作时间不限。

（6）评价反馈。在布置下一组目标词汇任务之前，笔者完成批改作文。课上对范文进行分析点评，列举讲解应用目标词汇较好的句子。

这一系列的产出性词汇应用活动总共进行了 4 轮，在此期间每位学生课后不限时完成命题作文 4 篇，总共 128 篇。笔者对每一次布置的任务都要严格检查，对作文进行认真批改、详细分析讲评。结果发现，学生在作文中应用新学词汇的数量有所增加，作文中的词汇丰富性有所提升。问卷调查显示学生愿意在写作中应用新学过的词汇，只是由于缺乏词汇应用意识、缺乏产出机会，导致新学的词汇不能学以致用、作文水平不高。

3.4 产出性词汇教学行动反思

近一个学期的产出性词汇教学行动研究结束后，我们反思了教学效果，涉及两个方面：一是通过考查作文水平的提升程度反思产出性教学法产生的效应；二是反思产出性词汇教学中需要注意的问题。结果发现，学生希望应用新学词汇，但由于重视程度不够或者教师没有明确提出要求，导致学生在写作文时为了避免出现错误，经常回避使用一些不太确定的词汇。因此，教师在教学中应当设计一些要求学生应用新学词汇的写作任务，鼓励学生在写作时尽量应用新学词汇，以便达到学以致用的目的，进而提高教学效果。

参考文献

[1] 常晓梅，赵玉珊.提高学生跨文化意识的大学英语教学行动研究 [J]. 外语界，2012 （2）：27-34.

[2] 于万锁.英语写作中的词汇问题及对策 [J]. 山东外语教学，2011（1）：61-66.

[3] GREENALL S，文秋芳.新标准大学英语 2[M].北京：外语教学与研究出版社，2010.

新闻阅读与商务英语阅读教学

陆敏 *

摘　要： 随着国际经济合作的增多和越来越多跨国公司的出现，商务英语越来越热，许多国内高校设置了商务英语专业。作为一名商务英语专业教师，如何让自己的课堂言之有物，如何使所授内容符合当前迅猛发展的大环境对复合型人才的需求都是我们应该静下心来认真思考的问题。引入新闻作为阅读材料可以使学习与社会发展密切相连。

关键词： 商务英语阅读；时事新闻阅读

1　引言

随着我国市场经济的发展和对外开放力度的不断加大，国际经济合作、跨国公司、外商直接投资、境外投资等数量越来越多。与 20 世纪八九十年代相比，用人单位对纯英语专业学生的需求量锐减，而对英语加国际贸易、金融、会计等的复合型人才需求不断增加。为顺应时代的需要，全国不少高校都设立了商务英语专业，截至 2017 年 5 月，全国共 324 所高校开设了商务英语本科专业，583 所高职高专开设商务英语专科专业。商务英语热在升温。为了满足市场的需求，商务英语专业教师应该思考如何上好每一堂课，教给学生什么样的商务知识，向社会输送高素质的、符合社

---

* 　陆敏，北京工商大学外国语学院讲师，主要研究方向为商务英语、英语教育。

会需求的复合型人才。也正因为如此，什么内容才能与社会需求不脱节是每一位教师应该思考的问题。

2 商务英语阅读教学的现状

商务英语阅读教学不仅应重视语言能力的培养，更应该重视通过大量商务背景知识和模拟情境的训练来培养学生在商务环境中的实际操作能力。从近年来看，商务英语教学存在以下问题。

2.1 商务英语阅读教材的质量参差不齐

目前，商务英语阅读教材的种类和数量繁多，质量却不能达到教学要求。有些教材商务知识较丰富，但语言水平过浅，不能达到英语能力提升的目的；有些教材提供了语言技能训练，可惜商务知识欠缺，不够系统，不能构建很好的商务知识框架；还有些教材来自国外，难度过大，学生理解起来比较费劲。

2.2 阅读材料的时效性差

一本教材从选材、编写、出版到使用是需要一定时间的。这就造成了当学生学习所选材料时，所学内容已经与当前日新月异的大环境脱节。从而造成学生的学习兴趣下降，学习效率大打折扣。

3 选用新闻材料完善阅读教学

针对上述问题，笔者认为可以从以下几个环节入手，完善商务英语阅读教学。

3.1 以外刊为介质，为学生搭建商务知识的背景框架

《朗文语言教学及应用语言学词典》将报刊界定为一种真实的教学语料。[1]为了让学生接触一手的教学语料，教师可以从外刊中选取商务材料，

这样学生可以学习到真实、地道的常用商务术语、行话及精准的商务语言。但是商务外刊偏难，商务词汇量大。由于学生不具备相关的商务背景知识，理解上会存在一定困难，教师可从外刊中精选材料并以此为介质就这个主题输入大量的、有体系的商务背景资料，从而把知识的碎片变成一个立体、形象的框架，这样既锻炼了学生大量阅读的能力，也汲取了商务知识。但基于商务外刊难度偏大的特点，教师需要对学生进行启发和引领。

3.2　在延续教学中大幅增加时事新闻，培养学生的自主学习能力

延续教学是学生对教师所授内容的内化过程，教学形式直接影响学生学习消化的效果。[2] 为了帮助学生消化授课阶段的商务内容，可在延续教学中增加与主题一致的国内英语时事新闻。这样的话，阅读难度适中的材料既可以强化所学内容，又可以让学生掌握最新的商务动态。当然，为了检验学生的自主学习效果和对课堂知识的掌握程度，需要教师提前设计针对性阅读练习，如句子翻译、单字理解、开放式问题、主旨把握、自主扩充词汇测试等激发学生的学习动力，了解学生的短板，然后通过教师的讲评查漏补缺。与此同时，要鼓励学生在延续教学阶段，主动利用网络资源丰富对本单元主题内容的理解吸收。

总之，利用新闻作为商务英语阅读教学的补充，可以激发学生对专业课程的学习积极性，对于实现商务英语专业人才培养目标具有深远的现实意义。

参考文献

[1] RICHARDS J C，SCHMIDT R. 朗文语言教学及应用语言学词典 [M]. 北京：外语教学与研究出版社，2003.

[2] 侯丽颖. 延续教学法在第二外语中的应用研究 [J]. 中国轻工教育（教学改革与实践），2016（6）：65.

英语教学的移动游戏化设计 *

赖花 **

摘　要： 高等教育领域的移动游戏化教学应用与研究是创新教学的新领域。本文以英语专业基础英语课程为例，通过课程移动游戏化教学设计，阐明其对英语教学内涵和外延变化现状的适应性。

关键词： 移动学习；游戏化学习；英语教学

1　引言

2017 年《国家教育事业发展"十三五"规划》中指出，大力推进教育信息化，推动"互联网＋教育"新业态发展。"互联网＋"时代背景下，借助移动端进行随时随地的移动式学习，特别是利用数字化游戏辅助教学的游戏化学习成为提高教学的效率和效果的新方式与新途径。移动学习和游戏化学习在英语教学领域的应用与研究，特别是针对中高级学习者的应用与研究也在发展和深入。

---

* 本文为北京工商大学项目"'产出导向法'理论视域下的商务英语教学研究"（编号：QNJJ2017-30）和北京市教委项目"基于'产出导向法'理论的商务英语教学研究——以北京工商大学为例"（编号：SM201810011007）的阶段性成果。

** 赖花，北京工商大学外国语学院讲师，主要研究方向为英语教学。

2 基础英语课程教学现状

近年来，随着教学时间分配、教学内容结构和教学空间上的重构，基础英语课程教学在内涵和外延上都有所改变。课程目前的教学环节包括学生课前预习，教师课上讲授，延续课任务操练和学生课后复习与作业。受教学时间的限制，目前在现实中面临的问题主要体现为教学控制的难点，同时也是影响教学效果的两个方面：学生的词汇学习和学生课后作业。课上面授的教学重点不是详解生词的词义和用法，也无法讲解、批阅所有课后练习。但作为语言促成的基础，词汇的掌握和必要的练习是教学不可绕过的。此外，课后作业完成情况的监督检查也是一个难题。客观地看，在有限的课堂内外，利用现代化手段的辅助教学显得极其重要。

移动游戏化学习恰恰为有效解决词汇学习难、课后作业监控难这两个难题提供了现实的可能。学生在移动游戏化学习模式下学习词汇，更积聚了个人学习词汇所难以达到的优势。除了能让记单词变得更灵活、有意思之外，也因为有课文作为意义背景，记忆更有线索、更容易，加上配套的小测验及时巩固加深理解，使得词的"形—义—用"得以连接，同时更有针对性，更个性化。学生在移动游戏化学习模式下完成课后作业，使得枯燥的练习变得有趣味，学生完成作业能立即得到反馈，还使得教师能及时监控学生完成作业的情况，针对作业中出现的普遍问题及时调整教学。无论对于练习的完成率还是练习完成后的效果都有所保证。

3 基础英语课程教学的移动游戏化设计

英语教学的移动游戏化设计通过构建基于课程的手机 App 辅助教学，连接课内课外、线上线下的教与学。App 平台上搭建的基础英语课程教学设计具体板块包括"学习中心""知识中心""考试中心""悬赏""对战""公告板""问卷调查"和"商店"等。

课程的学习以在校园背景下游戏通关升级的游戏方式获得积分、奖励和勋章，最终通过所有关卡，完成升级和终极任务后毕业。整个学习过程有一个卡通机器人做引导员，提示游戏化学习的路径，并鼓励学生不断努力。

对应 App 平台的有关板块，都导入单元课文学习相关的内容。其中，主要用于语言学习和考核的"学习中心""考试中心"的内容是为 App 重新定制的，同时都设有问答区为学生释疑解难。移动端学习有其自身的特点，因此，需要对选择上线的教学材料重新组织和设计。总体上，主要体现在三个方面：一是必须考虑学生实验中主要使用手机学习，而手机显示屏的大小有限；二是鉴于学生可能利用碎片化的时间学习，所以所有内容必须合理切分成适宜的长度，同时保障每个切分段的内容都相对完整；三是充分利用移动端设备对多模态素材的支持和学习的游戏化方式增强学习乐趣与效果。

4 结语

极具"便利性"的移动学习使得教师能够创造"新机会"帮助学生与课程内容建立联系，从而"构建深层学习方法"。移动游戏化教学设计对于新的教育环境下英语教学的创新，有助于改进和优化教学。

大学英语教学中商务沟通能力的培养

李洁 *

摘　要： 在大学英语课程中融入商务沟通知识，加强对学生商务文化意识的培养，可以全面提升学生的英语综合应用能力。在大学英语教学中对商务沟通能力培养，必须以英语语言能力培养为基础，融入商务沟通知识，注重学生跨文化意识的培养。

关键词： 大学英语教学；商务沟通能力

我们正处在经济全球化、文化多元化的时代。随着全球资本人才资源流动不断加强，任何经济活动都会受到多种文化的影响。有着不同文化背景的人们在一起从事商务活动的机会也越来越多。不同文化背景的人之间的商务沟通被称为跨文化商务沟通。在经济全球化的环境中，沟通的困难主要来源于不同文化的差异。这些差异体现在行为方式、价值观、语言等方面。随着中国改革开放和全球经济一体化的深入发展，跨国公司在华已经基本实现本土化经营，而同时中国企业也早已经走出国门，越来越多的中国企业从事国际化经营活动。这种形势对人才提出了更高的要求：不仅要具备较强的英语交流能力，还要具备一定的跨文化商务沟通能力。因此在大学英语教学中加强商务沟通能力的培养很有必要。

商务沟通是一种以商务交互为目的的沟通过程，从管理学的角度来看，商务沟通即商务组织为了商务活动的开展或继续而通过某种渠道将信息传

---

* 李洁，北京工商大学外国语学院讲师，研究方向为英语语言文学。

递给接受对象的过程。在各种商务交际情景中交际者必须结合具体的语境选择合适的交流方式，建立和保持商务联系提供并获取商务信息，正确处理日常商务工作中的问题。总之，大学英语教学中对商务沟通能力的培养，不仅要重视基本语言能力的训练，也要注重商务沟通技能的训练，更主要的是培养学生应用语言，将语言作为有力的武器，在商务语境中发现问题、分析问题和解决问题的能力。商务沟通能力，不仅体现在商务场合下进行沟通的技巧和水平，更重要的是它还具有跨文化特性。将英语作为沟通语言与具有不同文化背景的人进行商务沟通，这是商务英语沟通能力的最显著特点。因此，为满足经济全球化对人才的需求，使学生在激烈的市场竞争中占有一席之地，在大学英语教学中，必须以英语语言能力培养为基础，融入商务沟通知识，注重学生跨文化意识的培养。下面从词汇、写作以及文化意识的培养三个方面进行分析和阐述。

就词汇教学而言，商务英语的语言基础是建立在普通英语的基础上的，它们之间存在一个语言的共核部分。商务英语是普通英语教学的延伸，但要重视其不同之处，即商务英语词汇词义往往不同于一般英语中的词汇，词义面窄，专业性强。在大学英语的课堂上，教师对于有些看似简单却有着特殊意义的商务英语词汇可以进行讲解。例如，credit 的意思是"信用，信誉"，但在商务英语中，它指的是赊账、贷方、信用证。appreciate 在一般英语中的意思是感激和欣赏。这个词在商务沟通的信函中使用频率非常高，如 You will be appreciated if you can deliver the goods as soon as possible。此外，这个词在金融语境中有"货币升值"的意思。又例如，settlement 的意思是"定居"，但在金融语境中，它指的是"结算"；而在贸易纠纷的语境中，它指的是"解决纠纷"。还有学生们十分熟悉的词 interest，这个词在一般语境中是"兴趣、爱好"的意思，而在金融语境中，指的是"利息"。这样的词很多，教师们应利用有限的课堂时间多给学生们讲解和拓展，激发他们的兴趣。

就写作而言，大学英语写作的最终目的是要求学生能够比较自如地表达个人的观点；能就广泛的社会、文化主题写出有一定思想深度的说明文和议论文，就专业话题撰写简短报告或论文；能对从不同来源获得的信息进行归纳，写出大纲、总结或摘要，并重现其中的论述和理由；能以适当的格式和文体撰写商务信函、简讯、备忘录等。这些能力的培养可以使大学生顺利进入社会，从事商业公司业务，将课堂中所积累的写作技能付诸实践。因此，在大学英语写作教学中，引入和借鉴相关商务理论，学习从如何达到有效的商务沟通这一视角看待写作，从而指导学生进行有效的写作。

具体而言，有效的沟通技巧能够提高处理问题的效率、明确商业决策、提高生产力、稳定经营、加强商业伙伴关系和强化企业形象。因此，在商务沟通理论视域下，沟通有效性是衡量商务写作质量的核心标准。

商务沟通的有效性在写作中体现在关键信息的有效沟通上，也就是说，在写作中如何让接收者（读者）清晰有效地了解和理解写作者所要表达的主要意思或是意图。为了达到这一教学目标，我们在写作教学中采用的是过程写作法。

过程写作法，顾名思义就是学生在写作中注重写作过程、思维过程。在具体引导学生使用过程写作法中，主要有以下步骤：构思、主题句的写作、段落写作、篇章写作。这些步骤都是围绕关键信息展开的。首先，在构思过程中，学生们需要确定文章的关键信息，可以是几句话，也可以是短语，然后根据关键信息写出文章的大纲。其次，再根据大纲，启发学生写出段落的主题句，要求主题句是在关键信息的基础上展开的。再次，根据段落主题句中的关键信息，引导学生进行思维发散，再围绕主题句，完成段落。最后，完成篇章。

在大学英语教学中培养商务沟通能力还需要培养学生的商务文化意识。在现实商务活动中，跨文化交际能力的强弱将直接影响跨国商务活动的开展。因此在大学英语的课堂教学中，加强对学生商务文化意识的培养显得尤为重要。例如，讲解 localization 这个词的时候，教师就可以讲解这个词背后的跨文化含义以及它的商务文化含义。又例如，在讲解"隐喻"这一修辞手法的时候，教师也可以介绍有关的跨文化知识。隐喻在跨文化的商务活动中随处可见，最常见的就是广告或是商标中用的 logo。对隐喻的恰当理解对跨文化的商务活动是有益处的。比如说，在中国，龙的形象象征着皇室和尊贵，而在西方一些国家，龙的形象有时意味着邪恶。

我们正处在经济全球化、文化多元化的时代。随着中国改革开放和全球经济一体化的深入发展，跨国公司在华已经基本实现本土化经营，而同时中国企业也早已走出国门，越来越多的中国企业从事国际化经营活动。这种形势对人才提出了更高的要求：不仅要具备较强的英语交流能力，还要具备一定的跨文化商务沟通能力。因此，在大学英语教学中加强商务沟通能力的培养很有必要。

中国双语教学文献研究：现状与展望

唐亦庄 *

摘　要： 本文根据 2007—2017 年国内核心外语期刊发表的文献，对中国大学的双语教育进行考察。2001—2011 年，中国教育部大范围推行双语教育，双语教育引起了高度关注。自 2001 年政策颁布起的 10 年间，国内学术界关于双语教学的研究数量每年都呈上升趋势。而 2011 年项目结束后，这一趋势放缓，双语热的浪潮褪去，甚至关于双语教育的文献数量在 2012—2017 年出现了逐年下降的态势。尽管社会基础削减，高等院校仍然需要双语教学。本文对近 10 年来的双语教学研究进行归纳总结，分析高校双语教育的发展现状、教学模式、师资、教材、适用范围等。

关键词： 双语教学；文献综述；研究现状；双语教学展望

1　引言

双语教育（bilingual education），是指用非母语为教学媒介教授学科性知识科目。双语教育可以培养专业知识和语言能力兼备的人才，为今后的工作和国际交流打下基础。本文将仅讨论英语和普通话作为中国高等教育的教学语言，不包括少数民族用普通话和当地语言进行的双语教学。

---

* 唐亦庄，北京工商大学外国语学院教师。

2 政策因素与现状

政策因素是大学开展双语课程的至关重要的影响因素。各高校纷纷大范围开展双语教学可追溯到 2001 年。当时中国教育部颁布了几项关于提高高等教育学院教学质量的建议，以便更好地适应全球经济一体化和国家发展的迫切需要。在教学评估中，生物技术、信息技术、金融、法律等专业只有当双语课程比例超过 10% 时，才有资格被评为 A 类专业。2005 年，教育部进一步提出，继续增加双语课程的数量，进一步提高高等院校教学质量。2007 年，教育部和财政部共同发布了高等学校实施教学质量与教学改革项目的建议，鼓励合格院校聘请国外学者和专家从事专业课程双语教学，并支持海外华人指导英语专业课程。2007 年至 2010 年，教育部与财政部共批准了 503 门课程，作为政府资助的双语示范课程。该项目于 2011 年结束。

2001 年政策颁布起的 10 年间，国内学术界关于双语教学的研究数量每年都呈上升趋势，而 2011 年项目结束后，便出现了逐年下降的态势。过去几年中国的英语教育热潮逐渐消退，相关研究领域也不再是焦点。随着当前社会对外语崇拜的思考，双语教学的社会基础正在削弱。但不可否认的是，教育部曾经命令高等学校通过一系列行政指导大力开展双语教学，已经悄然改变了对双语教学的态度。

3 主要研究方面

3.1 学生、教师语言水平与双语课程的有效性的关系

对于学生的语言能力，韩立新和于诗卉进行了一系列的实证研究，以探讨学生的英语水平如何影响双语课程的学习。他们的研究表明，达到大学英语四级以上的学生可以被认为在双语课堂中具备英语语言能力。

然而对于教师来说，一所知名英语培训学校的创始人认为，如果一个中国人想在英语国家生活和开展社交活动，就需要至少3～4年才能克服语言和文化障碍；如果他们想在专业领域使用英语，他们需要在外国教育系统中系统地学习6～9年。以此为参考，双语教学是一项要求教师水平很高的工作，但目前中国大学的教师资源显然不能满足大规模实施双语教学的需要。

实证研究还进一步表明，在教师处理所需语言能力的条件下，学生只需要具备基础大学英语水平即可接受课程，而如果教师语言水平未达到要求，接收者则需要具有更高的语言接受能力来理解。因此，教师必须具备高水平的英语水平已成为一种共识。

3.2 大学英语教学与双语课程的衔接

专家认为，大学英语必修课要在以下几个方面辅助双语教学：一是大学英语要强调实用性；二是要在大学英语教材中增加学术英语比例；三是注重教学方法。由于学生的语言水平不同，因此根据学生的能力教学是明智的，学生参加分班考试而后学习不同级别的课程很有必要。此外，有学者认为，应从管理层面实现，如应建立大学英语教师与专业双语教师之间的沟通。

3.3 双语教学模式和语码转换的争议

通常来讲，双语教学分成三类，分别是浸入型双语教学（immersion bilingual education）即完全使用非母语进行教学；保持型双语教学（maintenance bilingual education）即由母语教学到逐渐部分使用第二语言教学；过渡型双语教学（transitional bilingual education）即学生先有一段用母语或双语，逐步过渡到只用第二语言教学。

有学者强调，当在课堂上同时使用两种语言时，学生容易忽视或至少从他们不擅长的语言中获得较少的信息。因此，从长远来看，他们建议中国的双语教育应该用纯英语进行。

关于这个问题，意见分歧很大。其他一些研究人员认为，有必要根据学生的能力、教师的能力、教科书的复杂性、不同课程的目标等，找到每门课程两种语言的适当比例。韩立新和于诗卉指出，用英语解释专业知识要比用英语进行课堂管理可行得多。在双语教学中，用英语解释专业知识，用汉语处理其他课堂情境，如指导、课堂组织，可能是一种科学的模式。

关于英语教学比例与双语教学效果之间关系的问题，对 ESL 课堂的研究早已进行，结果倾向于不允许语码转换可能妨碍学习者的有效沟通和学习，双语在教学上适合初学者，而且适用于中等或高级水平的学生。这可能也适用于大学的双语课程。

4　未来的改革重点

根据各种研究和国外双语教育的启发，未来的改革应该把以下几个方面放在首位。

4.1　加强教师培训

上文提到，双语教育对师生的语言能力尤其是教师的语言水平有很高要求。此外，李颖的研究中总结了包括解读学科知识以及理解相关领域的国际惯例等 8 项能力，说明了对教师双语教学综合能力的要求。现阶段中国高等学校双语有教学资格的教师仍然是稀缺资源。解决这一问题主要有两种方法：第一种是引进海外留学生，特别是获得以上博士学位的高级人才；第二种是为现任教师提供持续的英语培训。研究中提到的方法最多的是教师培训，其中包括利用大学资源，如为教师设立入门课程、派遣一些教师到国外接受培训、聘请外籍教师等。

4.2　完善教科书内容

克服双语教学中语言障碍的负面影响的另一有效措施是选择适用的双语教材。如果某一专业的国内外知识体系之间的差异很大（如法律），自编的外国教科书和讲义可以更好地服务于教学计划和目标；相反，如果某一领域（如信息技术）的知识体系之间没有差异或没有显著差异，原始的外国教科书显然更具吸引力。

4.3　双语教学适用范围

由于资源不平衡，有人指出，比起全国强制推行，双语教学更适合在资源丰富的城市和重点高校先贯彻实施。也有观点指出双语教学并不适用于所有学科，比如一些原本源于国外、国际化的专业例如国际商务、国际金融、对外贸易等，如果采用双语教学可以更好地帮助学生和国际接轨。但在历史、政治等一些课程中不能本末倒置。也有观念提出双语教学更多在选修课中推行，避免语言基础差距过大对教与学造成障碍。

5　结论与展望

有人认为，我国目前的双语教学是"凭借行政指令推行"的"双语运动"，随着政策改变停滞不前。在教育国际化的背景下，培养掌握英语的专业人才在中国发展中仍然会起重要作用，双语教学更有可能依旧是中国大学的必需品，并且仍将长期处于教学改革实践中。高等院校的双语教学有可能回归人才培养和可持续教育发展的初衷，引进国外先进的教学资源，探索符合我国实际双语教学模式的国际先进教学理念和教学方法，使学生与世界先进技术和科学思想接轨，最终可以在国际舞台上与世界各国开展平等对话。

重视教师话语和可理解性输入 *

汤惠敏 **

摘　要：教师话语是指教师在课堂里使用的话语，近些年来引起了很多人的注意。Krashen 的输入假说试图解释人们是怎样习得语言的，他认为，输入的材料应该略高于当前的水平。教师应将教师话语和可理解性输入结合起来，充分发挥教师话语在大学英语课堂的优点。教师运用恰当的教师话语，增强课堂互动，促进学生的可理解性输入，这样就能更好地促进大学英语课堂的教与学。

关键词：教师话语；可理解性输入；大学英语教学

1　引言

课堂研究聚焦课堂，旨在研究课堂里所发生的真实情况。课堂研究涵盖教师和学生。就教师而言，教师影响学生和整个课堂，教师的态度、教学方式、教师行为尤其是教师话语对于课堂来说至关重要。

教师话语是指教师在课堂里使用的话语，近些年来引起了很多人的注意，因为人们认为教师话语是外语／二语发展中一个重要的变量。Nunan[1]认为："教师话语非常重要，不仅是为了组织课堂，也是为了二语习得过程，教师话语对于课堂的组织和管理的重要性在于教师正是通过话语来看他们

---

* 本文为"北京工商大学 2016 青年启动基金"项目（编号：QNJJ2016-09）成果。
** 汤惠敏，北京工商大学外国语学院讲师，主要研究方向为外国语言学与应用语言学。

执行教学计划是否成功。就习得来说，教师话语的重要性在于其很可能是学习者所能接受的可理解的目标语的主要来源。"此外，教师话语不仅对学习者是一种原始的传递信息的方式，也是控制学习者行为的重要手段。[2]

2 教师话语

Ellis [3] 提到，教师与课堂语言学习者的说话方式不同于和其他课堂学习者的交流。教师在语言形式和语言功能上进行调整来促进交流，这些调整称为教师话语。教师话语本身也是一个特别的语言语域。教师对课堂互动管理负有责任，他们也通过提问来控制话语的主题。教师话语包含很多方面，其中包括教师输入、教师提问和教师反馈。

但是，教师话语并不是完全对二语学习有益的。有些研究表明，过多的教师话语会阻碍二语学习。Harmer [4] 发现，有些课堂受到批评，原因是教师话语时间太多，学生话语时间太少。目前，大力倡导以学生为中心的课堂，总体来说，好的教师会尽力加大学生话语时间而减少教师话语时间。

在国内，教师话语近年来也引起了研究者的关注。中国很多学者和研究者在教师话语方面做了一些研究。赵晓红 [5] 研究发现教师话语在以教师中心的英语课堂中占据 65% 到 90% 的课堂时间。王银泉 [6] 的研究发现教师话语在 EFL 课堂占去了约 70% 的时间，在 EFL 课堂中，教师话语是否使用得当会对学习者输出和交际能力产生影响。结果，教师和学生之间缺乏交流，导致学生的交际能力没有得到加强。周星等 [7] 在改进教师话语方面做了一次有意义的尝试，他们使用以学生为中心的大学英语教材，通过课堂录像和调查问卷，系统地分析了教师话语的质和量，以自然观察的方式来理解和描述教师话语的特点。这项研究揭示了教师话语是课堂互动和活动的媒介，教师话语的质和量对学习者的输出有重要的影响。范栩[8]指出，教师应该多关注教师话语，因为教师话语对于课堂互动至关重要，教师话语为语言输出和意义协商提供机会。王晓妍[9]认为，教师在课堂上对学习者课堂表现的反馈方式很大限度上影响其学习兴趣和动力。

3 教师话语和可理解性输入

周星等[7]认为，教师话语不仅是教师执行教学计划的工具，也是学生语言输入的重要来源之一。

Krashen[10]的输入假说试图解释人们是怎样习得语言的。他认为，输入的材料应该略高于当前的水平。假如学习者当前的水平是 i，输入的材料水平应该是 $i+1$，即略高于当前水平的语言输入。只有语言输入材料为 $i+1$ 的水平，学习者才会在语言学习上取得进步和提高。Krashen 还指出，可理解性输入在量上必须是充足的。学习者通过大量的语言输入，循序渐进，习得就会自然产生，完成从量变到质变的过程。输入也必须是有趣或相关联的，不管是内容还是形式上，输入能够引起学习者的兴趣。

李华[11]认为，教师要及时、大量地给学生提供可理解性输入。李航等[12]认为，语言课堂中，教师话语是学生可理解性输入的重要来源，教师话语运用贯穿整个教学过程。康艳等[13]认为，英语课堂中的教师话语的一个重要作用就是为学生提供语言输入。

由此可见，可理解性输入在外语／二语习得中是非常重要的，教师作为课堂中语言知识的重要输入者，应该不断根据课堂情况和学生互动来调整其课堂对学生的语言输入，即教师对学生的话语。这样，学生比较容易获得可理解性输入，促进语言学习。

4 结语

教师话语极其重要，不管对于课堂组织还是语言习得过程都极其重要。从某种程度上来说，教师话语主导语／二语教学的课堂。在中国外语学习环境下，教师话语很长时间以来一直主导着课堂。近些年这些情况有所转变，课堂越来越关注互动和教师话语。

虽然国内外对于外语/二语教学做了很多研究，但是研究中国环境下的外语教与学很有必要。在外语教学课堂中，教师话语对教学过程有非常重要的影响。

教师应将教师话语和可理解性输入结合起来，充分发挥教师话语在大学英语课堂的优点。但是教师话语在多大程度上能促进语言学习，教师提问、教师反馈等怎样能更好地促进课堂教学，还有待深入研究。教师应重视教师话语，注意反馈语的恰当使用，教师在反馈方面多多激励和鼓励学生；注意教师提问方式及所提问题，帮助学生更好地理解和输入。教师运用恰当的教师话语，增强课堂互动，促进学生的可理解性输入。教师保证课堂话语的质和量，充分与学生进行互动和意义协商，将教师话语、课堂互动与可理解性输入结合起来，这样就能更好地促进大学英语课堂的教与学。

参考文献

[1] NUNAN D. Language teaching methodology：a textbook for teachers. Englewood[M]. Cliffs NJ：Prentice Hall Inc，1991.

[2] ALLWRIGHT D，BAILEY K M. Focus on the language classroom：an introduction to the classroom research for language teachers[M]. Cambridge，UK，New York：Cambridge University Press，1991.

[3] ELLIS R. The study of second language acquisition[M]. Oxford：Oxford University Press，1994.

[4] HARMER J. The practice of english language teaching[M]. London：Longman，1998.

[5] 赵晓红. 大学英语阅读课教师话语的调查与分析 [J]. 外语界，1998（2）：17-22.

[6] 王银泉. 第 33 届国际英语教师协会（IATEFL）年会侧记 [J]. 外语界，1999（2）：54-55.

[7] 周星，周韵 . 大学英语课堂教师话语的调查与分析 [J]. 外语教学与研究，2002（1）：59-68.

[8] 范栩 . 大学英语教师话语分析 [J]. 华南师范大学学报（社会科学版），2004（2）：151-156.

[9] 王晓妍 . 大学英语口语课堂中的教师话语研究 [J]. 外语学刊，2013（3）：119-122.

[10] KRASHEN S D. The input hypothesis：Issues and implication[M]. London：Longman，1985.

[11] 李华 . 从话语分析理论的发展看国内教师话语的研究 [J]. 外语界，2007（5）：83-90.

[12] 李航，杜尚荣，李森 . 论外语课堂中教师话语的问题及对策[J]. 教育科学，2012(2)：41-45.

[13] 康艳，程晓堂 . 外语教师课堂话语功能新框架 [J]. 外语教学理论与实践，2011（3）：7-14.

自下而上——UbD 模式在英语小说
阅读课上的实践

刘英 *

摘　要：阅读英语小说有助于提升学生的英语语言能力、养成英语思维方式，同时也有助于提升学生的人文素养、陶冶情操。本文以小说 *The House on Mango Street* 为例，探讨了 UbD ——"理解为先"的模式在高中英语小说阅读课上的教学实践。总结了只有教师给学生提供了有意义的真实情境去运用知识，学生才有可能对知识有成熟的理解，从而实现长远的学习目标。

关键词：英文小说阅读；UbD 教学模式

1　英语小说阅读的意义

阅读是体验一门语言的最佳方式，而小说恰恰是语言最高级的表达方式。文学语言又是语言的精品，既生动又真实，小说的语言与文体更是丰富多彩，一部小说里既有人物对话、场景描写，又有作者的评论心理的揣摩，学生在阅读这些小说的过程中既可以不断学习语言文体种类的特点，又能够不断强化已经学过的词汇、句型、语法，提升遣词造句的能力。[1] 最后在完成个体阅读后，通过小组讨论和班级交流，学生能够进一步深化对角色和全书主题的理解，在交流中可以迸发出独特的思维火花，这些东西将

---

* 　刘英，北京市十一学校高级教师，海淀区兼职教研员，学科带头人，名师工作站学员，主要研究方向为英语教育。

与他们终身相伴。

2 UbD 模式

UbD（understanding by design）是当代美国教学改革专家格兰特·威金斯（Grant Wiggins）和杰·麦克泰（Jay McTighe）所提出的"理解为先教学设计模式"。UbD 提出了明确预期的学习结果、确定合理的评价方式以及设计和安排教学活动的三个阶段教学设计程序。UbD 理论突破了以往从教学目标到教材再到课堂教学的传统模式，鼓励教师站在评测者的位置，将目标、评测与教学紧密地联系在一起，同时引导教师把视线更多地聚焦在学习上而不是单纯的教学上，切实地从学习者的角度思考完成学习目标。

3 UbD 模式的教学实践

课前准备传统的教学模式，主要是教师"自上而下"地传授知识。而在"自下而上——理解为先"的教学中，教师要从学生的最终学习结果切入，设计课堂。学生是学习的主体，教师就要围绕学生的学习需求和理解来确定教学的步骤与内容，学生的主动学习总是比被迫的压制性学习要更高效，因为这种教学方式可以调动学生的积极性，使学生由被动变主动，并且可以避免理解偏差，因为教师和学生都可以在实施过程中不断发现问题，不断修正，以"下层"的学生理解带动"上层"的教师的教学策略改革。

在英语阅读课前，教师的首要任务是要找到适合学生阅读的小说。比如，为了和教材保持一致并有所提升，我选择了 *The House on Mango Street*、*The Little Prince*、*Tuesdays with Morie*、*To kill a mocking bird* 等。读小说不能急于读大部头的小说，要由浅入深，比如，The House on Mango Street 和 The Little Prince。两者虽是著名的儿童文学作品，但非常适合高一、高二的学生阅读，也符合学生心理特点和认知规律。

理解为先的课程对教师提出的最大挑战就是角色的转换——教师应从

信息提供者转变为"教练"和学生的"学习伙伴"，也就是教师不仅自己要成为一个终身的学习者、知识的探索者，还要是一位灵活的、能明确预期学习结果的设计师，从而设计好每本小说的教学。例如，我在教授小说 *The House on Mango Street* 时，预期的结果就是让学生把小说改编成一部木偶剧。因为小说本身并不难，但如何把小说中学到的"用中学"落实？经过仔细思考和设计，笔者觉得编一部六幕的木偶剧是检验阅读成果的最佳方式。首先，这种形式生动有趣，可以充分调动学生的积极性，让学生主动参与到学习当中。其次，学生要分组编写和排演剧本。这样让学生们认真读小说，参与课堂讨论，又要相互合作，最重要的是有助于加深学生们对所学小说的印象。所以根据这个预期的结果，我做出了以下的课堂计划。

3.1　课前精读赏析

由于小说具有句式复杂多变、叙述时空混乱、广泛运用修辞格等特点，因此在学前对英语小说的特点作一基本介绍，适当补充相应的文化背景知识，有助于他们克服对英文小说的畏难情绪。例如《芒果街上的小屋》，小说的背景是芝加哥的墨西哥裔贫民窟，这对现在生活幸福的学生来说文化差异很大。小说的背景还涉及拉美国家 20 世纪 80 年代的债务危机、通货膨胀，墨西哥 90 年代的比索危机等，这都是将拉美裔移民"推出"的重要原因。而美国 80 年代的经济复苏、90 年代至 2000 年的经济增长又成为将拉美裔移民"吸入"的因素。尽管美国本来就是移民国家，素有"大熔炉"的称号，但历来有先来移民群体排斥后来移民的"土生居民保护主义者"。如果不事先了解这样的背景知识，学生们就很难理解小说的女主人公——埃斯佩朗莎的行动意义。

3.2　让学生自己出导读题

这个环节为的是让学生对小说材料有一个自我消化、思考的过程。首先，把学生分成若干个小组，每个小组负责出各个章节的阅读理解导读题以及挑出本章节中出现的好词好句。课堂上，针对这些问题进行讨论，最后由教师对学生们做的表现进行评价，并对知识性的难点分析和分享进行总结纠正或者补充。教师还要引领学生理解小说中不好理解的部分。例如《芒果街上的小屋》中有这样一幕：埃斯佩朗莎邻居的哥哥有一天开了一辆卡迪拉克回到街区炫耀。后来，小说只写道埃斯佩朗莎听到了刺耳的警笛，并没有直接交代邻居哥哥的下落。这时候就需要同学们联系背景知识进行理解了——生活在美国 20 世纪 70 年代的贫民窟里，邻居哥哥怎么买得起高级车卡迪拉克？显然，这辆车是偷来的，邻居哥哥最终被警察逮捕了。这样的背景知识学生们并不一定具备。

3.3 给学生提供有趣的"用"英语的情境

全班分成六个小组，每组负责一幕剧的编剧和表演，各个小组尽情地展现自己对所学内容的理解并进行拓展，小组成员一起讨论，碰撞出火花，写出出乎教师想象的好剧本。在之后的全班表演环节，学生们的表演更是让教师大开眼界，英语木偶剧表演给了学生充分展示自己的平台。通过这种方式给学生提供自主学习的时间、空间、策略和方法，都是在给学生搭建"做中学"的实景。

4 感悟

总而言之，阅读是一个主动去理解和接受信息的过程，同时也需要学生以应用语言为目的，在"做中学"。理解为先——UbD 理论的目的之一就是教师要创设能带动合作学习的环境，只有通过这些积极的意义建构与知识、技巧迁移，才能达到对所学融会贯通、学以致用的目的。

这样的好处有以下几点。

（1）有时阅读的文章有难度，凭单个学生的力量不可能完全理解，为此，合作学习必不可少。

（2）阅读理解的本质又使学生易于参与小组学习，即使阅读欠佳也无妨。事实表明，理解为先的课程对于学业不够理想的学生无疑是一个福音，因为，该课程有助于此类学生在小组学习中获得帮助，而不是在课堂中很尴尬地答不出问题来。

（3）改编剧本的过程是在深层次理解文本基础上进行的，小组内的分工写作和分工表演，不仅增进了学生对文本的理解，也促进了小组的合作，无形中使学生有更多的机会参与小组互动以支持生成性学习。学生在把小说改编成木偶剧和最终表演出来的过程中，可以做出自己的贡献，从而赢得同伴的尊重。

参考文献

[1] 万玉娟.高中第二课堂开展英文小说阅读教学的探索 [J]. 新课程，2016（9）：43-44.

Multiple Roles of Theory in College English Academic Writing

杨雪莹 *

Abstract: Based on learned knowledge, students in college are expected to create new ideas through English academic writing. This paper talks about multiple roles of theory in this process, giving inspiration for linking, blending, digging and critically treating theory in academic writing.

Keywords: Academic writing, English writing, EFL

College students is not only to gain knowledge for exams anymore. Students are now expected to utilize and integrate their knowledge to broaden the frontier to the unknown world. English writing in academic setting, is what college students write to explore an idea, consisting of a meaningful idea, scientific ground, integrated discussion and formal language use, in which theory is vital. In discussion below, the roles of theory in college English academic writing will be defined.

* 杨雪莹，北京工商大学外国语学院助教，主要研究方向为二语习得、英语教学。

1   Time Machine—Link Past with Future

Theory is like a time machine connecting previous theory with new hypothesis, phenomena and problems by expounding and predicting[1]. During the pre-research, students need to study relevant history of certain field[2]. This "time machine" provides two issues: the cross-sectional issue is how people in particular time view it; the longitudinal issue is how it has formed and reformed by arguments with development of society.

2   Ingredients of Dish—Blending for Something New

When students write, they aim to find the gap of existed theories and acquire new understanding of them to fill the gap, just like cooking. Raw materials is grown separately and has its own taste（developed in different field of study with own background）, then different ingredients are peeled and cut into slices（be specified and analyzed for certain propose）, boiled into a pot（be blended and integrated together）. Then 'chefs' melts butter and adds sauce（deepen the topic and discuss it critically）, finally, they create new dishes（broaden the frontier of study field and achieve innovation）, and they also need to dress the plate（write in a formal and logical way）.

3   Ladder—Go Wider and Deeper

Students need to dig into the relevant theory in both target and crossing fields. It is like a ladder for further and deeper research by stepping on proposed theory. When they intend to analyze their topic deeply, detailed theories help them discuss it more profoundly, meanwhile, wider-ranging sight on relevant area can inspire them more.

4 Absolute Authority?

Theory is constantly evolving as research and finding increase. In academic writing, students need to consider the renewal and adaptability of relevant theory.

Using theory is not for its sake but for basis and convincingness for new perspectives.

In conclusion, theory is essential and effective in English academic writing, but using it accurately and properly calls for learning and practicing harder.

Reference

[1] THYER B A. What is the role of theory in research on social work practice? [J]. Journal of social work education, 2001, 37（1）, 9-25.

[2] PALTRIDGE B, PHAKITI A. Research methods in applied linguistics [M]. Sydney: Bloomsbury, 2015.

Strategies to Improve Speaking Skill in College English

杨雪莹[*]

Abstract：the paper discusses three strategies, simulated context high-tech use and group work integrated for encouraging university students to speak out and improve their speaking skill, the short board of college students in China.

Keywords：EFL, Speaking

In college English class, in terms of learner-centered, communicative and intercultural English teaching, three strategies are discussed to improve speaking competence in college English class to facilitate learners' speaking skill.

1　Simulated Context

Communicative language teaching （CLT） aims to guide and encourage students to use target language in certain context, so through simulated context, transformation and interactional function of language can be embodied. In CLT, to activate students and maximize their involvement, dialogue can be more effective and interesting. For instance, in college English class, a context developed from text can be given, for example, design another ending for the

* 杨雪莹，北京工商大学外国语学院助教，主要研究方向为二语习得、英语教学。

text and act the story. During the process, learners can create favorite detailed situation by themselves in group, and according to their different situation, they may produce various output around topic, which also respects the learning autonomy of learners.

2　High-tech Use

For college students in China, insufficient exposure of target language culture has negative influence on authentic expression, but High-tech can provide broader sources to enrich the class[1]. Moreover, using multiple multimedia materials also draws interest of students and enhances the practicality of speaking. Through multimedia, culture is not restricted into textbook, but concretizes mysterious legends, stirring melodies, funny jokes and thought-provoking phenomena, which can impress cultural understanding and varies practicing activities. Then after class, teachers can also help students by network platform and interactive software for better consolidation. Thus, students can touch the world in classroom. However, during the class design, teachers need to ensure the authentic source of multimedia materials for better effect.

3　Group Work

In learner-centered class, the basic principle is to encourage students to express more and adjust teaching according to their reaction for better effect. Group work in second language teaching provides greater intensity of learner involvement, thus it can enhance the quality of the activity and increase chance for teachers to give feedback[2]. During group work, teachers need to supervise the competence gap among individuals and offer some help if necessary.

In conclusion, collaboration of the three strategies above will make a successful way to enhance speaking. In these strategies, teachers need to be the designer, the instructor and the supervisor and provide comprehensive guide for college students.

Reference

[1] BAO F. The application of learning styles in learner-centered EFL teaching in China [J]. Psychology research, 2013, 13, 80–84.

[2] BRUMFIT C. Communicative methodology in language teaching: The roles of fluency and accuracy [M]. New York: Cambridge University Press, 1984.

中外高校可持续发展教育沿革之比较

刘明宇

摘　要：对于可持续发展教育而言，高校是其主要平台之一。同样是为我国培养具有较高综合素质的人才的重要阵地。笔者通过对于可持续发展教育的深入剖析，探索可持续发展教育的含义。对于中国可持续发展教育的现状进行研究，找到中国可持续发展教育之中的问题。在借鉴国外高校可持续发展教育经验的同时，针对中国高校可持续发展教育的症结提出解决措施，联系和利用社会资源，从而为中国的可持续发展教育建言献策。

关键词：高校；可持续发展教育；中外高校；概念；问题；对策

1 可持续发展教育概念的界定

如果没有对于一个概念准确的界定、分析和研究，那么不论是对于任何一个学科来讲都是盲目的或者残缺不全的。准确的概念界定对于每一个学科的发展与相关学科体系的构建来说都是不可或缺的，它对于一个学科的具体实践活动都起着规制和引导的重要作用。故，在可持续发展教育被提出来的初始阶段，人们对于其概念的界定就怀有着极大的热情。自1992年《21世纪议程》中，可持续发展教育概念被联合国使用，一直到1996年可持续发展教育这一个模糊的概念界定被提出来，直至2005年教育被明确地规定为是可持续的，并将这一理念写入《联合国教育促进可持续发展十年》。在此期间，人们对于可持续发展教育产生了各种的误读、错误定义以及使用混乱。如果没有对可持续发展教育这一概念的准确界定，在一个偏离了原有方向的前提下不论是对于可持续教育还是高校可持续教育的讨论都是没有意义的。

2　可持续发展教育的渊源

对于可持续发展教育的渊源，可以找到它最初的应用在 1987 年的联合国大会上。在经历了四个时间段的演变之后才出现了今天可持续发展教育概念的大体雏形。第一个阶段可以称之为思想准备阶段，也就是 1987 年到 1991 年之间。在 1987 年的联合国大会上，《我们共同的未来》这一报告被联合国大会通过。这份报告综合阐述了整个人类世界所面临的经济问题、政治问题以及环境问题，从而提出了可持续发展概念就是不但要满足这一代人的需求，更不能对人类的下一代产生损害和危险。 而对于教育这一问题，报告中认为尤其是高校教育对于整个人类现在所面临的问题以及今后所面对的危机的解决都有着至关重要的作用。在高校教育中必须增强大众对于可持续发展以及环保意识的教育，同时要将人的参加公众决策的能力和生存所需要的技能提高。这一对于可持续发展教育的概念的界定是非常模糊的。直至 1988 年，联合国大会又对整个环境教育的目的、意义、目标以及内容上进行了新的界定，并且提出了"Education For Sustainability"即"可持续发展教育"一词，这是对于可持续发展教育的含义的最初的提及。

可持续发展教育概念界定的第二个阶段大约在 1992 年到 1995 年之间，联合国环境与发展大会在 1992 年通过了决议，即《21 世纪议程》，决议的第 36 章主要阐述了可持续发展在教育领域的功能和地位。这份文件将可持续发展教育这一概念正是纳入了决议并且和普通的学校类教育进行了区分。在明细了可持续发展教育的内容和途径以及对象，在这份决议中所出现的对于可持续发展教育进行的概念界定也是可持续发展教育这一概念最初的形态。在 1994 年间美国的总统咨询委员会在经过研究和深入的探讨之后把可持续发展教育界定成了学习终身化，它不但需要培养学生的应对现实问题的能力，同时更要让学生肩负起整个世界的责任。可持续发展教育理念的提出，使得相互混淆的许多概念比如环境教学、学校教育、可持续教育等概念。不过，因为可持续发展概念本身并没有特别明确的界定，所以可持续发展教育这一概念就一直局限在环境问题或者环保上面。

可持续发展教育的第三个阶段在 1996 年到 2004 年之间。在 1996 年联合国再次就《21 世纪议程》问题召开了大会，并且主要对于如何促进教育进行了非常深入的探讨，并且对于教育和可持续这两个概念的融合以及可持续发展教育这一概念的实质内涵进行了描述性阐释。西方国家还对于学校教育的内涵还外延进行了概念的界定，从而确定了在可持续发展教育这一教育理念中应该被明确界定的相关概念。对于可持续发展教育的目标，联合国的定义已经涉及了，也就是使公众的价值观和行为方式出现必要的革新，为了最终的和平以及人类的民主和安全进行教育。在教育中强调并传播健康的消费方式，并且对于工业、能源、农业的管理和利用的技术以及技能进行教育，保证公众以及各个管理部分对于可持续发展有最为广泛的共识。 这次西方发达国家还针对教育的内容以及教育的对象再次进行了明确的界定，奠定了可持续发展教育的大体框架。

可持续发展教育概念的第四个阶段，也是各方对于可持续发展教育达成了相对共识的阶段。《联合国教育促进可持续发展十年国际实施计划》自 2005 年开始实施。而这一概念的制定和实施对于可持续发展教育概念的界定工作实现重大突破提供了条件。这份计划书认为可持续发展教育是全方位的终身教育。它明确了社会各个组织的未来是所有人共同担负的。最终明确了可持续发展教育的主要实践活动以及可持续发展教育的目标之所在。并且为各个国家提供了数个教育主题，协调规制了统一的国际计划和行动。

3 我国高校可持续发展教育中存在的问题

高校师生对于可持续发展教育重视程度不够。虽然我国已经广泛开设了各种有关可持续发展教育的课程，但是在教学实践的过程中问题是不断出现的，并且有些问题是长期没有得到较好的解决的。在中国的高等院校之中对于可持续发展教育的重视程度还是非常不够的。许多高校并没有认识到培养复合型可持续发展专业人才的重要性。多数高等院校在可持续发展教育的教学上只是流于形式，并没有被纳入必修课的范畴，学生上课不积极，老师在教学当中过于侧重于理论教学，导致教学的水平不高，教学效果无法达到合格的标准。学生把通选课当成了学习的负担，并未全身心地投入到这一学科的学习当中去。这样可持续发展教育便很难发挥出其应有的作用。有些高校的课程质量不高，教学体系凌乱，跨学科的综合性课程几乎属于没有的状态，许多课程没有深度。课程的不合理搭配也是导致可持续发展教育类课程存在问题的原因，有些课程上课的人数寥寥无几，而有些课程则人数爆满。

课程设置以及教学形式过于单一。在课程设置上，许多课程并没有体现出应有的综合性，课程内容过于偏重于理工科，而社科类和人文类的专业课程非常少，而且课程主要是以环境科学和工程的专业课为主。课程脱离实际，对于我国现在极为需要的环境公共政策的研究课程很少，这方面的课程研究又发展得非常缓慢。整体可持续发展教育的内容形式过于单调。

环保技术以及环保知识的传授过于单一。研究模式单一，多以灌输为主很少有运用研究小组模式解决具体问题的。学生的综合能力不强，实践脱离了分析而分析又脱离了实践。

可持续发展教育的相关课程普及度不够。根据不完全统计，在我国的高校中在学校中开设了非环境专业相关课程的院校仅有10%，而有些学校能够学修到相关可持续发展教育课程的学生仅仅不到1%，以上为本科学生的情况。在研究生中，直至 2008 年 9 月 1 日，某些高校共有在读研究生 9675 人，在这之中环境类硕士生 778 人，环境类课程仅仅在环境类研究生中开设，而非专业的环境教育的相关开设率仅仅是 7%。除此之外，在对于一些学校的研究生进行了环保法相关知识的了解情况，从这些调查中我们可以很容易地发现。相对于其他非环境专业的学生而言，环境专业的学生比非专业的学生了解的多很多。在其他专业中 67% 的研究生对于环保法的相关知识一无所知，而 33% 的研究生了解一些，这些学生有些是从大众传媒上了解到得一些知识，有些是法学院的学生，而另一些则是学习过环保法这门课程。针对环保法的许多法规，虽然 57% 的环境类学生有些了解，但是其所了解的知识也是非常不完善的。有些人只是在本科学习的选修课上了解过一些，但是硕士生阶段就未曾接触过这些知识。而剩下的43% 的学生不知道有相关的法律法规，并从未听说过环保法。

4 解决中国高校可持续发展教育问题的对策

如笔者前文所述，中国高校在进行可持续发展教育当中遇到了各种困难，出现了许多问题。而对照国外高校的可持续发展教育的发展我们可以看出，国外高校同样出现过类似于中国现在所出现的问题，但是这些问题都通过正确的措施得到了妥善的解决。中国可持续发展教育存在的问题与国外可持续发展教育所存在的问题既有相似性又有其特殊性。故笔者认为，中国高校可持续发展教育存在的问题既要借鉴国外高校的成功经验也要结合中国的实际情况提出切实可行的应对之策。笔者认为，如果要完善中国的可持续发展教育体系，从以下三个角度入手是必需的，即学校层面、学生层面以及教师层面。在高校层面上，中国高校的可持续发展教育理念和价值观应用当中去；而在学生角度来看，在可持续发展教育当中应当更加注重培养学生的实践能力，加强高校中学生和整个社会的联系性，树立学生正确的可持续发展的价值观和理念；最后从教师的层面上讲，更多种多样的灵活的教学方式方法应该被应用于教师的教学当中，改变以往中国教育通用的灌输填鸭式的教学方式，向学生提供各种用于可持续发展的研究专题和现实的问题，在增加课程的趣味性的同时大幅度提升课程的实用性。

解决中国高校可持续发展教育中存在的问题首先应当改变整个教学过程中的教育理念。高校应当改变过去传统的枯燥单一的授课方式，把单纯的讲述变成实践性教学，加强学生的社会实践增加学生外出调研、实地考察的机会，将对于概念死板的分析变成生动的案例，并让学生对于案例进行分析，从而全方位打造学生的逻辑思维和创造性思维。

高校的可持续发展教育的目的不应该仅仅停留在对于环保问题或者环境研究问题简单的概念阐述上面，更为重要的是使学生对于自己所学到的理论应用于实践当中，使得学生在实践当中不断地遇到问题、提出问题、解决问题，在培养了可持续发展的理念的同时提高参与科研和学习的兴趣，最终将学生所学到的知识辐射到整个社会。师资无疑是影响可持续发展教育的一个重要因素。对于师资问题笔者认为应当从以下角度着手解决。首先应当加强各个年龄段的优秀教师的梯队建设。发挥各个老师不同的教学风格和知识特点，通过自身先进的教学方法和扎实的专业知识对学生进行指导学习，使学生自发性地思考问题探索问题，将所学的知识应用到现实生活当中去。同时，高校也可以通过选送教师去国外交流或者进修的方式学习国外高校可持续发展教育的经验，并应用于中国高校的教学当中来。除此之外，高校同样可以通过外聘的方法聘请国外相关专业的教师来学校授课。高校同样可以通过引进优秀教师的方法提高整体可持续发展教育的教学水平，虽然这种方法成本较高，但是能够迅速解决高校的师资问题。

语言环境对语言能力学习的影响

颜昆 *

摘 要： 随着全球化程度的加深，学习除了母语之外的第二语言的必要性也在不断增大。虽然中国的学生展开第二或者第三种语言教育已经有将近十年的时间，但是，这种教育多数是以应试为主，学生还很难讲学到的语言应用到日常生活当中。本文通过梳理语言学习的理论探讨语言环境对于语言学习的重要性，从而剖析出外语学习中的环境因素，从而分析语言环境对语言能力学习的影响。

关键词： 语言环境；外语；语言学习

1 引言

人从出生开始就在不断地进行着语言的学习，入学之后又在不断进行第二或者第三语言的学习，可以说语言学习伴随着每个人的一生。自 20 世纪中叶开始，语言学习理论出现在了学术界。这些理论的本质是对于语言过程以及心理认识的谈论，更为重要的是对于语言环境对语言学习能力的探讨。以对于语言学习理论的探讨为基点，我们会知道语言环境对于语言学习是一个重要因素，甚至语言环境的好坏直接左右着语言学习的好坏。一个好的语言学习环境会对于语言学习以及语言能力的提升有着事半功倍

---

* 颜昆，北京工商大学外国语学院教师。

的效果。相反，如果语言环境对于语言学习是不利的，那么语言学习者则很难在这样的语言学习环境之下将第二语言或者第三语言学好。环境虽然不是语言学习的决定因素，但是语言环境在语言学习当中起到了至关重要的作用。因为人的学习本身就是一个通过不断模仿而不断创新的过程，而好的语言环境的用处就是给语言的学习者提供一个好的模仿学习的范本，从而提高语言学习的效率。除了对于英语等第二语言学习以外，少数民族学生学习汉语同样需要一个好的语言学习环境，这样才能够将汉语学好。

2 语言习得概论

语言习得先天论是学界的流行理论，但是笔者并不认同。所谓先天论就是认为语言的学习主要是对于人的大脑内部进行依赖的生物机制，也就是语言习得机制。秉持先天论的学者认为人类之所以能够对于一种语言进行理解并且使用这种语言进行人与人之间的交流或者在生活当中对于这种语言进行应用，其主要原因是因为在每个人的大脑当中已经存在了一个语言学习机制，而人的语言学习的能力以及运用语言进行交流的能力，自认出生以来就已经被人在先天时的语言学习机制所决定了。比如儿童在对于语言进行学习的时候，因为他们在出生之前就已经对于人类的普遍语法进行了掌握，所以婴儿才能够对于语言进行学习和掌握。但是，笔者对于这种理论观点不能认同。如果人能够学会语言是先天存在的一种语言学习机制的作用的话，那么不同民族或者不同人种和国籍的人，如果在与自己的民族和国籍相异的地方或者国家出生并且生活的话，那么他们的第一语言往往不是与他们的民族或者种族相同的语言。还有，在印度以及非洲都曾经发现过被动物寄养的"狼孩""猴孩"等，这些人虽然是人的种族，但是除了生活方式以及行动方式和人的生活方式迥异之外，完全不会说人类的语言。如果按照先天论的观点，人之所以会说一种语言是因为人的大脑当中先天存在一种语言学习机制的话，那么即使没有生活在人类的社会当中，那么这些人也应当会说人类的语言，但是事实证明正好与先天论理论是完全相反的。所以笔者对于先天论不予认同。在对于语言环境对于语言学习进行探讨之前，笔者首先要对于语言学习的基本理论进行探讨。虽然每个人都在进行语言的学习，但是对于语言学习的本质，以及语言学习的方式还有语言学习理论的沿革等等问题都不甚了解。然而如果对于语言学习的这些内容不明晰，那么就很难深入认识到语言环境对于语言学习到底会产生怎样的影响。所以笔者在对于语言学习的理论进行概述以及分析的基础之上，对于语言环境对于语言学习的影响进行深入探讨。

3　语言环境对语言学习的重要性

语言环境大体分为两种类型，其中一种类型是正式语言环境，比如学校等等。第二种语言环境是正式语言环境，就是语言学习者每天所处在的社会环境。依据环境论的观点，语言环境对于人的语言学习能力有着至关重要的作用。所以一个语言学习者的好坏在很大程度上决定着语言学习的优劣。

3.1　语言环境与语言学习的联系性

语言学习环境分为正式的语言学习环境以及非正式的语言学习环境。其中非正式的语言环境指的就是在语言学习者在日常生活当中所处的环境，而正式的语言学习环境往往指的就是学校环境，或者在正式的教育体制当中进行的语言学习。正式的语言学习环境与非正式的语言学习环境是具有紧密的联系性的。当每个人出生之后，每个人基本上就处于一种非正式的语言学习环境当中。所以除了一些先天性具有听力或者语言障碍的人，绝大多数都能够在非正式的语言环境当中也能够很快对于语言进行掌握并且对于语言进行应用。但是，这种语言的学习以及应用大多仅仅是局限于口语学习的交流之中或者听说能力当中，而读写能力则很难在非正式的语言环境当中学习。而正式语言环境相对于非正式语言环境来说具有能够全面训练语言学习者听说读写能力的功能。但是，在我国的正式语言环境当中的问题在于长期偏重与对语言读写的训练，而忽略了语言的听说练习，从而使得在我国传统的正式语言环境下学习的语言学习者的听说能力低下，在学习了一门语言之后基本上处于只能用这种语言来进行考试的水平。在语言学习当中，不能够将正式语言环境与非正式语言环境相互割裂开来，而是应该使非正式语言环境与正式语言环境相互联系起来。使得非正式语言环境与正式语言环境形成互补。充分发挥语言环境对于语言学习的有利影响。

3.2 语言环境对语言学习的加强作用

在语言学习当中，环境因素是影响语言学习能力的重要因素，而语言环境的作用之一是可以加强语言学习的能力。语言学习在正式环境当中进行，那么语言学习往往是在已经设定好的情景之下进行的流程式的学习，虽然对于一些基础比较薄弱的语言学习者而言在短期内会有效果，但是从长期的语言学习来看，仅仅在正式的语言环境当中进行语言学习是无法真正掌握语言的。因为语言的特征之一就是语言的灵活性以及多变性。在现实的生活环境当中是不可能对于交流的话题或者交流的对象以及交流的场景进行预先的设定。所以仅仅在正式语言环境当中进行学习的语言学习者在真正的生活中去使用这些所学习的语言的时候，往往出现了所学习的语言用不上的问题。所以，当在正式语言环境当中学习的语言学习者在有了一定的语言基础时，需要通过改变语言环境还对于语言的学习进行加强。针对于已经在正式环境中学习过的语言要通过非正式的语言环境进行巩固和检验。在非正式语言的环境当中，由于大量信息的冲入以及不确定的场景的应变从另一个方面又加强了语言学习者在正式语言环境当中的学习效果。

3.3 语言环境对语言学习的促进作用

正式基于上述讨论，在语言学习当中是无法离开语言环境的影响的。不论是母语的学习还是第二种语言的学习都是离不开语言环境的影响。但是在经过了近几年来对于正式语言环境的反思之后，又有一些人提出用非正式语言环境代替正式语言环境的观点。笔者认为，非正式语言环境是无法对于正式语言环境进行替代的。因为，如果要全面而系统地掌握一门语言那么就必须对于这门语言进行系统的学习。母语在1到3岁的语言学习的年龄段是可以不通过正式的语言教育来进行学习的。但是大多数语言的学习者在进行第二种语言学习的时候基本上已经错过了语言学习的黄金年龄。所以，非正式语言环境对于语言学习者来说可以起到的是促进作用，而正式语言环境对于语言学习者来说所起到的是加强作用。

4 外语学习中的环境因素

4.1 语言环境对语言学习的影响

维吾尔族学生习得汉语的场所主要是在学校，所以学校教育决策部门应根据学生的需求，配置汉语电教室，提供可供学生选择的音像资料，提供开展汉语活动相对稳定的场所。学院图书应保证有足够数量的汉文图书资料供学生学习和查阅。学生是创造和利用语言环境的主力军，离开学生的积极参与，再好的语言环境和条件也不能达到很好的教学目的以及培养学生运用汉语进行交际的目的。所以，教师要鼓励并引导学生积极参加到课外第二课堂活动中去。

4.2 儿童母语学习

自然语言环境是一种无人教授的自然或接近自然的语境，而课堂语言环境主要是在课堂教学方式下的语言环境。大量研究表明，身处自然语言环境和课堂语言环境都有助于二语习得。在自然语言环境中，几乎所有的儿童，都能完全习得母语。同样，在自然语言环境中，大多数的第二语言习得者，尤其是儿童，也能在相对较短的时间里学会用当地语言交流。然而，在课堂语言环境中，许多外语学习者经过十多年的努力，却无法熟练掌握该种语言。原因在于不同的语言环境，语料输入不一样。在自然语言环境中，语料输入具有自发性、可理解性、无序性。而在课堂语言环境中，语料输人是一种有意识的行为，教师决定学习者所接触的语料的内容及其复杂程度，对语言规则的描述非常清晰，交流的主要目的在于传授和学习语言规则。由于语料输入的不同，两种环境对二语习得的影响也不同。课堂语言环境虽然缺少了自然的语言交流，但由于注重语法、词汇、整体结构和布局的讲授，注重正式语言的运用及大量的阅读，并增加了老师"填鸭式"的灌输，阅读能力和语言的书面运用能力提高了。相比较而言，自然语言环境下，口语的熟练准确程度更容易提高。自然语言环境有利于听说能力的培养，课堂语言环境则更有利于培养外语的读写能力。由此可见，自然语言环境与课堂语言环境在二语习得中都不容忽视，对于维吾尔族学生，学校的教育理念不能仅仅拘泥于课堂的正式学习，同时也应该注重引导学生自觉利用自然语言环境，更有效的习得汉语。

4.3 维吾尔族学生学习汉语的经历

作为与中亚接壤，交际、贸易往来日益频繁的新疆维吾尔自治区，为中亚留学生提供了得天独厚的汉语环境。而拥有目的语自然习得环境有助于极大提高第二语言习得的效率，因此，不能仅仅拘泥于课堂正式学习的途径，还应该发挥个人的自主学习能力，善于运用有效的途径充分利用课外汉语环境来提高自身的语言水平，真正融入汉语环境。以维吾尔族学生为例，学生学习汉语的年龄是在小学三年级开始的，这和汉族学生学习英语的年龄大体相仿。但是维吾尔族学生在学习汉语时远远要比汉族学生学习英语的速度要快的多，经过短时期的学习大多数维吾尔族学生基本能够掌握汉语，但是在短时期内汉族学生是无法用英语进行交流的。两者最大的区别就在语言环境上。因为汉语是中国的官方语言，大多数维吾尔族学生都可以在汉语以及维吾尔语的双语环境下生活的。但是汉族学生却没法在汉语以及英语的双语环境之下生活。所以维吾尔族学生学习汉语要更加快捷高效。这更加说明了语言环境对于语言学习能力是十分重要的。

5 结论

综上所述，在语言教学当中，教师应当引导学生充分利用课堂及自然环境相结合的途径提高学生的语言水平，而不能仅仅拘泥于课堂学习，结合课堂教学内容将任务式教学融入课堂及课外的学习中。掌握不同水平的学生所热衷的语料，分国别、性别等归类整理，为不同目的和不同需求的留学生提供更多的学习资源。学校应当努力引导并鼓励学生自觉融入真实的语言环境，充分利用社会资源。事实证明，要想学好语言，有突破，就需要眼界更开阔些，知识面更广些，基础更牢些，实践能力更强些。因此，必须要有大量的语言实践和语言输入做基础。

法商话语与翻译研究

教育教学研究

文学与文化研究

语言学研究

其他类

《冬天的故事》

——一尊隐忍女神雕像的故事

全凤霞 *

摘　要：在传奇剧《冬天的故事》里，莎士比亚通过利用雕塑造型艺术使王后的形象获得一种立体的、饱满的、唯美的、古典的效果，他要有意将王后立为女神。在戏剧结尾处，王后虽然像希腊神话里皮格马利翁的雕像一样具有了生命，但是她在读者心中的形象就像雕像一样早已定格。一个温柔、优雅、克制、宽容的母后形象瞬间在观赏者的心中树立起来，凝固成永恒。

关键词：克制；女神

1 一尊隐忍女神雕像

莎士比亚剧作《冬天的故事》最让人难忘的意象是王后的"雕像"。在剧终，国王携女儿女婿及宫中群臣前往贵夫人宝丽娜家中瞻仰王后的雕塑。少女潘狄塔正跪拜在母亲的雕像前，仰望着亲爱的母亲。潘狄塔16岁了，但在这之前从未见过自己的亲生母亲。在少女天真无邪的心灵深处，母亲就是神灵。此刻她跪在母亲的雕像前，表达着对母亲深沉的怀念和崇高的

---

* 全凤霞，北京工商大学外国语学院副教授。

敬仰，请求母亲的祝福。紧接着，最具戏剧性的一幕出现了：王后的雕像活了，朝着少女潘狄塔走了过来，深情地说："神们，请下视人间，降福于我的女儿！告诉我，我的亲亲，你是在哪里遇救的？你在什么地方过活？怎样会找到你父亲的宫廷？我因为宝丽娜告诉我，说按照神谕，你或者尚在人间，因此才偷生到现在，希望见到有这一天。"16年来，多少个噩梦和美梦交替的夜晚，多少个希望与恐惧交织的白昼，但这一切都过去了，化作了清晨云雀婉转的歌唱和黄昏天边灿烂的云霞；王后死而后生，像神一样下到凡间，打造着别样的人神同住的神话。

在那一刻，王后虽然像希腊神话里皮格马利翁的雕像一样具有了生命，但是她在读者心中的形象就像雕像一样早已定格。那是一座永恒的雕像，是伟大的艺术杰作，是母爱永恒的象征。此刻，王后就站在雕像的基座上，有些高高在上，接受着国王、公主和宫中朝臣的瞻仰和慕拜。望着雕像中的王后，国王的悔恨又像潮水一样涌上来。16年来，只有悔恨和绝望陪伴着他，他愿意"在荒山上整整跪了一万个年头，裸着身体，断绝饮食，永远熬受冬天的暴风雪的吹打"。（《冬天的故事》第3幕第2场）

这本应该是最让人情绪失控的时刻，可是王后表现了怎样感人的一种节制啊！这正是莎士比亚的最高明之处，他没有像传统的方式那样，戏剧般让团聚的母女相互抱头痛哭，任其笑、闹、叫、跳；如果真是那样的一番情景的话，那么，莎士比亚也不是莎士比亚了，王后也将只会沦为民间到处所见的俗妇之流，在与失散16年的女儿团聚时，任情感爆发宣泄，直到一发不可收的境地。相反，莎士比亚要通过利用雕塑这门造型艺术使王后的形象获得一种更加立体的、饱满的、唯美的、古典的效果，他要有意将王后立为女神。他的目的达到了！就在那一刻，一个最温柔、最经典、最优雅、最纯朴、最端庄、最克制、最宽容的母后形象瞬间在观赏者的心中树立起来，凝固成永恒。想象一下，这是怎样的一种节制啊，这与16年前王后在遭受冤屈后被国王拉到法庭进行所谓的公平公开的审判时，王后所表现的忍耐和克制是多么地相呼应！16个春秋的不动声色，多么高贵的品质，难道这一切还不足以让人为其树碑立像，永远让人铭记吗？

2 王后雕像的塑造手法：明暗对照法

在绘画与雕塑中，艺术家最常使用的一个技法就是明暗对照法，即背景用暗色，主角用亮色，并且将主角放在作品整体构图的中心靠前的位置，从而使主角前景化，得到应有的突出。在《冬天的故事》里，整个戏剧故事的进展过程就是雕塑创作的过程，而且莎士比亚同样运用了明暗对比法塑造王后的形象，即莎士比亚越是夸张地表现国王的刚愎自用、自以为是，越能突显出王后的宽厚大度和温柔如水。

16年前一个暖阳斜照的下午，西西里王后正在和儿子分享着儿童故事，突然天空乍变，一团漆黑的云重重地笼罩过来，压在了他们的头上：国王突然闯进来，当众指着王后一遍又一遍地说"她是个淫妇"、"她是个叛逆"，并命人把王后带去收监待审。这突然的变故吓得宫女们惊惶失措，有的宫女因惊恐吓得哭了起来，但王后自信而坦然地安慰她们道："别哭，傻丫头们，用不着哭；等你们知道你们的娘娘罪有应得的时候，再用眼泪送我吧。"坚强的王后没有流过一滴泪，更没有歇斯底里地反抗，以博取人们的同情和怜悯，她明辨时局，平静理性地说："现在正是灾星当头，必须忍耐着等到天日清明的时候"，同时她又告诫道："我不像我们一般女人那样善于哭泣；也许正因为我流不出无聊的泪水，你们会减少对我的怜悯；可是我心里蕴藏着正义的哀愁，那怒火的燃灼力量是远胜于眼泪的泛滥。"王后的内心燃烧着愤怒的烈火、弥漫着正义的哀愁，但她"相信无罪的纯洁一定可以使伪妄的污蔑惭愧，暴虐将会对含忍战栗"。当王后被人带走收监时，她还不忘对国王说"再会，陛下！"话语里饱含着多少温柔的力量和坚定的决心。

在公审庭，西西里王后被正式控以"与人通奸"，"密谋弑主"等大逆不道之罪。起诉书铁面无情："西西里贤王里昂提斯之后赫米温妮其敬听！尔与波希米亚王波力克希尼斯通奸，复与卡密罗同谋弑主；迨该项阴谋事泄，复背忠君之义，暗助奸慝，夤夜逃生：揆诸国法，良不可恕。我等今控尔以大逆不道之罪。"王后的任何辩解都是徒劳，只如同飘落于干涸开裂的大地上的几片小雨丝。王后正遭受着史无前例的精神折磨，美丽的花朵遭受着狂暴的风雨的毒打！生命中所有最可贵的东西都如浮云散去：王子早已被隔离，不准和她见面；小公主无辜的乳汁还含在她那无辜的嘴里，便被人从她的胸前夺了去残酷扔弃；最无情的是，昔日对她宠爱有加的丈夫如今当众如此无情地辱骂和斥责着她。灾难从天而降，惊恐和悲哀突然棒打过来，但西西里王后表现出异常的理智冷静和大义凛然，面对无端的陷害和污蔑，王后没有表现任何极端的情绪，她没有当众哭泣或表现出过度的悲哀，虽然她的内心深处在流血，虽然她的天空即将倒塌。

最终，王后的精神信念为她支撑起了一片正义的蓝天，阿波罗神谕做了她公正的法官，为她作了最后的宣判："赫米温妮洁白无辜；波力克希尼斯德行无缺；卡米罗忠诚不贰；里昂提斯者多疑之暴君；无罪的婴孩乃其亲生；倘已失者不能重得，王将绝嗣。"王后的冤屈得到洗雪。

王后的温柔大度与国王的无端猜度形成了鲜明的对比；王后的形象明亮突出起来，而国王的形象在退隐为灰暗的一团。最终，王后用隐忍将急骤的暴雨化作平静的细流，并将最终还西西里王宫一片明丽的天空。

Wretched Women in *Hamlet*

杨文彦 *

Abstract：When reading criticisms on Shakespeare's *Hamlet*, I am astonished to come across the following sentence： "Ophelia is in fact a flirt; a fast girl such as at Elizabeth's court···" I have never expected that this critic treats her so unfairly. But such kind of comment seems quite representative in critics' evaluation of women in *Hamlet*. Gertrude and Ophelia are the only two female characters in *Hamlet*. In the play nearly all the male characters talk much，but Gertrude and Ophelia are silent most of the time. These poor women hardly have any chance to defend themselves from misunderstanding and unfair treatment by giving a long expressive monologue as Hamlet always does. Therefore，a fair statement for these two wronged and wretched women seems quite necessary.

Keywords：wretched women, Hamlet, Gertrude, Ophelia

The critics draw such kind of conclusions all out of their inability to understand woman. Their opinions are shallow, biased and mistaken like that of Hamlet's. "Frailty, thy name is woman!", Hamlet concludes. He despises his mother's haste marriage with his uncle. He thinks Gertrude is less than a beast

---

* 杨文彦，北京工商大学外国语学院教师。

because of her frailty. But the fact is, the poor queen newly loses her husband, whom she loves deeply, and must need consolation and sympathy at this crucial moment. It is very likely that the seemingly considerate and good-intentioned Claudius moves her. Her acceptance of Claudius' love is quite understandable. How can he curse the queen for her speed into marriage since nobody has accused him of his speed of courtship? If he can seek happiness shortly after his father's death, why can't the Queen? Even though his accusations of Gertrude are well founded, it doesn't mean woman as the opposite sex of man can be called 'frailty'. As a common sense, Gertrude only stands for Gertrude the same as Hamlet stands only for Hamlet. They are not the separate representatives for their own sex. At least, Ophelia does not turn her pretty face up to other men when Hamlet alienates her. It is wise for Hamlet to give up his early claim of 'Frailty, thy name is woman'.

Besides the label of frailty, Hamlet also blames Gertrude for her incapability of distinguishing Hamlet Jr. from Claudius the devil. He holds the picture of his father in front of Gertrude and shouts at her: "here is your husband, like a mildewed ear, blasting his wholesome brother. Have you eyes?" Hamlet is very angry with his mother's blindness in telling good from bad. He despises her for her failure in finding the inferiority of Claudius to old Hamlet. He thinks that she is so easily deceived. But he has never recognized how blind he himself is. Actually, judging a person is also not his strong point. He regards Laertes as 'a very noble youth, but it is exactly this 'very noble youth' who conspires with Claudius and wounds Hamlet with a poisonous sword. His poor judgment of Laertes shows he is no more perceptive than his mother when confronts a deceiver. We must not forget the fact that Claudius is much more guileful than Laertes is. Hamlet's high opinion of Fortinbras is also inconvincible. We cannot predict what will happen to Denmark when Fortinbras is in power. Hamlet's mortal recommendation of the ambitious and revengeful Norwegian prince is really carefree. He is no less blind than Gertrude. He should show more sympathy for the queen instead of cursing her since 'to err is human'. Furthermore, Gertrude shows her nobility in judging Claudius not by appearance but by heart, whereas Hamlet's high opinion of Laertes and Fortinbras gathers only from their outside deceiving appearances. If Hamlet still insists on woman's blindness, he must be told that it is all because men are very apt to deceive.

Hamlet's double criterions prevail throughout the whole play. In his pretense of madness, Hamlet comments on woman's love by taking advantage of Ophelia's comment on the prologue. "When we read the love letter, possibly, we are moved by the 'holy vows of heaven.'" And temporarily lose the ability to doubt. But when we compare those vows with what Hamlet does to Ophelia, we cannot help doubting. Take Hamlet's purpose of breaking into Ophelia's chamber for example, critics have different interpretations of this controversial incident. No matter what his real purpose is, it shows he does not love her the same as he has promised in his love letter. If he really regards Ophelia as his soul's idol, he won't break into her chamber at midnight, which actually frightens her; he won't behave so strangely in front of her, he must have told all his secrets to her without trying to test her in such a torturing way. If he tells Ophelia what has happened to him, most probably she will help him. We can hardly understand why he cannot trust his 'most dear lady' the same as he trusts Horatio? His declaration of love is nothing but empty words. In Act III Scene 1&2, he treats Ophelia as rudely and cruelly as possible. Without considering Ophelia's feelings, he tells Ophelia "I did love you once…I lov'd you not." To add insult to injury, he accuses her with hostility and disgust: "I have heard of your paintings, well enough. God hath given you one face，and you make yourselves another. You jig and amble, and your lisp; you nickname God's creatures and make your wantonness your ignorance." To innocent Ophelia，these accusations hurt her like daggers. Some critics try to find excuses for Hamlet's cruelty, and one of them argues: "Hamlet loves Ophelia. But he knows he is being watched; moreover he has more important matters to attend to. Love is gradually fading away. There is no room for it in this world." This argument echoes well with Hamlet's own pretext for his possible betrayal in his conventional love letter: "Whilst this machine is to him." Obviously，Hamlet's love for Ophelia is based on a coverall precondition. His logic is: Since he has the great mission of revenging，this machine is not to him anymore. Therefore，whatever he has done to Ophelia can be pardoned. He treats her as a prostitute in order to carry on his mission of revenge and does not even think of Ophelia's possible feelings after killing her father. Hamlet knows clearly that Ophelia is innocent，but he chooses to sacrifice her without any hesitation.

Ophelia is not a flirt. If she were a flirt，she would not have been frightened by Hamlet's midnight intrusion in her chamber and told her father about it in haste. If she were a flirt，she would not have given Hamlet's letter to her father and let him judge it. A flirt would have kept it as a secret and begun to flirt with Hamlet. If she were a flirt，she would not have obeyed her father's instruction of refusing the prince. If she were a flirt，she would not have said: "O，help him，you sweet heaven" and "Heavenly powers，restore him!" . How could a flirt be so serious? A flirt would not say "O，woe is me T' have seen what I have seen，see what I see!and regard herself as "of ladies most deject and wretched." If she were a flirt，she would not have been tortured by the fact of Hamlet's killing of her father and become mad. A flirt would not waste time in agony; she would find a new lover instead and enjoy merrymaking. But the fact is: she does not do anything a flirt usually does. Mr. Kott jumps to his conclusion only by judging Ophelia through her outside behavior in the Mouse-Trap Scene. He regards Ophelia's tolerance of Hamlet's rude behavior as an evidence of her being a flirt. He thinks that since Ophelia keeps on talking with Hamlet, she seems to welcome more insults, which she really deserves. Mr. Kott never understands that it is a nearly impossible thing for Ophelia to be cold to Hamlet when she thinks he is mad for her reason. She is only too tender to scold Hamlet. It is unbearable to see critics labeling her as a flirt.

According to what he has done to Ophelia, he does not show even one thousandth of that sum of love to her. He is too much obsessed with his own business. Hamlet is regarded as the noblest among the male characters, if his love is not dependable, what can we expect from the other? Can we still say that man's love is dependable? To some extent, we can turn to men's own opinion of themselves for some clues. It is understandable that man knows men much better than woman does. Laertes' opinion of Hamlet's love is more valuable than that of innocent Ophelia. Because he judges Hamlet's love according to his own experienced understanding of man as a sex.

We never doubt that when he says this he is extremely sincere. His warning of the brevity of Hamlet's love is really predictive. Surely, Laertes understands man's situation in general and knows clearly that woman is always the victim. Hamlet' ill treatment of Ophelia is a convincing proof of it. What a short time it is between Hamlet's declarations of 'love thee best' and 'I lov'd you not'! It seems that we must accept that love is brief as a universal truth since man's love is not as long as they claim it to be.

Man keeps on using a double criterion to judge woman and himself. He requires something from woman that he himself is not able to do. Thus，it is rather difficult to be woman in the patriarchal society. Women always find themselves in dilemma in men's world. Gertrude and Ophelia must have deep understanding of this. They find it difficult or nearly impossible to get positive evaluation from men. When the play opens，Gertrude is at the same time wife of Claudius and mother of Hamlet. As the two males conflict she does not know which side she must take. Therefore，she tries to make both sides satisfied，which is extremely difficult. When Hamlet kills Polonius，she tries to protect Hamlet from being punished for killing and she also defends Claudius of his innocence in this accident.

Ophelia is no luckier than Gertrude in this sense. She rejects Hamlet，but it does not mean she does not love him. We must be aware that she plays not only the role of Hamlet's lover but also Polonius's daughter and Laertes' sister. When Hamlet expresses to her of his love，poor Ophelia finds herself in a dilemma. She is，on one hand，attempted by Hamlet's ardent courtship; on the other hand，warned by her father and brother. Ophelia is really frightened by her lover's abnormal behavior and worries much about him. Unfortunately，she is taken advantage by both sides and gets a lot of insults from Hamlet. Ophelia's noble behavior of scarifying herself to help Hamlet is terribly misunderstood both by Hamlet and the critics. They don't know how much Ophelia has suffered. She is tortured not by Hamlet's curses but by Hamlet's 'madness'，her love for Hamlet is noble and unselfish. She does not deserve all the fierce attacks. .The more she sees the more she suffers. She cannot understand why things go on like that in man's world. She cannot bear to face the reality of standing between Hamlet and Laertes without knowing which side to take. All these break her heart and death is her only salvation. She inevitably becomes the victim of Hamlet's revenge.

Poor, wretched women! Hamlet is cruel in his treatment of Ophelia and Gertrude, the critics are crueler in pointing an accusing finger at them after all that they have suffered in Hamlet's revenge process.

安妮·埃尔诺的写作实践特点初探 *

吉山 **

摘　要：雅克布逊提出的文学的"文学性"，即高度重视作品的语言、形式、结构、技巧、方法等属于文学自身的因素。在安妮·埃尔诺的写作实践中，她不断尝试着体裁、语言、结构的变化。本文旨在从以上三个方面探究安妮·埃尔诺的写作实践特点。

关键词：安妮·埃尔诺；写作实践

1　引言

埃尔诺女士的作品风格独特，简约且纯朴。她于 1974 年开始创作就不断地寻找一种最适合表达材料的形式、语言及结构。她会对同一材料或主题，尝试用不同形式及结构进行第二次创作，这种创作与第一次的创作或与材料发生相隔很长时间，这种回溯式的二次创作饱含其对文学创作及人生、社会和历史的思考，且在文学领域也鲜有出现。

2　安妮·埃尔诺的写作实践

埃尔诺女士作品的文学性尤其突出体现在文学体裁、语言、材料与结

---

* 本文得到"科技创新服务能力建设 – 基本科研业务费 – 青年教师科研能力提升计划"项目（编号：PXM2018_014213_00003）的资助。

** 吉山，北京工商大学外国语学院讲师，主要研究方向为法语语言文学及文化。

构这三方面。本文将通过此三方面分析其写作实践的特点。

2.1　文学体裁

　　安妮·埃尔诺的前三部作品《空衣橱》（1974）、《他们所说的或者不说的》（1977）以及《冻僵了的女人》（1981）是以小说形式写就。这也是作者本人承认是小说的三部作品。从《位置》（1984）开始，安妮开始放弃小说，她认为小说的虚构性不足以表现父亲的一生，并开始尝试以自传形式写作。在菲利普·勒热纳《法国的自传》中，安妮·埃尔诺截至2000 年的作品均被收入自传类文本书目中，至此，她自传体裁上的位置可谓被正式承认。日记也是安妮写作实践中的一大形式，因为这是安妮在未成为作家之前最原始的写作形式。日记的内容上包括了两个方面：一、私密的日记和对于外部世界的描写或记录。在第二个方面中，"我"这个第一人称则鲜有出现。日记或自传这两种体裁多给读者以真实之感，读者不自觉地来到作者的位置而并不自知，且无被"牵引"之感。通过尝试自传和日记两种体裁后，她彻底放弃了小说。此后，安妮又创作出了让其斩获无数文学奖的"社会自传"——《悠悠岁月》，并创造了"无人称"自传的写作手法。此书也获得"21 世纪年度最佳外国小说奖（2009）"。这种对作品的感知，不分年龄、性别、种族与国籍。从而也实现了她的愿望："在让你们沉浸于这些你们也经历过——也许不一样——的岁月的时候，愿你们能感到，其实我们完全是在同一个世界上，时间同样在无情的流逝"。

2.2　语言

　　在《文学理论入门》一书中乔纳森·卡勒曾提到：人们常说"文学性"首先存在于语言之中。这种语言结构使文学有别于用于其他目的的语言。文学是一种把语言本身置于"突出地位"的语言。埃尔诺女士在掌握了"统治阶级"的语言后，在作品中却出乎预料地使用的是她"父母所在阶级"

的语言——被统治阶级的语言。这种语言"没有怀念的诗句，也没有善意的嘲讽，只是以平淡自然而单调的笔调，即她曾经给我父母写信报平安时用过的笔调来描写的"。但是这种语言风格，作为已经升入"统治阶级"的她，重新使用，充满了艰难，最后她决定"要把成长过程中所使用过的语言、宗教词汇以及我父母的语言加之他们的习惯动作公之于众"。正是这种单调平淡的日常语言，形成了她独具特色的"白描式"写作风格，无论处于何种阶层的读者在这种语言风格中阅读都可感受到作者的真诚以及作品的真实，从而与作者产生不可言传的"互动"。

2.3　材料与结构

从《位置》一书开始，安妮·埃尔诺宣称其作品中的事件、人物等所有材料除去一些记忆的错误之外都是真实的。但材料的真实并不一定能成为一部经典的作品，如何安排材料，就是结构的问题了。比如在《位置》和《一个女人》中安妮作品中的材料大多是孩子与父母、父母之间的生活琐事，每个家庭都有可能发生，但是安妮却凭借《位置》获得法国雷诺多文学奖。除去文学体裁和语言的选择外，结构成就了这部作品。在这两部作品中，安妮没有一味去记叙材料，她夹叙夹议，时而停下来与读者分享她在写作中的感受与困难，比如《位置》中有一段是这样叙事的："我的写作进行得很缓慢，我在试图从他生命中所经历的纷繁的琐事中挦出具有揭示意义的事情来，可就在这一过程中，我似乎觉得自己反而抓不住父亲的特别之处了，那思绪就像脱缰的野马独自狂奔，占据了我的整个脑子。"这种"下放了的"写作的姿态无形中让读者感受到对作者及作品更深的理解。真实的材料与作家自我的反思被安妮恰到好处地结合在一起。

3　结语

安妮·埃尔诺作品的主题既单一又丰富，叙述既简单又深刻。她会对同一主题或同一事件采用不同的文学体裁及视角进行创作，作品中呈现给读者的文字朴实无华，但文字所描述的事件却能直击心底。这正是因为她在文学体裁、语言、材料与结构上找到了完美的契合点，这三种要素在她的写作实践中缺一不可，相辅相成。这也使得读者对她的作品的感知，跨越了年龄、性别、种族与国籍的界限。

安妮·埃尔诺作品主题综述 *

吉山 **

摘　要： 安妮·埃尔诺是法国当代一位颇具影响力的女作家。曾多次获得法国文学大奖，其作品多为大学文学课堂的研究主题，更逐渐进入经典之列。但目前国内对安妮作品的研究及翻译相对较少，相关研究并未涵盖近些年其最新作品，本文将对安妮·埃尔诺从创作之初至今的所有主要作品按主题进行综述性研究，为对作品进行系统且深入的研究提供更多基础性的参考资料。

关键词： 安妮·埃尔诺；主题研究；自传体

1　引言

　　安妮·埃尔诺于 1974 年开始创作，多以自传形式记述法国二战前后至今其个人的成长经历与回忆。1984 年，她凭借《位置》一书获得法国雷诺多文学奖，就此成名。其主题从人类社会发展的大背景角度来看单一且自我，但从单一个体成长来看却丰富且深刻，耐人寻味。读者在她的作品中或多或少会找到那份心灵上的契合。她曾于 2000 年、2006 年两次受邀来华，在《悠悠岁月》中文版序中，她这样写道："我看到的一切，在卡

---

*　本文为"科技创新服务能力建设 - 基本科研业务费 - 青年教师科研能力提升计划"项目（编号：PXM2018_014213_00003）成果。

**　吉山，北京工商大学外国语学院讲师，主要研究方向为法语语言文学及文化。

车后部颠簸的工人，一些在公园里散步的——往往出一个祖母、父母亲和一个独生子女组成的——家庭，和我当时正在撰写、你们拿在手里的这本书产生了共鸣。在中法两国人民的特性、历史等一切差别之外，我似乎发觉了某种共同的东西……我会喜欢接触中国的记忆，不是一切历史学家的著作里的记忆，而是真实的和不确定的、既是每个人唯一的又是与所有人分享的记忆，是他经历过的时代的痕迹。"

2　安妮·埃尔诺作品主题综述

安妮·埃尔诺至今出版了 20 余部作品，涉及主要包括父母、青少年经历及恋爱婚姻等与其个人成长经历息息相关的内容，这也是其作品最初在一些媒体评论中所受争议所在：作品主题"仅限于"自身的成长经历，及通过自己的眼睛观察或感受的事物，且作品内容"过分"暴露与真实。

2.1　父母

《位置》（1983）讲述了安妮父亲的一生；《一个女人》（1988）叙述了其母亲的一生；其后又在《我没有走出我的黑夜》《1997》一书中以日记形式真实地呈现母亲患有阿尔兹海默症后两年间作者的心路历程。

2.2　青少年成长经历

《空衣橱》（1974）和《事件》（2000）讲述的是同一主题：安妮在学生时一次堕胎的经历，《空衣橱》采用的是小说形式，《事件》则为自传。《她们所说的或者不说的》（1977）以及 2016 年最新出版的作品《女孩的回忆》一书同样以不同的叙述形式及写作技巧回忆了同一主题：安妮第一次的性爱经验及之后带给她——这个女孩的影响。《耻辱》（1997）讲述安妮成长经历中一直藏在身体之中的耻辱感。《另一个女孩》（2011）出版于安妮患癌症之后，讲述了她在偶然中得知父母在她之前还有一个女儿，父母迫于经济压力"只打算要一个孩子"，但是第一个女儿却因白喉去世了。安妮通过给这位"女孩"写信的形式，写出了时下的感受与思考以及对"那个女孩"即作者本人的影响。

2.3　婚恋

《冻僵的女人》以小说的形式讲述了安妮婚后真实的生活状态。《淳朴的感情》（1991）和《沉沦》（2001）都讲述了安妮的爱恋、人类心灵的欲望与羞辱。《占据》（2002）讲述了在安妮决定结束一段与情人六年的关系后不久，得知情人又有了新人后陷入嫉妒之中不可自拔。

2.4　社会观察与生活反思

《照片的运用》（2005）是安妮罹患癌症后与马克·玛丽共同完成的。在写作与摄影之间，两人分别以描绘照片的方式，带领读者进入他们的私人世界呈现他们对爱情、对癌症、对死亡的思考。《悠悠岁月》（2008）更是以"无人称自传"这种崭新的体裁，勾画出了法国人的"集体回忆"。《暗室》（2011）收录了安妮部分日记。但这些日记并非对生活的记录与反思。安妮的作品中通常会在卷首语中引用一些句子，这些句子长短不一，其中有追问，有反思，亦有某种不确定，从 1984 年起，安妮开始对读到的一些有一定启发或思索的句子抄录下并记下日期。她希望呈现给后世一种完整性，这部书对于喜爱她的读者和研究者来说无疑是一份充满惊喜的礼物。《回到伊沃托》（2013）是安妮接到伊沃托市政府的邀请，回到这座她童年生活过的城市为公众演讲。这座城市也多次在她的书中出现，在这次演讲中，她向公众解释了对这座城市的记忆与其写作的联系，强调了阅读、写作和不同社会阶层之间差异的重要性，以及对于其父母及出身阶层的耻辱感。

3　结语

　　"出身工人阶级"几乎成为埃尔诺女士的标签，通过作品主题分析会发现，安妮会对同一主题或同一事件采用不同的文学体裁及视角进行两次甚至三次创作，这些主题一定是对其影响至深并且引起安妮诸多反思的主题。比如，与异性的第一次恋爱、痛苦的堕胎经历（这也导致她后来积极投入到法国"妇女堕胎合法化"运动中）。其次，耻辱感也是其作品中连续不断的主题，从童年开始一直到成年都与她如影随形。在安妮的作品中占据了重要分量的还有她对社会的观察、时间的流逝、生活的反思。至此，我们可以看出埃尔诺女士的作品主题具有连续性、普遍性、完整性的特点。

菲尔丁小说中的人名密码解译

吴濛 *

摘　要： 人名是塑造文学人物的重要手段。菲尔丁小说中的人名可归为三类：标签式人名、线索式人名和普通人名。标签式人名特点突出；线索式人名暗藏玄机；普通人名则体现了作家追求现实主义的倾向。

关键词： 菲尔丁；人名；解译；现实主义

人名具有丰富的文化底蕴和重要的社会功能。在中国，讳名制和文字狱反映了对人名的崇拜与敬畏；在西方，人名涉及性别、亲属、阶级等方方面面。在文学作品中，人名是"塑造人物最简便的方式"[1]，作家常常以名述意，谐音双关，揭示人物性格，预示人物命运。目前尚未出现菲尔丁小说人名的系统研究，唯有瓦特指出笛福、理查逊和菲尔丁这三位同时代作家在人物命名上方法各异[2]。本文依据巴特斯廷在《菲尔丁指南》中罗列出的菲尔丁笔下 131 个人名，将其归为三类：标签式人名、线索式人名和普通人名。

1　标签式人名

菲尔丁的小说中，标签式人名通常借两种方式实现：一是以名述意，二是谐音寓意。在《大伟人江奈生·魏尔德传》中，魏尔德手下

---

* 吴濛，北京工商大学外国语学院讲师，主要研究方向为英国文学。

Fireblood，其名由火（fire）和血（blood）组成，既表现了他跟随魏尔德上刀山下火海，历经腥风血雨，也暗示了他杀人放火，嗜血成性的强盗本质。哈特弗利的学徒 Friendly，也是人如其名，友好热情，耿耿忠心。在《约瑟夫·安德鲁斯》中，Lady Booby 直译过来就是"傻瓜夫人"，管家 Pounce 听上去很像 pounds（英镑）。标签式人名如同京剧脸谱，善恶忠奸，一目了然，其本身的趣味性也增强了小说的可读性和吸引力。最重要的是，标签式人名的讽刺性往往非常强烈，增强了道德教诲意味。菲尔丁针对《帕梅拉》的讽拟之作《莎美拉》，就把 Pamela 改成了 Shamela。原书中的 Pamela 是出身寒微却守身如玉的少女，最终凭借美德与 B 先生结为佳偶。菲尔丁笔下的 Shamela 却是惺惺作态，处心积虑。Shamela 一则含有 sham（骗子），二则含有 shame（羞耻），菲尔丁从这两个方面讽刺了 Shamela 的虚伪和可耻，对理查逊笔下过于完美而不真实的 Pamela 形象进行了犀利的解构与颠覆。

2 线索式人名

线索式人名也常借两种方式实现，一是"引经据典"，二是"追根溯源"。在《约瑟夫·安德鲁斯》中，Joseph 这个名字很容易让人联想到《旧约》中雅各的小儿子约瑟。他生得俊雅秀美，主人的妻子引诱，他却严辞词拒绝，由此成为贞洁的代表。约瑟夫也被鲍培夫人看中，却不为所动，洁身自好，俨然现代版的约瑟。Abraham Adams 则让人想起《旧约》中的亚伯拉罕和亚当。Abraham 是多国之父，普爱众生；对神绝对服从，忠心耿耿，小说中的牧师也一样博爱忠诚。Adams 则让人想起人类始祖亚当，简单纯真，与世无争。第二种线索式人名需要"追根溯源"，比如 Didapper 原意为鹏鹏，在18世纪被视为雌雄同体的象征。Didapper 虽为男性，却流露出女性气质，这个名字的性别讽刺意味不言而喻。又如，Sophia 的名字在古希腊语中是"智慧"的意思。一方面，苏菲娅冰雪聪明，心如明镜，不惧长辈权威，不畏世俗偏见，不信蜚语流言，毅然决然地拒绝包办婚姻，勇敢追求幸福。另一方面，苏菲娅作为"智慧"的人格化，她和汤姆的相爱、离别、重逢与结合，象征着汤姆在成长过程中对"智慧"一波三折的求索。

3　普通人名

按照时间顺序梳理一下菲尔丁的五部小说，不难发现标签式人名在前期占比极高，线索式人名从中期开始增加，普通人名则是后期作品的主流。普通人名让菲尔丁不再受制于标签式人名的单一性和线索式人名的隐蔽性，在现实主义的征途上更进一步。首先，人物个性更加复杂。人物不再背负着"风流的花花公子""水性杨花的荡妇"等类型化的标签，展现出更加复杂的个性特征和情感诉求。比如，汤姆·琼斯既有英雄救美的勇敢，也有醉酒乱性的窘迫；有拔刀相助的侠义，也有进退两难的尴尬。他不再是道德品质的拟人化，而是一个在伦理身份、情感纠缠、前途归属上面临着道德选择的鲜活个体。这不仅增强了故事的写实性，也让人物更加立体多元，生动可信。其次，人物性格有所发展。他们不再是笼统的道德理想的载体，而是具体道德困境中的个体。《阿米莉亚》中的贝内特太太，曾经受到勋爵引诱，后来帮助阿米莉亚躲过了勋爵的陷阱，她从一个失足堕落的女性成长为一名勇敢智慧的保护者，在面对类似的道德困境时，做出了不一样的选择。这样的成长与变化是菲尔丁在人物塑造方面的巨大进步。

在菲尔丁的五部小说中，标签式人名特点突出，一目了然；线索式人名暗藏玄机，或与经典文本中的人名形成对照，或在词根词源中隐藏着深层含义；普通人名在菲尔丁小说中从无至有，由少至多，体现了作家追求现实主义的倾向愈加明显。综上所述，破解菲尔丁小说中的人名密码，对于我们理解人物性格、小说主旨和作者的创作轨迹都有着不可小觑的意义。

汉英语言中的主/客体意识差异

梁洁　王红莉 *

摘　要： 自古以来，中国哲学主张人的主体意识，唯人参之；西方哲学认为自然是一种外在物，是供人类运用和改造的对象，主张主客二分，强调客体意识。本文从中西方主体与客体意识的差异出发，探究这一差异在汉英语言中的具体体现。

关键词： 客体意识；主体意识；汉英差异

1　引言

中国传统哲学是有关人和如何做人的学说，是关于人的存在、本质和意义的学说，认为"宇宙是吾心，吾心是宇宙"，主张主体的修养代替对客体的认识，认为自身的内心体验是一切认识的出发点。古人常常不在认知自然的基础上反思，而是从主体自身出发，在经验直观的基础上直接返回到主体自身。这种自我体验反思，把知、情、意融合在一起，把情感体验和本体认知合而为一，以情感为主导，主观情感使传统思维带有浓厚的主体意识。

西方文化的发展源自游牧民族的游牧文化，他们逐水草而居，以牧猎为生，其哲学观的基点是处于大自然之外的、与大自然相对立的个人，因

* 梁洁，北京工商大学外国语学院 2017 级翻译专业硕士研究生。王红莉，北京工商大学外国语学院副教授，主要研究方向为语言学与外语教学，汉英语言对比等。

此西方哲学的主线是主客二分，强调人对自然界的征服，从而习惯将客体对象作为主要观察点，作为认识世界的起点，主张将主体与客体对立起来，保持二者之间的距离，人才能对客体对象进行冷静的剖析，了解客观事物的发展规律，所以英语常强调客体意识。

汉语的主体意识与英语的客体意识是英汉若干不同思维方式之一，在两种语言中有具体体现。篇幅所限，本文主要从主语的选择、语态的应用、词汇以及谚语等方面来探查汉英语言中主体意识与客体意识的差异。

2 主语选择上的差异

西方哲学立足逻辑与客观基础，主张"物我两立，主客二分"，强调客观事物给人带来的不可抗拒的影响，因而英语常选择不能施行动作或无生命事物的词语做主语。中国儒家文化认为人是万物的主体，倡导"万物皆备于我"的哲学理念，倾向于描述人及其行为或状态，注重主体意识，于是，主语常选择人称词语。

下面的三个英语句子的主语 book, astonishment, apprehension and horror, bonhomie 都是物，但根据汉语的思维习惯常需译作人称主语，这充分体现了汉英两种语言的主 / 客体意识不同。

（1）His new book hits off the American temperament with amazing insight. 他在新作中对美国人性格的描写可谓洞察秋毫。

（2）Astonishment, apprehension, and even horror oppressed her. 她感到心情抑郁，甚至惊恐不安。

（3）His bonhomie often brought him many friends. 他为人和善，因而朋友很多。

同样，这种主 / 客体意识上的差异也直接影响汉译英中主语的选择。如：

（4）Local newspaper have been sprinkled with passionate letters making various suggestions on the urban construction of Beijing. 热情的读者纷纷致函各地方报纸，对北京城市建设提出了各种建议。

（5）Anger choked his words. 他气得话也说不出来。

（6）This point slipped my attention. 我疏忽了这一点。

英语句子的主语 Local newspaper，Anger，This point 都无生命，属物称主语，译成汉语时需调整成人称主语，因为汉语往往从自我出发来叙述客观事物，更强调主体意识的反映，所以比英语更多采用人称主语；英语主张让事物以客观的口气呈现出来，更强调客体意识的反映，因而比汉语更多采用物称主语。

3 语态应用方面的差异

英语重客体意识。英语国家的人的观察视角主要在行为动作的承受者上，在语言表达尤其是在政府文件、新闻、科技、商贸文件中常用被动式，加重语气的间接性、客观性。中国人一向相信事在人为，习惯主体思维模式，往往从人的角度观察体验客观事物及其关系，在语言表达中多用主动句式。

（1）Much has been said on this question. 关于这个问题，已经说得很多了。

（2）The necessary quantity of data should be collected and analyzed. 要把必要的资料收集起来，加以分析。

（3）Visitors are requested to show their tickets. 来客请出示入场券。

（4）Some things have been said tonight that ought not to have been said. 今晚有人讲了些不该讲的话。

译例中英语句子均为被动语态，汉语句子都是主动语态。因为，英语被动句更能突出结果和状态，减少主观色彩，突出主要论证；汉文化认为，无生命事物不能完成人的行为，只有人才有行为行动，所以，汉语多用主动语态。

4 词汇以及谚语使用上的差异

"文字是凝固的语言，而语言又是思维的直接现实"，语言虽千差万别，但造成语言差异的根源主要是思维意识上的差异。中国人强调主体思维意识，西方人习惯客体思维意识，在汉英语言词汇的使用上最能体现其思维意识差异的例子是中西方称呼的不同。中国人因为非常看重人的作用，常常将人与人之间的称呼分得很清楚；而西方人受客体思维的影响，对人与人之间的称呼就比较模糊，这就是为什么英语中表示称谓的词汇比汉语要少得多。例如，英语中对父母的父母笼统地称 grandmother 和 grandfather，汉语中却对应出了爷爷、姥爷、外公和奶奶、姥姥、外婆，非常清晰的表明是爸爸的父母还是妈妈的父母。类似的例子还有汉语中的姑妈、姨妈、舅妈、婶婶在英语中只对应一个词 aunt；伯伯、叔叔、舅舅、姨父、姑父清晰表达亲戚关系的称谓词到了英语中模糊为一个词 uncle。但是，在物的名称的多样性上，汉语却又比英语逊色许多。例如，服饰方面，英语有丰富多彩的词汇。单就围巾而言，英语中分得很细，"压花围巾"是 embossed scarf；"流苏围巾"是 tassel scarf；"褶皱围巾"是 shirred scarf；"折边围巾"是 frilled scarf；"斑点围巾"是 fleck scarf；"棱纹围巾"是 ribbed scarf。类似的例子又如"衬衫"，英语中也分得很细，shirt 是男长袖衬衫；blouse 是女衬衫；t-shirt 是 T 恤衫；liquette 是男用外衬衫；pullover 是套头衬衫。此外，英语中也有很多表示房子的词汇，如 mansion、villa、apartment、cabin、hut 等。这些都说明了英语更注重物，更强调客体思维意识。

除了一般性词汇，汉英语言中的谚语使用也形象地展现了不同民族的思维意识。中西方主/客体意识的差异在谚语中也得到了很好的体现。例如：go nuts 译为"（人）发疯或失去理智"；three sheets in the wind 表示"（人）酩酊大醉"；behind the eight ball 意为"凶多吉少"；Where there is a will，there is a way 意为"有志者事竟成"；A new broom sweeps clean 意为"新官上任三把火"，等等。从这些例子不难看出，英语的谚语大多通过物来传达思想，而汉语的谚语都提到了人。这都是中国文化强调人的作用而西方文化强调物的作用的结果，也是中国哲学强调主体意识而西方哲学注重客体意识的结果。

5　结语

中国人推崇天人合一的思维模式。中国文化从来都不把人与自然对立起来，主张"万物皆备于我""万物与我为一"。人是自然界的主体范畴，跟周围的环境融为一体，形成了主体涵盖客体的思维意识。而西方文化源于古希腊文明，将"天"即自然作为外在于人类的、独立的认识对象。"天人相分"的哲学思想决定了他们更注重客体意识。

中西两种不同的哲学思想背景造就了汉英主 / 客体意识的差异。语言是思维的产物，语言与思维相依相存，汉英思维上的差异不可避免地映射到语言中。本文提到的主语、语态、词汇以及谚语方面的差异只是沧海一粟，其他方面如屈折形式分析和逻辑推理等方面还存在许多待探究的空间，期待更多语言哲学层面的研究成果出现，为汉英语言研究者和译者提供全方位的参考。

浅谈文化模式在构建社会文化情景角色中的作用

——以《起跑线》为例

曹亚强　　刘红艳[*]

摘　要： 本文从社会语言学的视角出发，以文化模式为话语分析媒介，通过对电影《起跑线》中不同文化背景下的一段对话进行话语分析，探讨文化模式在构建社会文化背景中的情景角色以及话语中所起的作用。

关键词： 文化模式；社会文化情景

1　引言

本文旨在探讨文化模式在构建社会文化情景身份中的作用。在文化研究中，"话语（discorse）"被定义为特定历史、文化语境下的言语交际事件——社会（生活）事件（events），语言使用是其中的重要部分。文化模式也是话语中的一个重要组成元素，因此，关注文化模式如何影响社会文化情景身份的塑造，可以帮助我们更好地理解为什么在不同的文化模式之间相同的人会有不同的社会文化身份。本文以2018年于中国上映的印度电影《起跑线》中的一段对话为例，将文化模式如何在塑造不同角色的不同情境中发挥作用展开分析。

---
* 曹亚强，北京工商大学外国语学院教师。刘红艳，北京工商大学外国语学院教授，研究方向为基于语料库的话语研究、学习者语料库研究、言语障碍患者即席话语研究。

2 话语

话语可以是单一的事件，如一次网上交流、某个商业宣传活动、某次对雾霾天气的报道，也可以是一系列相关的事件集合。不同的国家使用不同的语言，同一地区还会有不同的方言。因此话语可以涵盖更广泛的其他因素，比如文化因素等。我们在与有不同文化背景的人交谈时应该避免民族禁忌，在与他人互动时我们的面部表情、交谈的环境等，这些对于构建话语都至关重要。

3 文化模式

在文化研究里，"文化"一方面是一整套存在于一定社区/群的社会实践活动之中的规律、规则、概念、价值、策略、身份地位和社会关系等；另一方面，它还存在于不同社区、群体之间由特定历史形成的相互联系和社会关系之中。它是一种看不见却存在的传统，随着社会生活的变换而发展，而文化模式是植根于学习者所属的社会文化群体的。因此，它通常是一个完全或部分无意识的解释理论或"故事情节"，连接到一个字位和片段，分布在社交群体中的不同人身上，形成一个完整的系统。这就是为什么可能同样的一个词汇或一件事物在不同的文化群体中有着不同的含义，甚至同一群体的个体中也不尽相同。因此，随着社会群体中不同文化背景人群的分布，文化模式无疑会创造出差异化、多样化的情景身份。

4 《起跑线》话语分析

《起跑线》这部电影是关于一对中产阶级夫妇（米塔和拉吉）千方百计让他们的女儿（皮娅）进入当地最好的学校接受最好的教育的故事。

（为了让小皮娅得到新朋友，米塔邀请皮娅的同班同学及父母在他们的新家举行派对。）

皮娅：爸爸，这是我们最喜欢的歌。（所有孩子和拉吉伴随着音乐跳舞。其他父母都在嘲笑他们，米塔觉得很丢人，生气地走开了，突然音乐也停止了）

皮娅：哦不，爸爸，我要跳舞

拉吉：没关系，不用担心。我会去看看怎么回事。不会是保险丝坏了吧？

（他在总开关旁边发现米塔也在旁边）

拉吉：你在这儿做什么？（米塔阻止他不让他检查电路）

拉吉：怎么了？

米塔：你刚刚在干吗？你这样做是为了让我难堪吗？

拉吉：那是皮娅最喜欢的歌。她很开心，每个人都很开心。

米塔：他们不开心。他们只是在嘲笑你。我告诉你吧，虽然你离开了旧街区，但粗俗我看你到哪儿都丢不掉。

拉吉：好吧，我不跳了。（当拉吉回来时，有父母说"继续跳吧，我们很享受"）

透过宝莱坞电影，可以看到印度历史悠久、民族特色浓重，语言众多、民族多样，宗教色彩浓重和种姓制度突出等极具特色的历史文化，从《起跑线》也能看出一二。在这段对话中，我们可以注意到代表不同文化模式的不同文化群体的出现。被邀请的父母都来自印度上层社会，他们喝威士忌、讲英语，他们的孩子上着印度最好的学校，这是一种特定文化的传递。米塔是一名中产阶级女性，但她真的想融入上流社会。拉吉和皮娅是自始至终保持初心的人。然而，在所谓的上流社会的聚会上，威士忌和香槟被赋予特定的价值，即上流人士的象征。这就是为什么当拉吉说出中产阶级中一种非常普通和受欢迎的葡萄酒的名字时，很明显一旁的妻子表情微妙。

这是一种文化模式。此外音乐也被赋予了一定的区别价值，区别粗俗音乐与优雅音乐，这里涉及另一种文化模式。

皮娅的父母在中产阶级家庭中长大并接受教育，尤其是拉吉，已经适应了他们中产阶层的文化模式。他甚至没有注意到其他人在嘲笑他，因为他跳得很开心。而在其他父母看来，这种音乐和舞蹈在上流社会中是不受欢迎、不被认可的，因为它粗俗。因此，在这里，不同的文化模式创造了不同的社会文化地位的身份，拉吉可能不是庸俗的人，但在当时的情况下，上流社会的人必然认为他是粗俗的。

不同文化模式下成长起来的个体会有明显的差异。可以看到，这段对话里所有的话语都是通过一个更大的话语联系在一起的，不同的话语主要来源于不同的文化模式，而不同的文化模式又在特定的时间塑造了多样的身份。

5　结语

不同的文化模式涉及一个或多个话语，一个话语中也可能包含多种文化模式。从上面的例子可以看出，任何主题，一个手势，一句台词，任何东西都可以成为话语构建的基础。当不同的文化模式相互冲击时，我们在大的话语环境中时刻都在转变身份。"超越句子的语言""运用中的语言"以及"话语即社会实践"是"话语"界定中影响较大，也是争论较多的几个，而从社会、文化、哲学、文学等角度对话语的界定又展示了话语分析取向的多样性。本文仅选取了文化模式这一个角度进行了话语分析，然而话语涵盖广泛，分析角度也颇多。但是，文化、社会、语言都是密不可分的，文化模式在构建社会文化身份中都起到十分重要的作用，也丰富着话语的多样性及广泛性。

浅析跨文化交际中的语境差异

陈秀珍 *

摘　要： 在跨文化交际的过程中，即使我们所使用的语言没有语法错误、发音清晰正确、措辞准确得当，也会发生交流上的障碍或者失误。这是由交际双方所熟悉和习惯的文化差异导致的。文化差异包含多个方面，本文仅就语境差异对跨文化交际中语言交流的影响进行初步探讨。

关键词： 跨文化交际；语境差异

1　引言

广大的英语学习者在跨文化交际的过程中会发现，即使我们所使用的语言没有语法错误、发音清晰正确、措辞准确得当，也会发生交流上的障碍或者失误。这是由交际双方所熟悉和习惯的文化差异导致的。文化差异包含多个方面，本文仅就语境差异对跨文化交际中语言交流的影响进行初步探讨。

2　高语境交际与低语境交际

E.T. Hall 与 M.R. Hall[1] 是这样定义高语境交际与低语境交际的：

A high context communication or message is one in which most of the

---

* 陈秀珍，北京工商大学外国语学院讲师，主要研究方向为跨文化交际和英语教育。

information is already in the person，while very little is in the coded，explicitly transmitted part of the message. A low context communication is just the opposite; i.e.，the mass of the information is vested in the explicit code.

这意味着，在高语境文化（high-context culture）中人们的经历和信息交流等方面有很多相似之处，而且由于传统和历史也很少随着时间的变迁而改变，人们在大多数日常交流中不需要很多背景知识就能够进行正常的交流，往往不需要过多的语言描述，一个手势，一个眼神甚至是沉默不语都可以清楚地表达自己的意思。相反，在低语境文化（low-context culture）中，人们由于缺乏大量共同的经历等，在相互交流时则需要相对详细的背景信息才能有效地传达自己的交际内容和目的，因此人们在交流时往往非常直接，开门见山，并且会把大量的信息通过语言传递给对方。

L.A. Samovvar、R.E. Porter 和 L.A. Stefani[2] 把美国土著人、拉丁美洲国家的人、日本人、中国人和韩国人均列为具有高语境文化的人，同时把德国人、瑞士人和美国人均归于低语境文化的人。

3　跨文化交际中需要注意高低语境文化的差异给人们带来的影响

随着国际交流的日益增多，跨文化交际活动也越来越频繁，在与不同语境文化的人们进行交流时，为了能够充分理解对方，使交流顺畅进行，我们也更加需要注意语境文化差异给人们的语言行为带来的影响。

戴凡和 S.Smith[3] 以多个事例指出，由于语境文化差异，中国人和北美人之间交往中会出现诸多误解。美国教授常常会发现中国学生在课堂上很少提问或者主动发言，认为中国学生不关注其讲授内容，不积极参与课堂活动，或者会觉得中国学生的参与（participation）不足。他还可能会面对一大群对他的提问保持沉默的学生。因此，美国教授会有些失望。这是因为美国属于低语境文化的国家，在这种文化中成长起来的美国人强调敢于讲话，而把沉默常常理解为紧张、尴尬、羞怯或怀有敌意。而在中国传统文化中，尊敬师长是美德，尊敬师长也意味着除了上课时要保持安静外，还不可以打断教师的讲话，即使遇到听不懂的情况也不会轻易发言，他们可能会课下先去问其他同学，实在找不到清楚的答案，才会向美国教授求教，而且不会在课上进行。中国人奉行"沉默是金"，与我们所身处的高语境文化相关，这种处世之道体现在很多地方。"沉默"既可能表示"我听明白了，弄清楚了，并且同意你的观点"，也可能表示"我不同意你的观点，但出于礼貌我不想反驳"，还可能是因为不想与对方发生进一步的语言冲突而表现出的忍让、退让。这些信息，对于来自低语境文化的美国人来说就会感到很困惑。中国人的"含蓄"在美国人眼中可能被视作思路不清或者缺乏诚意。中国人常常客套地对熟人或者朋友说"有空来家里玩啊"。这句话并不是在直接发出邀请，对方可以说"好啊"之类的话做出回应，话说完了本次交流的内容也就结束了，对方可以去也可以不去，不去表示没有时间，去之前会跟对方确定时间，发出"邀请"的一方也完全能够理解。这样的对话在美国人眼里可能是不可思议的。美国人听到这样的话可能理解为非正式的邀请，也许会继续问："我哪天可以去呢？"反之，美国人如果对中国人说："We are having a party Saturday evening, would you like to come?"有些中国人就会习惯性地含蓄地答曰："Thank you."既不给肯定的答复，也不给否定的答复，这样届时既可以有空去，也可以没空不去。可是这样的回答会让美国人搞不懂，因为在低语境文化中，人们倾向于直截了当，不管去或者不去都会明确告诉对方。

4　结语

综上所述，我们在与来自不同文化的人进行交流时需要注意，不同语境文化中成长起来的人们会有不同的交流表达方式。来自高语境文化的人往往语言交流时不需要每一点都明白无误地说出来，而来自低语境文化的人常常需要一切都要用语言讲清楚，而且不能够含糊其词。来自高语境文化的人会经常沉默以对，尽量避免冲突；而来自低语境文化的人时常据理力争一定要把话说明白，这对于来自高语境文化的人来说很可能会觉得对方没有礼貌。只有相互沟通，相互包容，才能更好地进行跨文化的人际交流。

参考文献

[1] HALL E T，HALL M R. Understanding cultural differences：Germans，French and Americans[M].Yarmouth，ME：Intercultural Press，1990.

[2] 戴凡，SMITH S. 文化碰撞 [M]. 上海：上海外语教育出版社，2003.

[3] SAMOVAR，L A，PORTER R E，STEFANI A. Communication between cultures[M]. Beijing：Beijing Foreign Language Teaching and Research Press，2000.

日本的学校供餐制度

侯丽颖 *

摘　要： 日本的学校供餐制度在教育体系中独树一帜，不但强健了学生的体魄，预防了饮食上的疾病，而且作为教育的一环，对学生行为习惯的养成、团队意识建设、素质教育等方面起到了非常重要的作用。"供餐"维系着学校、家长与学生的密切关系，在我国提倡素质教育的今天，非常值得我们借鉴与反思。

关键词： 供餐；教育；法律

供餐一般指的是由学校、医院、老年福利机构以及儿童福利院等提供的免费餐食。"供餐"一词在日语里写作"给食"，由学校提供的免费餐食则为"学校给食"，英语为 "school dinner" 或 "school lunch"，德语为 "schulspeisung"。历史上有记载的供餐，最早可追溯到日本古代，如建立东大寺时向雇工免费提供食物，镰仓时代寺院向穷人无偿提供食物等。就供餐的次数而言，一天有 1 次的，多见学校提供的午餐；有 2 次的，一般是早上和中午；提供 3 次的多见研修机构；最多的为 4 次，早、中、晚以及夜里。现在日语里的"给食"多指的是在日本的中小学校提供的免费午餐。

1　学校供餐的发展史

日本学校的供餐制度形成于明治时代，即 1898 年的山形县私立忠爱

---

*　侯丽颖，北京工商大学外国语学院讲师，主要研究方向为日本语教育、日本文学。

小学免费向小学生提供饭团和咸菜。随后，一些中小学校对一部分贫困的儿童分发面包等食品。和欧洲在 19 世纪大力推行的供餐一样，日本最初的目的也是救济贫困儿童。1930 年制定了学校供餐临时实施办法，后来由于战争的爆发曾一度中断。战后，日本接受美国粮食援助，儿童饥饿问题得以逐渐改善。1952 年全国实施了完全供餐，供餐的目的从"解决饥饿儿童"上升为"教育的一部分"。此时制定了《学校供餐法》，财政贫困的地方自治体通过补助金等形式实现完全供餐，构建了现在的供餐体制。1954 年开始实施《学校供餐法》，提出供餐作为教育的一环，目的在于"让孩童身心健康，并且助力改善国民的饮食生活"。在《学校供餐法》中指出：培养孩子对餐饮的正确理解，丰富校园生活，养成良好的性格，拓展人际交往，并在全国普及。1958 年下发了"学校供餐牛奶的处理要领"通知，牛奶代替了脱脂奶粉。1963 年实现了国库对脱脂奶粉的全额补贴，推进了全面实施牛奶供餐。1971 年发出"学校供餐的饮食内容"的通知，规定了食品构成标准。1976 年开始供给米饭，伴随着欧化的影响，每周一次面包，以米饭为主，也有各种汤类。

到 2003 年，日本小学校与中学校的供餐率分别达到 97.4% 和 84.9%，共有约 1027.5 万学生受益，显著改善了学生的营养与健康。根据 2009 年文部省的调查：在日本实行完全供餐的实施率小学达到 98.1%，中学达到76.2%。

2 学校供餐的理念

《学校供餐法》的颁布旨在保障儿童身心健康发展，增强体质。供餐注重营养搭配、食材选取，学校有专门的供餐室，配备专业营养师，全方位地保障儿童身心健康。对食物过敏的儿童，提供特别的食品。担任教师和儿童一起就餐，随时了解孩子的发展情况。同时，小伙伴之间通过一起就餐，可以增进友谊，为下午的学习活动注入新鲜活力。

日本一直把热爱家乡融入课堂教育中，而供餐恰恰是一个有利有效的环节。在供餐中可以将学到的知识实物化，拓展到营养知识的学习，深入了解稻作文化，掌握日本饮食的特点，继而传承日本饮食文化。热爱家乡不能忘掉家乡的食物，乡土美食是使用当地食材经过特殊的烹饪方法而制作的食品。在学校供餐中通过提供家乡美食来加深对乡土饮食的认知，加深对家乡的热爱，增强荣誉感。

在供餐中不但要认识、关心自己家乡的食物，而且高年级的学生要了解食材的生产、流通、消费等环节。学校会通过教师在供餐时的说明或播放有关供餐食材等信息在潜移默化中让学生了解掌握。

供餐实行学生轮流制。担任值日的"给食当番"要佩戴围裙和三角巾、帽子、口罩。"给食当番"要将餐品从厨房运送到教室，进行分发筷子、盛饭等工作。餐后按照垃圾分类的原则将牛奶盒、瓶盖等分好，将餐具整齐地摞起来，整理好后再将餐具运回到厨房，感谢厨师们提供的美味午餐，至此值日任务圆满完成。

担任"给食当番"的每个环节大家要团队合作，各司其职，分工明确。看似简单的"给食当番"，实质上培养了孩子们爱劳动、自立、环保、节约、懂礼仪和团队合作的精神。供餐并不是简单的吃一顿午饭，而是灌输了教育理念的育人过程。

3 对我国的借鉴意义

日本的学校供餐不仅保障了儿童身体健康，锻炼学生的独立性和自觉性，更助力于人的素质教育与培养。经过"二战"后的一系列法规颁布实行，日本成为亚洲国家中学校供餐最早、推广范围最广、管理最规范、成效最显著的国家。"衣食足而知礼节"，在我国大力提倡素质教育的今天，非常值得我们深入思考。

新历史主义视角下的《黑奴吁天录》

高瑾玉 *

摘　要： 从新历史主义视角解析林纾译本《黑奴吁天录》，认为译本是将原著同整个译语政治、社会、文化话语进行协和和形塑的结果。

关键词： 新历史主义；协和；形塑

诞生于 20 世纪 80 年代的新历史主义在旧历史主义与形式主义日渐式微时异军突起，与旧历史主义不同，新历史主义质疑正统的大历史，注重挖掘被官方历史忽略的碎片，以呈现历史的多面性、复杂性，强调客观历史的难以抵达。而与形式主义相对，新历史主义文学批评不再把文学看作孤立的、独立的文本，而主张对文学进行政治、经济和社会的综合研究。强调文学与历史语境的双向互动。这就是所谓的"历史的文本性"和"文本的历史性"。"历史的文本性"指的是历史事件一旦发生，就已经是过去的事件，无人能重返历史现场。因此，所有的历史都是对历史的叙述，而这种叙述不可能如旧历史主义所认为的是客观的、唯一的，而必然包含叙述者自己的观点和立场。"文本的历史性"则意味着一个文本作为社会权力网络的一部分，参与到整个社会的权力争斗之中。

新历史主义领军人物格林布拉特提出了著名的"形塑"（fashioning）

* 高瑾玉，北京工商大学讲师，主要研究方向为翻译理论与实践、文学。

理论。他认为，文学作品或作品中的人物都是在和社会权力话语结构中通过与（政治、经济、社会、文化）话语的相互冲突、斗争、让步、妥协来进行"协和"（negotiate），从而完成对自己的形塑和被形塑的。

新历史主义是一种文学批评理论，鲜少用于翻译研究。但既然翻译文学也是整个文学体系的一部分，按照新历史主义理论，就不可避免地参与了整个社会权力话语的互动。翻译学研究中的文学改写理论也指出了，一个文本通过翻译进入另一种社会文化之中时，不可避免地受到目的语政治、社会、文化话语的制约，不可能是原著的原封不动的呈现。

本文试用新历史主义理论对林纾译本《黑奴吁天录》（*Uncle Tom's Cabin*，今译《汤姆叔叔的小屋》）进行分析，看译者如何使原著与译者当时所处的政治、社会、文化话语进行对话和"协和"，使得改写后的译本在目的语的特定语境中获得巨大成功，从而对历史造成影响的。

林纾译本《黑奴吁天录》诞生于风雨飘摇的晚清。国人在河山破碎中日渐意识到民族危亡。在北洋海军甲午战争全军覆没后，有识之士日益领悟，仅有武器的现代化还远远不够，必须有体制的变更。在政治改革仍然遭遇失败命运之后，以梁启超为代表的革新派人士意识到唤起民众的重要性。全国兴起了翻译小说的热潮。所以此时的翻译是被当作教化的工具。我们在审视译本时会看到译者对原作的操纵，看到政治、社会、文化各方合力制约中译本所作的妥协。

《黑奴吁天录》写于美国内战时期，作者斯托夫人深受宗教的影响。书中她极陈奴隶生存的惨状，让读者看到奴隶制的不人道，是无法与基督教的教义共容的。乍看来，这本小说的写作目的和背景与译者所处的时代并无关联。但译本在国内引起轰动，销量极大，读者群情激奋。林纾作为原著的译者，在理解和接受原著时，与斯托夫人的读者有着不同的视角。如果说美国读者更多地看到另一个种族的苦难，从而意识到自己作为潜在的拯救者的责任，那么译者则对那个经历着悲惨命运的一群更是感同身受，他要做的就是唤起国人的危机意识，从而达到爱国保种的目的。

这是两种文化剧烈的碰撞。译著对有关宗教的话语尽数删去。因为在当时的国人看来，宗教是随着列强的炮舰而来，当然被视为是敌人的同谋。因为汤姆在原著中是以一个虔诚的教徒面目贯穿全书，且被作者树为黑人的榜样，而希望发愤图强将列强赶出中国的译者和译本潜在读者是无法接受主人公如此逆来顺受的。原著中有关另一个奴隶哲尔治的描述则全部保留。他在逃离庄园后，回到非洲，准备建立一个非洲共和国。这与译者和多数国人的救亡图存路线不谋而合。

在此，我们看到了译者在翻译时 将原著与目的语社会文化进行协和的翻译策略。其中，有保留，有删除，有改写，最终都是为了将整个译本"形塑"为既引进了新的思想和文化元素，又使得译本符合目的语意识形态话语和诗学习惯的文本。译本的成功正是这种"形塑"和"协和"的结果。

论功能对等中的"自然"

石宝华 *

摘　要：本文对《偷走我人生的女人》进行了摘译。并从功能对等所要求的"自然"，来分析相应的翻译策略。

关键词：功能对等；自然

1　翻译理论探索

　　翻译理论是不断发展的，在批判中不断前进的。中国的翻译理论有严复的"信、达、雅"，傅雷的"神似"，林语堂的"忠实、通顺和美"[1]等。从 20 世纪下半叶开始，国内外的翻译理论建设发展迅速，尤金·奈达作为当代翻译理论的主要奠基人，在这一时期提出了功能对等理论。奈达对于动态对等所下的定义为："所谓翻译，是在译语中用最切近又自然的对等语再现源语的信息，首先是意义，其次是文体。"[2]笔者认为，定义中的"自然"是在向读者靠拢，让译语更加通顺易懂，合乎规范。

2　"自然"的应用

2.1　词性的转换

　　很多时候，由于英语和汉语之间的差异，表达方式上的不同，翻译时需要改变词性。翻译是灵活的，翻译时不应该拘泥于原文的表达形式，应

---

* 石宝华，北京工商大学外国语学院助教，主要研究方向为英语翻译。

该要既能忠实地传达原文的含义，又要让译出的中文符合汉语的习惯。"英译汉中最重要、最常见的词类转换是名词和动词之间的转换。动、名词之间的转换之所以最频繁，主要是由于英汉双语之间的差异：汉语中动词用得多，英语中名词用得多。动、名词之间的转换有时成了我们不得不采取的唯一手段：除转换词类外，别无他法。"[3]

例 1：I'm not full-blown Karma-Denier.

译：我并不完全否认因果报应。

评析：Karma-Denier 如果译成"否认因果报应的人"，那么行文就会拖泥带水，不够流畅，直接转化为动词"否认因果报应"，则简洁很多。

例 2：Ah，no，I'll let him out，it'll be- and mark me closely here- it'll be good karma.

译：啊，不行，我得让他出来，我会有——请注意这句话——我会有好报的。

评析：原文的 it'll be good karma 如果直译成"这将会是好报"，会造成语义不明。笔者将名词 good karma 译成了动词"有好报"，并加上了主语"我"，译文变成"我会有好报的"，更能体现原文的意思，也符合汉语的行文习惯。

2.2 抽象和具体

傅雷曾经指出："中国人的思维方式和西方人的距离多么远。他们喜欢抽象，长于分析；我们喜欢具体，长于综合。"英译汉的过程中，不宜直接把抽象的东西搬过来，而应该化抽象为具体。

例 3：Tomorrow will have to be different. There will be lots of writing and lots of productivity and no Jaffa Cakes.

译：明天我必须得有所改变。我必须得多写几页书，提高效率，不能再吃小蛋糕了。

评析：英语中经常会看到抽象名词或者无生命的事物做主语，而汉语却经常用人或有生命的东西做作主语。这两句原文的主语一个是 tomorrow，一个是 there，都是无生命的。译成汉语的时候全部换成具体的"我"为主语的人称表达法，增加译文的可读性。如果译成"明天必须不一样。有很多的写作……"这种译文的话，读者会感到不知所云。而 lots of productivity 这个短语又是很抽象的，这里译者用一个动宾短语"提高效率"，化抽象为具体，使译文更加通顺。

例 4：He picked up a pencil and some graph paper and within no time he was applying himself with vigour.

译：他拿起铅笔和绘图纸，立马充满干劲地画起来。

评析：英语中表示抽象概念的不仅有名词，还有动词，也需要用化抽象为具体的方法来翻译。原文中 apply 这个词就很抽象，在翻译时译成具体的"画"这个动词，读起来更加自然。

参考文献

[1] 罗新璋 . 翻译论集 [M]. 北京：商务印书馆，1984.

[2] 郭建中 . 当代美国翻译理论 [M]. 武汉：湖北教育出版社，1999.

[3] 刘宓庆 . 当代翻译理论 [M]. 北京：中国对外翻译出版公司，1999.

中美文化差异而导致的幽默失效

许兰贞 *

摘 要： 幽默在中西方语言中均广泛存在，是人际交往中不可或缺的有效手段，然而幽默语言的使用和理解与其所根植的文化息息相关，深受其紧密联系的文化土壤影响。本文通过几个实例来阐述中美文化差异而导致的幽默失效，也再次强调在跨文化交流过程中需要双方克服语言障碍之外还要逾越文化上的障碍。

关键词： 幽默；跨文化交流；幽默失效

"幽默"被称为"语言的艺术 "，也被称为人际交往的润滑剂。[1] 幽默不仅有助于打破或掩饰尴尬，还带给人们欢笑，增加人与人之 间的亲密感。"幽默"一词首次出现于20世纪20年代林语堂先生的《论幽默的译名》一书，它是从英语单词 humor 直接音译过来的，含有诙谐、调侃、有趣等意思。[2] 幽默在中西方语言中均广泛存在，是人际交往中不可或缺的有效手段，然而幽默语言的使用和理解与其所根植的文化息息相关，深受其紧密联系的文化土壤影响。在多年的英语学习和教学中，笔者发现中国的英语学习者对英语语言的输入素材如阅读文章 、听力音频、视频材料中出现的幽默语言常常茫然不解，英语语言的幽默并没有产生其诙谐意趣的效果。笔者多次出国旅行及与西方人交往的经验也不无遗憾地表明，虽然自己熟练掌握了英语也可以自如地交流，但是西方人的幽默和超低笑点却常常使

* 许兰贞，北京工商大学外国语学院讲师，主要研究方向为大学英语教学法和应用语言学。

我陷入尴尬。基于以上两点观察和思考，笔者查阅了一些文献资料也采访了一些外国友人，发现由于历史背景、宗教信仰等社会文化因素和思维模式的差异，中西方的幽默在诸多方面存在差异，如幽默的目的、形式、对象和内容，使得交流双方在幽默意趣理解上存在一定的差异。

毫不夸张地说，理解和体会语言的幽默之处绝非易事，不仅需要明白说话者表面的文字含义，更重要的是要深入理解可能隐藏其中的文化含义。只有跨越了不同文化的鸿沟，才能避免不必要的误会和尴尬，更好地理解和分享幽默语言的魅力。由于篇幅所限，笔者仅举数例来阐述中美文化差异而导致的幽默失效，换言之，由于交流双方在文化方面的差异，幽默言语的使用有时不能达到其使用者的交际意图，其幽默有效性不能正常发挥。

中国人的幽默是低调而又谨慎的，表达内容上避免涉及神灵、君王、政府、长辈、死亡等，其幽默以家长里短的生活题材居多，要以笑话的语言委婉影射出小人物的生活状态和思想，比如，画蛇添足、守株待兔、刻舟求剑等笑话。反之，在西方幽默中，中国人讳莫如深的话题却比比皆是，上至政府、总统、祖先、长辈，下至家长、老板、同事都可以成为幽默的内容和对象。比如，美国总统大选前后经常在媒体上看到 "Elephant and Donkey divide White house" 这样的标题，对于美国读者来说，其中的幽默是显而易见的，因为大象和驴分别象征美国两大政党，所以这个标题的意思是 "Republicans and Democrats share American authority"（驴象两党瓜分美国政权）。可是，由于中国文化中没有与大象和驴对应的文化象征物，中国读者看到这则笑话时很可能一头雾水，完全不知道幽默体现在何处。美国人常以政党、政府甚至政界人物的性丑闻作为幽默的谈资。

再看另外一则关于死亡和葬礼的故事。

Mother（in a low voice）：Tommy, your grandfather is very sick. Can't you say something nice to cheer him up a bit?

Tommy：Grandfather, wouldn't you like to have soldiers at your funeral?[3] 这是一个典型的西方式童言无忌的幽默，但是许多中国人只能 get 到孩子在爷爷的病榻前谈到葬礼这一笑点，但这里的幽默不止这一点。理解这个幽默的关键在于了解西方葬礼的习俗：如果有士兵列队参加某人的葬礼，这表示去世之人的地位高贵、葬礼隆重，是一份难得的殊荣。

又如，I'm as confused as a baby in a topless bar. 意思是"我很困惑，像一个在无上装酒吧里的婴儿"，言下之意是自己如同婴儿见到许多乳房无从下口，因而困惑发懵了。因为西方允许袒胸无上装酒吧的存在和开放，而这在中国是违反法律的，所以中国读者或听众对于这样的幽默语言很可能无法理解。

又如，男士们对于女生热衷于购物很有看法，恨不得把所有的女生都贴上购物狂的标签，在中国有"女人的衣柜里永远少一件衣服"这一说法，一语道破女人对衣服的追求是永无止境的，对她们而言，自己的衣柜里永远都差一件最合适的。比较而言，英语有相似的说法：When a woman begins to think, her first thought is of a new dress. 却不是如此直白而且有一定的文化内涵。这句话的意思是"当女人开始思想时，她首先想到的是新衣服"，其文化渊源则来自《圣经创世记》3 章有关夏娃偷吃智慧树果子的故事。夏娃吃完智慧树果子之后眼睛就明亮了，才知道自己是赤身裸体，便拿无花果树的叶子，为自己编作裙子。正是因为 "As soon as Eve ate the apple of wisdom, she reached for the fig leaf" 这一圣经故事，才有了"女人开始思想时，她首先想到的是新衣服"这一幽默风趣的说法。

再如下面的对话：

——Jack，you are late again. I can't get it why you are always late for.

——I'm terribly sorry. I suppose my ancestors arrived on the June Flower.

当 Jack 被批评总是迟到时，他利用自己的幽默感进行了自嘲，只要对英美文化有所了解，这个笑话应该不难理解，因为美洲大陆第一批外来者是乘 May Flower（五月花）号船到达美洲大陆的。而 Jack 解释他之所以经常迟到是因为他的祖先乘 June Flower（六月花）号到达，可不迟到了吗？

在全球化进程中，中西方经济、文化交流更加密切，来自不同文化背景，操不同语言的人们相互交流的活动更加频繁，在跨文化交流中人们的自由交流和谈笑风生需要懂得分享彼此的幽默和风趣，这个过程需要双方克服语言障碍之外还要逾越文化上的障碍。对于中西方由于宗教信仰、历史文化背景等因素共同影响所造成的中西方幽默差异，我们应当承认并接受这种差异，以期在跨文化语言交际中最大限度地理解和包容中西方幽默的不同。当然，更重要的是抱以积极学习的态度去了解彼此的历史文化等背景，以便从文化角度出发更加深刻地认知和理解各自的幽默方式与内容，以期缩小差异、弥合差距，最终实现幽默共享的无障碍交流。

参考文献

[1] 张久全 . 幽默语中的中西文化差异 [J]. 台州学院学报，2011（3）.

[2] 王金玲 . 论幽默语言的特征与技巧 [J]. 外语学刊，2002（2）.

[3] 毛荣贵 . 英语幽默语言赏析 [M]. 上海：上海社会科学院出版社，1993：58.

中西文化差异对国际商务交往的影响及策略分析

刘江红 *

　　摘　要：中西文化不同，随之产生的思维方式、价值观念、行为标准都会有所差异。随着中西跨文化商务交往的日渐频繁，文化差异所带来的影响和摩擦日益明显。本文将从中西差异对国际商务交往的影响以及应对策略两个方面进行论述，旨在让读者了解和掌握多元文化背景下的跨文化交际的知识与技巧，从而减少商业活动中因文化差异而引起的误会和冲突。

　　关键词：中西方；文化差异；商务交往

　　每个民族都有自己独特的历史和文化，并在观念上指导着人们在社会中的思维和行为方式，也影响着国际商务活动的开展，因此国际商务活动实质上是一种跨文化交流活动。今天，全球已经成为一个统一的市场，不同文化背景国家间的商务活动日渐频繁。在这种跨文化交往当中，若不注意各国间的文化差异，并且采用了不恰当的商务行为，则会直接导致商务交际的失败。

1　中西差异对国际商务交往的影响

1.1　对商务谈判的影响

　　受中国传统文化的影响，中国人"重义轻利"，讲究人情味，所以十

＊　刘江红，英语语言文学硕士研究生，北京工商大学讲师。

分看重"面子"。这种面子文化渗透于中国人几乎全部的生活，在商务谈判中也不例外。在商务谈判时，如果要在"体面"和"利益"这二者中做出选择，中国人往往会倾向"体面"，而非经济利益。而西方人则不同，西方"重利轻义"的文化，使他们更看重利益，在"体面"和"利益"二者中，会毫不犹豫地选择"利益"。

在进行商务谈判时，西方人会尽量使用简洁明了的语言，清楚地表达自己的观点和看法，而且谈判时爱争辩，语言具有对抗性。他们认为争辩是发表个人意见的一种有效的方式，也有利于解决问题，不会影响人际关系。而中国人则主张以和为贵，为保全双方面子，经常使用间接的语言和模糊性用语；即使不同意对方的意见，也会委婉地含糊其词，很少直接拒绝或反驳，尽量避免谈判摩擦，以期追求长久的友谊和合作。

1.2　对商业礼仪的影响

商务谈判前的见面寒暄也体现着文化的差异。中国商人初次见面会很热情地为客人奉上茶或咖啡，嘘寒问暖，甚至经常会设宴款待客人，一边吃饭聊天，一边进行谈判。而西方人对于这些并不太在意，他们见面问好后，握个手，就切入主题。签署合同是他们唯一的目的，合同早已经打印好，就等谈判后签署。他们认为生意就是生意，吃饭就是吃饭，他们不会在谈生意时闲聊，也不会在吃饭时谈生意。因此，两种不同的文化会产生碰撞，西方人急于进入谈判主题，从而显示出无奈和焦虑，往往会被中方误认为缺乏诚意；至于西方人早已备好的合同，在中国商人看来，代表了西方人的狂妄自大、目中无人。

1.3　对解决商务纠纷的影响

在解决商务纠纷方面，中西方有着更大的差异。西方人解决问题时惯用的是法律手段，良心和道德的作用居于其次。西方很多个人和公司都聘请了法律顾问和律师，遇到纠纷时，由律师出面去处理。中国文化则习惯于回避从法律上考虑问题，注重于从伦理道德上考虑问题。对问题的处理，中国人习惯于通过"组织"或"中间人"去协调，通过舆论来发挥道德规范的作用。

2 商务活动中文化差异的应对策略

2.1 采用宽容理解的态度

面对不同的文化，应采取客观、平等的态度，尊重因文化不同而导致的行为方式的差异，要保持客观宽容的态度，探索有效的沟通技巧。对于异域文化要宽容理解，学会站在对方的社会文化背景下去理解对方、看待问题。在跨国商务活动中，经济利益是中心，而不要彼此对对方的思维方式或价值观妄加评论。

2.2 要做到敏锐地观察对方的文化准则和社会习俗

在与国外商务人员交往之前，一定要尽可能多地了解他们的习俗与禁忌，力争了解他们是什么样的人，他们的行为举止如何，以避免不知道某些特殊讲究而使对方不快，甚至影响商务活动的进程与结果。在这种情况下达成的协议不但会互利互惠，还可能会在两个不同文化背景下的公司之间建立起长期的合作关系。

2.3 增强跨文化交际意识

在跨文化商务谈判中，要避免谈判过程的沟通障碍，谈判者应"入乡随俗"。同时，增强跨文化意识，尊重对方的文化习俗，在某种程度上摆脱自我文化的约束，清醒地认识自我，恰当地了解别人，采取超然豁达的态度，灵活运用谈判策略和跨文化交际学，真正做到兴利除弊、扬长避短，就能取得谈判的成功。

　　总之，在国际商务活动中，商务人员除了了解不同国家的文化特征、有关跨文化的理论知识外，还必须理解和尊重他国的文化差异。只有正确地认识并妥善地把握中西方文化的差异，才能使我国企业在参与国际经济竞争过程中，不仅适应国际商务活动主体之间的经济环境，更能适应相互之间的文化环境，并且取得竞争优势和获得国际经营活动主动权。

自然环境在两首死亡诗中的差别运用

王秀贞 *

摘　要： 在托马斯·格雷的《墓地哀歌》和威廉·布莱恩特的《死亡随想》这两首诗中，自然环境都扮演着重要角色。但在前者中，详尽的自然环境描写只是背景，是为营造氛围、铺垫情感而设；而后者，全诗都紧紧围绕着大自然展开，它张开双臂，抚慰、体谅、包容每一个人，像一位出色的理疗师。乍看二诗似乎不同：一首古典优雅，另一首自由浪漫；一首在沉思中诉说，另一首在昂扬中宣告；再看二者实则同质：两首诗都是对死亡的思考，对生命的沉吟，对人生际遇的追索。

关键词： 死亡诗；自然环境；背景板；理疗师

1　两首诗及其主要内容

对死亡的思考和追索，似乎是哲学、艺术、文学领域都难以避开的永恒话题。哈姆雷特那半句几乎人人皆知的 "To be, or not to be"，就代表着对生存和死亡的基本思考。细数以 "死亡" 为主题的诗作，"墓地派" 英国诗人托马斯·格雷的《墓地哀歌》，和美国诗人威廉·布莱恩特的《死亡随想》，是其中极具代表性的佳作。二诗对自然环境的运用也各具特色。

《墓地哀歌》以详尽的自然环境描写开篇，作者动用了视觉、听觉等感官，记录下所闻、所见及所感，充分烘托出夜晚来临时的气氛，从而引

---

* 王秀贞，北京工商大学外国语学院讲师，主要研究方向为英美文学、英语教育。

出了"死亡"的话题：这些乡民已安眠，无论什么都无法唤醒他们；曾经的天伦之乐、欢声笑语，曾经的强壮干练也已无法再现；富贵者莫嘲笑贫贱人，因为谁的结局都终将一样。无论"怀念""荣誉"，还是"献媚"，都无法劝退死神；在这荒芜的场所，埋藏着一颗颗原本充满灵焰的心，一双双本可执掌权力或弹奏音乐的手，和原本可能超越汉普顿、弥尔顿、克伦威尔的人，可他们，都被贫穷限制了各种可能性，皆已安睡于此。全诗以在世的邻人对逝者真挚的追忆和作者写给友人的墓志铭作结。

《死亡随想》开宗明义，直言大自然会抚慰爱他的人，当你因为想到死亡而颇感悲伤时，到大自然中去吧！因为大自然会告诉我们：尘归尘，土归土，无论过去的还是将来的，无论帝王将相，还是无名之卒，都已经或将要与我们安眠在同一个巨大的陵墓中。因此，面对死亡，莫要害怕，而应像准备睡觉的人一样，以床帏裹身，躺下做个好梦吧！

2 自然环境在两首诗中的差别运用

2.1 《墓地哀歌》中的自然环境作为背景

> The curfew tolls the knell of parting day,
>> The lowing herd wind slowly o'er the lea,
> The plowman homeward plods his weary way,
>> And leaves the world to darkness and to me.

这是《墓地哀歌》一诗的开场。昏沉的晚钟、哞哞叫的耕牛、疲劳的归家路上的农人，以及随后出现的嗡嗡地转圈飞着的甲虫（beetle wheels droning）和阴郁的猫头鹰（moping owl），都营造出了夜幕即将降临、死亡也会随之而来的氛围。作者把生活中常见的夜晚意象一一罗列，调动读者的听觉、视觉感官，自然而然地把他们带入情境之中。这第一节中自然景物的交织，既交代了与本诗主题相关的时间，又铺垫了气氛，是序曲。

Beneath those rugged elms, that yew tree's shade,

Where heaves the turf in many a mouldering heap,

Each in his narrow cell forever laid,

The rude forefathers of the hamlet sleep.

长眠在那峥嵘的榆树、扁柏树的树荫下，鼓起的草皮中，散落的荒冢内，狭窄的洞窟里的，正是小村里粗鄙的父老乡亲。

又是一串熟悉的自然意象，把读者的目光引领到了乡村墓地。这一节，交代了本诗主题所在的地点。与全诗第一节中动态的景物描写不同，这里的意象都是静态的，因为这里是逝者安息的地方，本来就应是幽静的角落。

经过诗人精心挑选出的这些自然景物，在恰当的时刻，被安排在了恰当的地点，而且视角逐层递进，渲染了极强的死亡氛围，为诗人在后面表达更重要的人文思想做好了铺垫。

2.2 《死亡随想》中的自然环境作为理疗师

To him who in the love of Nature holds,

Communion with her visible forms, she speaks,

A various language —

大自然会跟与它心神相交的人谈话，内容和语气视情视需而定。当想到寿衣、棺罩、令人窒息的黑暗，以及狭窄的"房屋"，你便瑟瑟发抖时，大自然会跟你说些什么呢？

是的！总会有那么一天，无论是普照大地的太阳下、冰冷的大地上，还是大海的怀抱里，都将不再看到你的踪影。你将永远与自然中的万物共处，去和草木、岩石做兄弟，任由铁犁、树根刺穿你的躯体。

不过，你绝对不会独处！苍劲的山峦、沉思的河谷、庄严的江河、汩汩的溪流、古老的海洋，这一切不过是人类伟大坟冢的威严装饰……

在本诗中，大自然全知全觉，以各种形态存在，而且能在恰当的时间，给人以恰当的抚慰，有时窃窃私语，有时波澜壮阔，在这种或娓娓道来或大声宣告中，读者的视野和心胸也自然而然地开阔起来，从而能坦然地接纳死神。在此，大自然是疗治一切的理疗师。

3　结语

自然环境在两首诗中作用虽有不同，但二者传达出的众生平等、贫富无异和拥抱自然、顺之而归的思想情感却如出一辙。话题虽然都关乎死亡，但二者传达出的都不是感伤，而是思考，是豁达，是通透。

无言的等待——从合作原则看《等待戈多》

范惠璇*

摘　要：荒诞派戏剧在 20 世纪中期流行于欧美戏剧舞台，其中由爱尔兰戏剧大师塞缪尔·贝克特创作的《等待戈多》堪称经典。本文将从合作原则角度探讨戏剧对白的语言特色。

关键词：荒诞派戏剧；《等待戈多》；合作原则；准则的违反

1　荒诞派戏剧与《等待戈多》

荒诞派戏剧又称"反戏剧派"，兴起于二战结束后的法国，从戏剧内容、结构到寓意都彻底打破了传统戏剧常规。受 20 世纪 30 年代存在主义的影响，身处饱受二战蹂躏的欧洲战场，加之当时人们的思想普遍处于悲观空虚状态，荒诞派剧作家认为世界本质是荒谬的，人生是不可知的[1]。

荒诞派戏剧对荒诞性的艺术演绎，在戏剧语言层面，摒弃了传统戏剧语言的逻辑性、故事性与连贯性。在传统戏剧艺术中，语言是重要的媒介，尤其在展开情节、塑造人物、描绘环境与揭示主题等方面发挥着不可替代的作用。而在荒诞派戏剧作品中，戏剧语言失去了传统的重要地位，主要表现在人物语言与言语行为之间的矛盾。如在《等待戈多》第一幕剧中，当两个流浪汉弗拉季米尔（以下简称"弗"）和爱斯特拉冈（以下简称"爱"）谈论起戈多的身份时，进行了如下一番对话：

* 范惠璇，北京工商大学外国语学院助教，主要研究方向为外国语言学及应用语言学。

爱：他的名字是叫戈多吗？

弗：我想是的。

爱：瞧这个。（他拎着叶子举起剩下的胡萝卜，在眼前转）奇怪，越吃越没滋味。

弗：对我来说正好相反。

爱：换句话说？

弗：我会慢慢习惯。[2]

对话主题从"戈多的姓名"转至"胡萝卜的滋味"，类似莫名其妙、毫无头绪的对白在两幕剧中比比皆是。碎片化的语言与错乱的内在逻辑共同营造出荒诞不经的氛围，而这种戏剧效果恰恰与战后西方社会弥漫的焦灼不安感相吻合，是当时人们内心世界的舞台化。

2 透过合作原则看荒诞

美国语言哲学家 H.P.Grice 认为，人与人之间的对话属于一种社会活动，具有目的性，而为了实现有效地交流，发话人和听话人之间存在一种默契，即一系列双方都默认遵守的原则，他称这种对话中的原则为合作原则（cooperative principles，CP）[3]。合作原则具体包括以下几点细则：①数量准则（quantity maxim）：所说的话应包含当前交流目的所需要的信息，所说的话不应含有超出需要的信息量；②质量准则（quality maxim）：不要说你认为是虚假的话，不要说证据不足的话；③关联准则（relation maxim）：说话要有关联，要切题；④方式准则（manner maxim）：说的话避免含混不清、避免歧义、避免冗长，要有条理。但在实际交流对话中，违反合作原则的现象时有发生，有时人们甚至故意违反某些准则，达到传达某种特定含义的目的，即会话含义[3]。

分析《等待戈多》中的对白，准则的违反现象频繁发生。如在第二幕剧中，当奴隶主波卓（以下简称"波"）询问两个流浪汉在等谁时，发生了如下一番对话：

波：老等着？这么说你们在等他？

弗：嗯，您看——

波：这里？在我的土地上？

弗：我们没安坏心眼儿。

爱：我们的用意是好的。

波：路是大家都可以走的。

弗：我们也是这么理解的。

波：实在丢脸。可是你们已经来了。

爱：我们已经无法挽回了。[2]

在这段对话中，对于波卓提出的问题"是在这儿等戈多吗？"，两个流浪汉没有给出明晰的回答，这显然违反了数量准则（所说的话不应超出所需的信息）。此外，不仅没有回答波卓的问题，两人还顾左右而言他，答话偏离了对话目的，违反了关联准则（说话要有关联）。

虽然两个流浪汉的回答违反了合作原则，但从语气层面，却营造出彼此支撑附和的氛围。在两幕剧中，尽管发生在两人之间的对白大多或空泛无逻辑，或琐碎无目的，但始终保持了一人一句的规律，也唯有这种对话节奏，在荒诞不经的戏剧效果中保留了为数不多与现实世界相似的色彩，努力维系着空虚背景下人与人之间日渐脆弱的联系。从字面含义上看，《等待戈多》剧中角色多在进行自由、无意义的对话，观者难以从语言本身推测其真实意图。这种合作原则的违反，和日常生活中言外之意、弦外之音不同，可谓对准则的彻底反叛、对言语意义的完全放弃。语言意义的消解与交流准则的缺失，本身即是"世界本荒诞"的艺术表现。常言"此处无声胜有声"，而在《等待戈多》中，却是此处言多也无言。

参考文献

[1] 吴桂金，王敬群.荒诞派戏剧：语言的无力与真实 [J].长春理工大学学报（社会科学版），2011，24（8）：52-55.

[2] 贝克特.等待戈多 [M].施威容，译.北京：人民文学出版社，2002.

[3] 索振宇.语用学教程 [M].北京：北京大学出版社，2000.

王尔德《快乐王子》对叶圣陶《稻草人》的影响研究 *

关涛 **

摘　要：中国儿童文学的奠基人叶圣陶的《稻草人》从人物设置、情节结构和主题思想上都深受英国唯美主义作家王尔德《快乐王子》的影响。作为儿童文学精髓的真、善、美在《快乐王子》中有集中体现，而《稻草人》因过于展示现实之丑恶而缺失了美，这与作者所处的时代背景有关。

关键词：王尔德；《快乐王子》；叶圣陶；《稻草人》

叶圣陶（1894—1988）素来有中国现代童话之父的美称，1923 年出版的《稻草人》是中国现代文学史上第一部为儿童而写的童话集，集结了叶先生早期创作的二十多篇童话，以丰富的想象力、清新的笔触和深刻的寓意"给中国的童话开了一条自己创作的路"[1]，"在描写一方面，全集中几乎没有一篇不是成功之作"[2]。尽管《稻草人》中的童话皆系作者独创，但了解西方童话的读者一定会发现叶圣陶童话在很大程度上受到了英国作家王尔德的影响，尤其是其代表作《稻草人》在人物设置、情节结构和主题思想几方面明显可以看出王尔德的童话代表作《快乐王子》的痕迹。

* 本文为北京市教育委员会社科计划一般项目（编号：SQSM201710011009）成果。

** 关涛，北京工商大学外国语学院副教授，文学博士，硕士研究生导师，主要研究方向为比较文学、英语教育。

1 《稻草人》对《快乐王子》的仿写

1.1 人物设置

《快乐王子》描写了一位生前快乐无比的王子死后被雕成了一尊雍容华贵高高耸立的塑像，王子俯瞰到城市的丑恶，同情受苦受难的人民，一次次献出自己身上的红宝石、蓝宝石和金叶子来救助他们，最后心碎致死。《稻草人》描写的是田野里立着的一个稻草人，"他的骨架子是竹园里的细竹枝，他的肌肉、皮肤是隔年的黄稻草"。他虽然没有快乐王子那珠光宝气的外表，但也是通过静态俯瞰的视角目睹了各种人间不平，又苦于无力改变，最后心如刀割而倒塌在田野里。二者虽一个贵为王子，另一个贱为草人，但他们都对劳苦大众表现出了极大的同情，并同样因心力憔悴而死去，以悲剧告终。

1.2 情节结构

两篇童话都是运用三段式的叙事结构，分别对三个事件进行特写式描述，通过主人公的眼睛和心灵来展示悲哀的现实。《快乐王子》中先后是生病的男孩和日夜操劳的妈妈、食不果腹的剧作家和卖火柴的小女孩；《稻草人》中则是孤苦伶仃的老妇人、因儿子生病而辛苦捕鱼的妈妈和不甘被卖而宁愿寻死的女人。其中病儿这一情节可以说是对《快乐王子》中最明显的仿写：《快乐王子》中是一个发烧的男孩在床上辗转反侧，嚷着要吃橘子，可他妈妈除了河水之外什么也没有了；《稻草人》中是一个咳嗽的男孩吵着要茶喝，而妈妈什么也没有，只能从河里舀水给他喝。《快乐王子》中的妈妈是裁缝，在寒冷的夜里赶制衣服来挣钱养活孩子；《稻草人》中的妈妈则是一个渔妇，在寒冷的夜里捕鱼给孩子熬粥喝。

1.3 主题思想

王尔德和叶圣陶都是通过童话主人公的俯瞰视角揭露了各自社会的丑恶现实，怀着悲悯和愤懑的感情基调描写了普通劳动者的沉重劳动和艰苦生活。《快乐王子》以 19 世纪末的英国资本主义社会为背景，描写了贫富差距带来的二元对立，表达了作者对社会现实的不满和对城市底层人民的同情，歌颂了人类的高贵品质——爱心与善良；《稻草人》则是以 20世纪 20 年代的中国农村为背景，描写了中国农村的飘摇之态和中国农民历经的各种磨难，对他们寄予了深深的同情。虽然时代背景不同，但都是披着童话外衣来描绘社会现实。

2 真、善、美的表达

王尔德是英国唯美主义的代表人物，坚持"艺术为了艺术"的文学创作观，主张"人生模仿艺术"，反对艺术在形式上和主题上的现代化，认为现实是丑陋的，讲述美而不真实的故事才是艺术的真正目的。王尔德的绝大多数作品都在极力追求语言的优美和形式的精致，但这并不意味着他完全排斥现实和生活。他也曾说过"艺术家承认生活中的事实，但是他们把生活中的事实转化成美的形象，使其成为怜悯或恐惧的载体，并且显示出他们的色彩、奇观以及真正的伦理含义，通过他们建造一个比现实更真实、更具崇高内涵的世界"[3]。王尔德在《快乐王子》中使用了大量诗意的语言、华美的修辞和瑰丽的幻想，反映了真实的社会现实，表达了对弱势群体的爱心，并通过燕子的恋爱和对埃及美景绘声绘色的描述传达出对美好社会的憧憬，最后王子和燕子因为他们的善举而升入天堂，这无疑是给悲惨现实照亮了一道美好的希望之光。王尔德在他那些美丽动人的童话作品中所倾注的博大同情与深挚热情是为读者所共认的。[4] 沈泽民曾评价说"安乐王子是讽刺的短篇神话，很富于社会的同情，而仍不失其为唯美主义者的本色"[5]。因此，王尔德的《快乐王子》是一篇集真善美于一身的童话作品。

叶圣陶是"文学研究会"的创始人之一，提倡"文学为人生"，但在创作初期也曾受到王尔德唯美主义的影响，致力于描绘充满美与爱的童话世界。《稻草人》童话集中收录的《一粒种子》《小白船》《燕子》和《芳儿的梦》都是美与爱的主题，作者运用完美而细腻的美的描写，赞颂人间的善良与爱心。然而《稻草人》是一个转折点，叶圣陶受到《快乐王子》中现实主义因子的影响，开始在后来的童话创作中着力反映悲惨的现实生活，但又不像王尔德那样在悲剧的结尾给出宗教救赎的希望，而是过于悲观与绝望，尤其是《稻草人》中的第三个人物特写，不甘心被卖的女人投河自尽，这样的情节不免太过凄惨，是儿童幼小的心灵无法承受之重。虽然作者歌颂了稻草人的善良和同情之心，但最后稻草人的倒塌却让儿童心中对于人世间的美好希望轰然破灭。这也是有些评论家批评《稻草人》因为太真而不美的原因。儿童文学，尤其是童话，其情感的表达是要健康、明朗的，要给儿童带来光明与希望的，而不能给儿童的心理投下沉重的阴影。[6]

综上所述，无论是立意还是构思，叶圣陶写作《稻草人》是深受王尔德《快乐王子》影响的。那个时代的中国尚未有儿童文学这一概念，是五四新文化运动之后的西学东渐让儿童文学在中国的发生成为可能，叶圣陶作为开拓者发挥了重要作用。虽然《稻草人》有过于成人化的嫌疑，但这与作者所处的特殊历史时期有直接关系，他希望借助童话让儿童从小就知道人间社会的现状而奋起抗争。《稻草人》开启了真正意义上的中国儿童文学创作，并引领了后来儿童文学创作中的"稻草人主义"。因此，如王尔德《快乐王子》在英国文学中的影响和分量一样，叶圣陶的《稻草人》在中国现代文学史上的重要地位不容置疑。

参考文献

[1] 蒋风 . 中国儿童文学大系·理论（一）[M]// 鲁迅 .《表》译者的话 . 太原：希望出版社，2009：222.

[2] 叶圣陶 . 稻草人 [M]// 郑振铎 .《稻草人》序 . 长春：北方妇女儿童出版社，2011.

[3] 赵澧，徐京安 . 唯美主义 [M]. 沈阳：辽宁人民出版社，1988.

[4] 夏骏 . 论王尔德对中国话剧的影响 [J]. 戏剧艺术 .1988（1）：10.

[5] 沈泽民 . 王尔德评传 [J]. 小说月报，1921（5）.

[6] 黄贵珍 . 中国儿童文学发生期的完成与未完成 [J]. 海南师范大学学报，2017（4）：56.

法商话语与翻译研究

教育教学研究

文学与文化研究

语言学研究

其他类

副语言的起源、发展和思考

雷振辉　　刘红艳[*]

摘　要：副语言是人们交流过程中，伴随语言交流产生的一种非语言现象。近年来，由于多媒体技术的快速发展，副语言现象再次获得国内外学者的广泛关注，但也造成了副语言术语的含义不尽相同。本文从副语言的起源入手，介绍了其发展现状，就副语言的定义及研究范围提出自己的见解。

关键词：副语言；起源；发展；思考

人际交往不仅通过语言传递信息，更通过与语言相伴而生的副语言表达情感。最能体现副语言重要性的，莫过于社交软件的发展：从最初的文字短信，到具有表情符号的QQ，再到具有声音模态的微信和图像模态的微博，最终发展到短视频社交软件，副语言信息的保留已经相当完整。由于副语言的定义因人不同，笔者这里仅能用"相当"一词来描述副语言信息的保留程度。由此，在副语言研究愈发流行的当下，回顾其起源与发展历程，给予清晰明确的研究范围，有助于术语的统一，更好地开展副语言研究。

---

* 雷振辉，北京工商大学外国语学院教师。刘红艳，北京工商大学外国语学院教授，研究方向为基于语料库的话语研究、学习者语料库研究、言语障碍患者即席话语研究。

1 副语言的起源

20世纪50年代，美国国务院外交学院（Foreign Service Institute of the U.S. Department of State）的语言学家和人类学家兴起了跨文化沟通研究的热潮，致力于将抽象的人类学理论运用到美国外交官的培养当中，其中包括 Henry Lee Smith，George L Trager，Edward T Hall 和 Ray Birdwhistell 几位重要学者[1]。1950年，Smith 最早提出了副语言的前身——发声方式（vocalization），包括声音特点（vocal qualifiers）和声音修饰（vocal modifiers）[2]。1952年，Birdwhistell 建立了人体动作学（kinesics）[3]，与 Smith 的发声方式共同组成了元语言学（metalinguistics），分别研究与身体动作有关的语言现象和与声音有关的语言现象[4]。1958年，Trager 在 Smith 发声方式的基础上，提出副语言（paralanguage）这一术语及研究框架[5]，并于1963年得到副语言与身势语言跨学科工作会议（Interdisciplinary Work Conference on Paralanguage and Kinesics）的确认[6]。同年，Hall 建立了近体学（proxemics）[7]。

根据创始人 Trager 的描述[5][8][9]，副语言包含两部分：音质（voice qualities）和发音方式（vocalization）。音质包括了音域（pitch range）、音调控制（pitch control）、节奏控制（rhythm control）、语速（tempo）和其他副语言现象，这类副语言现象具有显著地个人特征，因人而异。发音方式包括语音区别符号（vocal characterizers）、语音修饰符号（vocalqualifiers）和语音分隔符号（vocal segregates）。语音区别符号能够让听者区分说话人的身体、心理和情感状态，例如大笑、大哭、大叫、小声说等。语音修饰符号则包括了音强、音高和声音持续时间。区别于音质中的副语言现象，语音修饰符号是一种具有文化特征的表现方式。例如，在欧洲国家，人们使用音高作为一种句法特征，此时，为了表达句子的某种功能，人们会在正常音域上增高或降低音高，这就是一种语音修饰了。语音分隔符号是"uh""sh""uhunh"等类似语言的声音符号，这类声音符号通常不是一种语言的音素。例如，英语中代表安静的声音符号"sh"并不是音素 /ʃ/，后者通常与其他音素构成音节一同出现，而"sh"却可以独立出现，可以打断当下的话语。

2 副语言的发展

20 世纪 60 年代末，副语言的定义出现变化。Abercrombie[4]认为副语言是对话中的非语言因素，可伴随语言产生，与语言互动，并且可以发生在对话之前、之中和之后。他将声音和行动均纳入副语言的范畴，将副语言划分为两方面：可视动作和姿势（visible movementsandpostures）和可闻动作和姿势（audible movementsandpostures），将身势学从最初的定义——研究所有非言语沟通的学问——限定为研究所有非对话身体动作的学问。可视动作和姿势包含了头部动作、腿部动作、手势、身体姿势、面部表情、眼神接触等，而可闻动作和姿势则包含了音量、语速、语域等传统声音信息。尽管副语言定义扩充，但仍须具备以下两个特征：发生在对话互动之中，用于交流。例如，谈话中因紧张导致的眼角抽搐由于不具备交流目的，故而不算做副语言行为；脱帽的行为虽可传达信息，却为引出对话，故也不算做副语言行为。

20 世纪 70 年代末，王宗炎将副语言、人体动作学、近体学一并引入中国，其定义均采用创始人的定义，即 Trager、Birdwhistell 和 Hall 分别对副语言、人体动作学和近体学的定义 [10]。80 年代初，钱兆明引入了 Abercrombie 对副语言的定义 [11]。直至 80 年代中后期，吴德元提出副语言在传播学中称为非语言交流（nonverbal communication，之后称为非言语交流），副语言的研究范畴成几何倍数增长，包括了声音、人体动作、颜色、空间、距离、时间、气氛、穿着等[12]。至此形成了国内狭义和广义的副语言定义——狭义的副语言仅包括声音信息，而广义的副语言则包括了声音、动作、空间距离，甚至触觉、嗅觉等。

3 有关副语言的思考

笔者尝试从国外各个时期寻找有关副语言与非言语交流的关系，但均未发现有关"副语言在传播学中称为非言语交流"的观点，仅有非言语交流与副语言之间存在包含与被包含的关系。非言语交流的起源，可以追溯到 20 世纪 50 年代中期，先行人依旧是 Birdwhistell、Hall、Trager 和其同事们[13]。Poyatos 将非言语交流定义为"由文化领域内所有可感知的非词汇、人工和环境符号系统所释放的符号，不论其是否单独，也不论其是否构成行为或引起人际互动"[13]，可见非言语交流是包含副语言现象的。

在明确副语言与非语言交流之间的关系后，笔者纵观国外近 10 年与副语言研究相关的文献，共有 108 篇，其中关于副语言的定义与研究范畴，与声音有关的 89 篇，占 82.41%；与人体动作有关的 9 篇，占 8.33%；与图像有关的 10 篇，占 9.26%。值得关注的是，近两年国外副语言研究重点，转向了 Facebook、Twitter、Instagram 等社交媒体上的文本副语言（textual paralanguage），指针对页面上文字部分进行补充或替代的听觉和视觉表现，从本质上是对交流定义的一种扩充。

基于上述关于副语言的起源、发展和现状的阐述和思考，笔者希望能够继续沿用创始人 Trager 对副语言的定义（狭义的副语言定义）以及研究框架，并将副语言在新时代下的特征归纳如下：①副语言是交流的一部分，不脱离交流而独自存在；②副语言以交流为目的，对交流起补充或替代作用；③副语言所处的交流模式须以语言为基础；④副语言具有文化特征，具有不同文化背景的使用者，为达到相同语用效果所使用的副语言存在有所不同的可能性。

随着多模态技术的发展和多模态语料标注软件的不断完善，副语言的研究向着客观化、系统化、交叉化的方向不断发展。今后的研究应当以框架标注方案为主，借助标注软件强大的语料库检索功能，推动与其他语言学现象乃至其他学科相交叉形成新研究领域，为语言在各个领域发挥积极作用打下坚实的基础。

参考文献

[1]LEEDS-HURWITZ W. Notes in the history of intercultural communication：The foreign service institute and the mandate for intercultural training[J]. Quarterly journal of speech，1990，76（3）：262-281.

[2]SMITH H L. The communication situation[M].Washington：Foreign Service Institute（mimeographed），1950.

[3]BIRDWHISTELL R L. Introduction to kinesics[M]. Louisville，KY：University of Louisville Press，1952.

[4] ABERCROMBIE D. Paralanguage[J]. International journal of language & communication disorders, 1968, 3（1）：55-59.

[5] TRAGEG R L. Paralanguage: a first approximation[J]. Studies in linguistics,1958,13,1-12.

[6]BATESONM C. Kinesics and Paralanguage[J]. Science，1963，139（3551）：200.

[7] HALLE T. A System for the notation of proxemic behavior[J]. American anthropologist，1963，65（5）：1003-1026.

[8]TRAGEG R L. Tao III：paralanguage[J]. Anthropological linguistics，1960，2（2）：24-30.

[9]TRAGER G L. The typology of paralanguage[J]. Anthropological linguistics，1961，3（1）：17-21.

[10] 王宗炎 . 美国学者对语言学中若干问题的探索 [J]. 当代语言学，1979（5）：1-7.

[11] 钱兆明 . 环境和语义 [J]. 外语教学与研究，1981（1）：53-63.

[12] 吴德元 . 副语言在外语教学中的作用 [J]. 上海师范大学学报（哲学社会科学版），1987（2）：97-100.

[13]POYATOS F. Nonverbal communication across disciplines（Volume 1）：Culture，sensory interaction，speech，conversation[M].Amsterdam：John Benjamins Publishing Company，2002.

合作原则视角下外交语的语用策略

——以外交部例行记者会（2018 年 4 月）为例

杨怀恩　　方玲*

摘　要：随着国际交往的深入，各国动态也被众多媒体时时关注着，如何完美应对来自各国记者问出的敏感话题，又不失大国风范，显得尤为重要，本文选取外交部 2018 年 4 月例行记者会的部分语料，运用 Paul Grice 的合作原则，浅析外交用语的语用策略。

关键词：合作原则；外交发言人；语用策略

1　引言

外交部不仅象征我国形象大使，也是我国与外界沟通的媒介，其各项外交活动都是一场激烈的博弈，有时候一句话都会引发"风吹草动"，牵涉国家乃至世界利益。因此，对外交部发言人而言，熟练运用语用原则，掌握一定的语用策略，能有效提升用词的严谨性，避开一些敏感政治话题，从容应对各种"疑难杂症"。纵观以往对外交语言的分析基本

---

*　杨怀恩，北京工商大学外语学语教授。方玲，北京工商大学外语学语 2017 级国际法商英语专业研究生。

从外交语言特点，模糊原则以及礼貌原则进行，对于合作原则下的实证分析较少。本文以合作原则为理论指导，对各准则的现象进行简要论述和分析。

2 格莱斯合作原则定义和内容

"合作原则"是格莱斯 1967 年提出的，后来在《逻辑和会话》一文中发表。他认为，在所有的语言交际活动中为了达到特定的目标，说话人和听话人之间存在着一种默契，一种双方都应该遵守的原则，即会话的合作原则（cooperative principle）。具体说，便是按照需要做出你的会话贡献，在需要做出贡献的时候做出此贡献，根据你所参与会话的共同目的或方向做出这种贡献[1]。在会话原则这条根本原则下设有 4 个准则及诸多子准则：

（1）数量的准则（quantity maxim）。

使自己所说的话达到（交谈的现实目的）所要求的详尽程度；不能使自己所说的话比所要求的更详尽。简单来说，就是不要多说也不要少说。

（2）质量的准则（quality maxim）。

不要说自己认为是不真实的话；不要说自己缺乏足够证据的话。

（3）关联准则（relevant maxim）。

说话要有关联，要贴切。

（4）方式准则（manner maxim）。

避免晦涩的词语；避免歧义；说话简明扼要；说话要有条理。[2]

3 合作原则在中国外交部例行记者会中的应用

例 1：

问：最近中日第四次经济高层对话和第五次中印战略经济对话期间，日本和印度方面都表示支持基于规则的多边贸易体制，要维护以世贸组织为核心的全球自由贸易体制。许多外国领导人和国际组织负责人也表达了类似的观点。这是否表明在中美经贸摩擦可能加剧的背景下，中国得到很多国家的支持？[3]（2018.4.17）

答：关于中美之间的贸易摩擦问题，我们已多次清晰明确表明中方立场。我刚才也说了，当前中美围绕301调查的相关贸易摩擦问题，其本质是多边主义同单边主义、全球自由贸易同保护主义的斗争。正如习近平主席昨天在会见世界经济论坛主席施瓦布先生时所指出的，现在世界上的问题这么多，挑战这么多，还是要通过平等协商，加强多边合作来应对。历史一再证明，封闭最终只能走进死胡同，只有开放合作，道路才能越走越宽。大国在这方面承担着重要而特殊的责任。中国作为负责任的大国，愿同国际社会一道，在开放中合作、以合作求共赢，为给世界带来光明、稳定、美好的前景发挥积极作用，做出更多建设性贡献。

从以上的对话中不难发现，这名外国记者想问的是在中美贸易摩擦加剧的情况下，是否会有很多国家站在中国这一边？若根据合作原则的数量准则，应答者只需要回答"yes"或者"no"然而我们的外交发言人回答没有直接给予答复，而是指出301调查的本质，强调设置贸易壁垒没有出路，只有开放合作才是顺应历史发展潮流的。外交发言人以违背数量原则的语用策略，表面上这个回答没有明确表示出立场观点，但是所隐含的信息是：中国一直本着合作共赢的外交政策，世界其他各国都会认同并支持。这轮问答虽然违反了数量准则，但是却更好地回答了这个问题，产生了特定的会话含义，也给了记者们一个更加清晰的答复。

例2：

问：3月27日，一名挪威公民因从越南向中国走私三文鱼被捕，据说此人持有两国护照，请问她是以挪威公民还是中国公民身份被捕？中方如何看待该案的严重性？这是否会影响中挪经贸关系和整个双边关系？你是否了解，这是她的个人行为还是与所在公司的共同所为？她面临什么样的指控？[4]（2018.4.12）

答：我不了解你提到的具体情况，记者会后我可以帮你问一下。我可以告诉你的是，当前，中挪关系发展顺利，两国在各领域的合作开展正常。

在这一问答中，体现了合作原则中的数量和质量原则。该名记者连续问了 5 个问题，根据数量原则，应答者应该有 5 个对应的回复，但是我们外交发言人的回答没有完全涵盖他所提出的问题，没有达到该名记者所需的信息数量；另一方面，我方发言人诚实地回答了对他提出的具体情况不了解，这表明我方发言人没有说假话也没有回答该记者缺乏足够证据的话，体现了合作原则的质量原则。从记者提出的问题上明显看出，他的意图是想打探中国和挪威的关系，外交发言人违背数量原则和运用质量原则的语用策略，表面上看似没有回答该记者提出的所有问题，实际则明确表明我方和挪威关系良好，他所提及的问题不会对两国关系发展有任何影响。

例 3：

问：据澳大利亚媒体报道，中方正在瓦努阿图建设军事基地。中方对此有何评论？你是否认为澳大利亚应当对中方在南太地区帮助建设大型战略性项目感到担忧？[5]（2018.4.10）

答：一句话，fake news。你应该已经注意到了，瓦努阿图外长今天在接受媒体采访时已经对此作了澄清。

Paul Grice 认为，在谈话中，面对对方所需的信息，要尽量避免繁杂啰嗦的表述，不要多说也不要少说。例如 A 和 B 的谈话：A：你家在哪里？ B：跟俄罗斯交界的中国最冷的那地儿，中国地图上鸡头的地方。显然 B 的回答过于繁琐，而且会让人觉得 B 说话是不是有什么深刻含义，他可以直接回答黑龙江，所以 B 的回答违背了方式原则。在上面这个例子中，外交发言人就熟练运用了合作原则中的方式准则，此项语用策略简洁明了地表明了这是一则假新闻，并提供了这则假新闻的证据，言简意赅地说明了中方和澳大利亚的关系，让那些有心人不要再捕风捉影，随意杜撰一些不存在的事情。

Paul Grice 认为，在谈话中，所设计的谈话主题要一致，要有关联，不能偏题跑题，谈与话题无关的话。例如 A 和 B 的谈话：A：那人说话声音真大啊！B：今天天气不错。A 对 B 说这话的意图是想从 B 那里获得认同那人说话确实大嗓门，而不是其他无关的信息，显然 B 的回答违背了关联原则。

4 结语

由于例行记者会提问的随机行和复杂性，在许多情况下，遵守合作原则可以促进外交活动顺利进行，然而外交辞令总是需要具体问题具体分析，有时故意违反"合作原则"可以让外交含义更含蓄，更隐喻地表达，这样不但可以巧妙回答各方记者问题，而且可以无损于一个国家的利益。

参考文献

[1]GRICE H P. Logic and conversation [M]//Cole P，MORGAN J. Syntax and semantics：Speech act.New York：Academic Press，1975.

[2] 何兆熊 . 语用学概要 [M]. 上海：上海外语教育出版社，1989：146-151.

[3] 外交部发言人华春莹例行记者招待会 [EB/OL].（2018-04-17）[2018-06-25].http：//

www.fmprc.gov.cn/mfa_eng/xwfw_665399/s2510_665401/t1551802.shtml.

[4] 外交部发言人耿爽例行记者招待会 [EB/OL]. （2018-04-12）[2018-06-25].http：//

www.fmprc.gov.cn/mfa_eng/xwfw_665399/s2510_665401/t1550440.shtml.

间接言语行为理论在影视剧台词中的应用

杨怀恩　张森 *

摘　要： 本文以美国哲学家、语言学家 Searle 的间接言语行为理论为指导，以美版《甄嬛传》台词为研究对象，对剧中人物间的经典对话进行分析，探究间接言语行为在影视剧的使用情况，重点剖析间接语言行为现象对剧中人物关系发展的重要性，使人们能够从语言学的角度来看待剧中人物的对话。

关键词： 间接言语行为；人物关系；美版《甄嬛传》

1　引言

　　《甄嬛传》是一部宫廷剧，该剧一经播出便深受观众喜爱，错综复杂的人物关系是该剧的一大亮点，现今的影视剧市场中，宫廷剧已趋近饱和，但近年来唯独《甄嬛传》将后宫女人勾心斗角的生活展现得淋漓尽致，这也是该剧能够稳居收视率头把交椅的缘由。故事的主线就是主人公甄嬛从一个天真无知的少女经历磨难后成长为心机颇深的贵妃逆袭之路的故事。此剧原为国产剧，后经译制推广至美国、日本、韩国等国家，其美版剧名译为 "Empresses in the Palace"，简称美版《甄嬛传》。这部影视剧的台词设定极为精妙，语言使用十分考究，因此，本文以剧中人物间的经典对

＊　杨怀恩，北京工商大学外国语学语教授。张森，北京工商大学外国语学语 2016 级研究生。

话为研究对象，对他们的言语行为进行分析，以此来探究间接言语行为理论对交际的影响。

2 间接言语行为理论

Yule 曾用举例的方式说明何为"间接言语行为"，比如"Can you pass the salt?"Yule 认为间接言语行为就是用句子原本的功能意义去实现其他目的的功能的作用。

Sealer 认为间接言语行为就是说话者在交际过程中不直接表明自己所要表达的意愿，而是通过其他言语行为，比如直接言语行为，来间接地表明其意图。间接言语行为需要依靠听者配合实现，同时间接言语行为的实现会受到听者对说话者所说内容的理解、话语分析的能力和说话者说话的目的等因素的影响，Sealer 的间接言语行为理论强调的是说话者的"话外之意"。

3 美版《甄嬛传》中间接言语行为分析

美版《甄嬛传》中的许多对话场景都十分值得推敲，剧本台词语言的使用非常巧妙，这也是这部影视剧能成功在各类影视大奖中拔得头筹的原因。下面笔者将以 Sealer 的间接言语行为理论对美版《甄嬛传》中的部分经典对话进行分析，台词对话将分为两个版本即英文版和中文版，方便中英文对照理解，中文台词和英文台词皆为官方版本。

场景一：在该段对话发生前，华妃指使余氏在甄嬛的饮食中下毒，意图谋害甄嬛，后被甄嬛发现。华妃暗中处死余氏，但丽嫔知道整个过程的缘由，于是甄嬛设计假鬼吓丽嫔，试图得到答案，结果丽嫔被吓疯，满嘴胡言乱语。皇后虽为后宫之首，但华妃凭借家世地位，根本没有把皇后放在眼里。虽然皇后位份高于华妃，但华妃平时对皇后没有半点儿尊重之感，反倒处处针对皇后。因此，皇后平时格外注意与华妃相关之事。下面是丽嫔疯后，皇后与华妃之间的对话。用 LP 代表丽嫔，HH 代表皇后，HF 代表华妃，ZH 代表甄嬛，JFH 代表江福海。

LP：Your Highness, please help me! It's a ghost!

皇后娘娘救我啊！有鬼！有鬼！

HH：Lunacy! Have you lost your senses? I can't allow you to go around like this. Jiang Fuhai, Take Concubine Li to Jingren Palace.

疯言疯语成何体统，你这样子本宫也不放心啊，江福海，带丽嫔回景仁宫。

HF：Your Highness. Concubine Li has surely lost her mind. Will she not disturb you at peaceful Jingren Palace? I should take her and care for her.

皇后娘娘，丽嫔的病症像是失心疯，怎能带去景仁宫扰您休息，还是由臣妾带回去，让臣妾照顾吧。

HH：Jingren Palace is quite spacious. We can certainly find room for her. Though Concubine Li is delirious, her words concern Yu's poisoning. It is of great importance. I must look into this. Is it inappropriate to let Concubine Li to stay with me?

景仁宫那么大，总会有地方安置，更何况丽嫔她虽说神志不清，口口声声设计余氏投毒之事，事关重大，本宫不得不追查，难道华妃觉得丽嫔在本宫那里有什么不妥吗？

ZH：Your Highness, we bid you good night.

恭送皇后娘娘。

HH：Jiang Fuhai, bring Concubine Li along.

江福海，带上丽嫔。

JFH：Yes, Your Highness.

嘛。

分析：

（1）皇后视角下的间接言语行为：丽嫔被吓疯后，话中频频提到余氏投毒之事，事实上，皇后早已心知肚明，余氏投毒之事肯定与华妃有关，但缺乏确凿的人证物证，不能降罪于华妃，丽嫔的疯言疯语让皇后看到了希望，她觉得可以通过这件事搬倒华妃，于是在余氏疯后向皇后求助时，皇后的话是"你这样子本宫也不放心啊，江福海，带丽嫔回景仁宫"，这句话也是皇后在当时情形中的直接言语行为。这句话表面意思是皇后很关心丽嫔的状况，不放心她，担心她有危险，于是让自己的太监江福海，将丽嫔带回景仁宫，以此来"保护"丽嫔。但事实上，皇后的言外之意，也就是皇后的间接言语行为是指，她要将丽嫔带回自己的宫中，询问事实的真相，以图抓住华妃的把柄，惩治华妃。

（2）华妃视角下的间接言语行为：在听完皇后所说的话后，华妃的反应是"皇后娘娘，丽嫔的病症像是失心疯，怎能带去景仁宫扰您休息，还是由臣妾带回去，让臣妾照顾吧"。从直接言语行为的角度，结合当时的背景，华妃说出这句话，表面上看是体恤皇后，不希望丽嫔打扰皇后休息，然而隐含在这句话背后的间接言语行为是华妃不希望丽嫔被皇后带回景仁宫，因为丽嫔知道自己的秘密，如果丽嫔落入皇后手中，会对自己不利。这句话也是通过直接言语行为来表达自己的间接言语行为。

（3）甄嬛视角下的间接言语行为：在场景一中，甄嬛处于旁观者的视角审视整个过程，但先前甄嬛与华妃的关系并不"融洽"，华妃几次想治罪甄嬛都无劳而终，而甄嬛也一直在寻找报复华妃的机会。在上述对话中，甄嬛的发言只有一句，即"恭送皇后娘娘"。从直接言语行为的角度看，这是一句遵循礼貌原则的话，后宫尊卑有别，说话做事都要遵守规矩。从字面意思上看，甄嬛是在向皇后道别并说出礼貌性话语，然而，其隐藏在直接言语行为后的间接言语行为是甄嬛不希望皇后给华妃留有机会，希望让皇后尽快带走丽嫔。因为甄嬛明白，余氏的死一定和华妃有关，但华妃一直在祈求皇后，不要将丽嫔带回自己的景仁宫。此时，甄嬛突然说出一句"恭送皇后娘娘"，意在让皇后将丽嫔带走，不让华妃的计谋得逞。

场景二：下面这段对话发生在皇后与安陵容之间。安陵容没有显赫的家室背景，在宫中没有任何指望，于是她主动向皇后示好，自己亲手做了一个香囊送给皇后，以表示自己对皇后的忠心，希望皇后可以帮助并扶持她。而就在前段时间，富察贵人发现自己已怀有龙胎，皇后听闻十分不安，因为她自己没有孩子可以依靠，不希望任何人对她构成威胁，而就在此时，安陵容出现在皇后面前。

下面用 HH 代表皇后，ALR 代表安陵容。

HH：It's not that I don't perfume. But I must remind you that certain perfumes may do harm to your health if used improperly.

本宫不是不喜欢香料，只是嘱咐你，有些香料用得不当只会伤身。

ALR：Thank you for your counsel, Your Highness.

臣妾多谢娘娘教诲。

HH：As you understand perfumes, you must know how terrible they can be. It's springtime. Even the cats are starting to wail. Other cats will yowl. But my cat, Songzi, loves to pounce.

你懂得用香料，就应该知道其中的厉害，春天了，连猫也要叫春，其他猫就会叫，可是本宫的松子却喜欢扑东西。

ALR：Cats are not easy to train when in heat. But they are quite susceptible to scents. They can be trained once accustomed to certain scents.

猫儿春天发性不好哄，但是猫喜欢闻气味，闻久了便听话了。

HH：Very good. The flowers at Jingren Palace are in full bloom. I will invite all the concubines to the palace to view them.

好啊，景仁宫的花都开了，本宫想遍邀宫中嫔妃，一起赏春同乐。

ALR：Yes，Your Highness.

是。

分析：

（1）皇后视角下的间接言语行为：皇后与安陵容之间的对话，是间接言语行为成功的案例，双方都读懂了对方的言外之意。皇后对安陵容说"有些香料用得不当只会伤身"，从直接言语行为来看这句话，字面意思是要慎重用香，否则可能会对身体造成伤害，但皇后真的意思即皇后的间接言语行为所要表明的意思是可以用香料来伤"富察贵人"的身。后又提到自己的猫喜欢扑东西，这句话中皇后所隐含的间接言语行为是希望安陵容将香料和猫联系在一起，达到猫偶然"扑富察贵人"的意图。安陵容成功地读懂了皇后的话，最后皇后说"想遍邀请宫中嫔妃，一起赏春同乐"。从直接言语行为的角度来分析，字面意思是皇后要请各位妃嫔到她宫中赏花，而间接言语行为却是，等到富察贵人来到景仁宫赏花时，她和安陵容就可以实施他们的计划了。

（2）安陵容视角下的间接言语行为：从上述对话，我们可以看出，皇后与安陵容没有提半句要用香料和猫坑害富察贵人的事儿，但彼此都心知肚明对方的意思，这就是一个成功的间接言语行为的案例。间接言语行为的实现，需要依靠听者利用自己的话语分析能力，结合自己对背景的了解，理解说话者的言外之意、弦外之音。皇后说到："你懂得用香料，就应该知道其中的厉害，春天了，连猫也要叫春，其他猫就会叫，可是本宫的松子却喜欢扑东西。" 而安陵容回答："猫儿春天发性不好哄，但是猫喜欢闻气味，闻久了便听话了。"安陵容读懂了皇后的意图，所以给出了这样的回复，其间接言语行为所要表达的意思是要训练猫闻香料，训练它扑东西，等到妃嫔们到皇后的景仁宫赏花的时候，让猫扑倒怀有身孕的富察贵人。

4 结语

Searle 认为对话是在规则范围内实施的行为。人们在对话时都存在意图，不同言语的选择会影响对方的理解，进而影响进一步对话。在美版《甄嬛传》中，剧中人物更多实施非规约性间接言语行为来实现自己的意图，可以让自己真正的目的表现得既委婉又明确，间接言语行为的使用是这部影视剧的神来之笔。影视剧中的语言是丰富多彩的，其表达方式也是多种多样的，尤其是以古代宫廷生活为题材的影视剧，更是在语言方面生动形象。使用 Searle 的间接言语行为理论来分析美版《甄嬛传》中的经典对话，可帮助我们探究言语行为在日常生活中人际交往的影响。在现实生活中，我们只有对这些言语行为现象进行更深入的研究，才能准确理解话语中的意图，人与人之间的人际交往活动才能成功，人与人之间才能更好地沟通和交流。

口译语料库多模态标注研究综述

王海洋　　刘红艳[*]

摘　要：现阶段，口译语料库的发展仍停留在以文字语料库为主的基础上，与文本语料库相比，口译语料库的多模态标注能够更全面、客观地保存真实口译场景的语音信息和视觉信息，更全面、客观地反映口译操作的真实过程。多模态标注是指将口译现场的语言文本进行转写、处理与标注，并且将与文本紧密关联的音频及视频语料同样进行多层次的标注，目的在于采用实证的方法系统地研究语言符号与非语言符号之间的相互作用。本文将重点介绍口译语料库多模态标注的作用、现状与不足，并且给出展望。

关键词：口译语料库；多模态标注；口译研究；口译教学

1　口译多模态标注的定义与范围

口译语料库的多模态标注是指将口译现场的语言文本进行转写、处理与标注，并且将与文本紧密关联的音频及视频语料同样进行多层次的标注，目的在于采用实证的方法系统地研究语言符号与非语言符号之间的相互作

---

[*] 王海洋，北京工商大学外国语学院国际法商英语专业研究生，主要研究方向为法商话语研究。刘红艳，北京工商大学外国语学院教授，研究方向为基于语料库的话语研究、学习者语料库研究、言语障碍患者即席话语研究。

用。语料库的多模态标也是指将不同交际渠道（包括言语、眼神、手势、肢体语言等）的同步内容进行标注，而且通常语料是基于直接记录的人类行为"。

口译语料涉及的多模态信息大致可分为三类，即"语言信息（linguistic information）、副语言信息（para-linguistic information）和超语言信息（extra-linguistic information）"[1]。目前研究将口译多模态标注暂分为十个层级：音高轨，原文本层，对齐层，翻译层，非流利现象层，口译错误层，翻译难点层，手势动作层，特殊表达层，言外音层。[2]本文也将基于以上研究基础，进行修正、补充与创新。

2 多模态标注的作用

首先，在口译领域中，从 20 世纪 70 年代开始，语言学家开始关注非语言信息在口译过程中的作用，并基于理论开展研究。研究者主要关注于以下三个方面："译员的副语言特征、多模态现象与口译质量的关系、口译工作环境与口译多模态的关系"[3]。研究表明，对于口译多模态标注的探索有助于反映口译操作的真实过程，提高口译质量，帮助译员在不同情境下进行更有效的信息沟通，同时有助于总结口译经验与规律，以辅助译员提供更优质的口译成果。

不仅在口译过程中，多模态标注亦体现在多学科、跨领域中。"非语言现象成为社会语言学、心理语言学与口译研究的接口"[4]。在多方面进行的多模态标注能够更全面、客观地重新展现人类的活动过程，其应用已大大超出了语言学的范畴，涵盖了心理学、人工智能、信号工程、计算语言学、人机交互、医学与康复等领域，相关的研究也越来越呈现出跨学科性质。因此，多模态标注展示了在多领域中的良好前景，展现了其重要性以及研究之必要性。

3　现有口译语料库的多模态标注现状

如今，口译语料库的性质主要以文字语料库居多，在语料库翻译学研究中，鉴于语料收集与加工方面的特殊性，口译语料库的建设是学界公认的难题。当今全世界口译语料库不仅规模较小、种类较少，而且语料标注没有充分体现口译的口语化特征，在多模态标记方面更是缺失，影响对口译加工过程的全面认识，口译语料库在教学与实践中的推广与应用收到了不良的影响，也无法真正有效服务于口译学习者发现问题，解决问题。

4　现有口译语料库及多模态标注相关研究存在的问题与不足

从以上口译语料库的现状不难发现当今语料库建设以及多模态标注相关研究拥有许多不足之处，以下问题对于未来建设更完备的口译语料库来说至关重要，既是提醒，也是经验。

4.1　多模态标注研究内容有待深化

相对库容较大、内容丰富的口译语料库对多模态信息转写和标注涉及内容相对全面，而其他小型口译语料库则只选择性地转写和标注了停顿、重复等个别多模态信息，各个语料库的标注重点相对独立与分散，没有达成统一体系。此外，对于多模态现象标注的实证数据数量过少，缺少大量客观数据的支撑，视频及图像例证更是少之又少，不利于后续研究的参考与展开。

4.2　转写及标注规范有待系统化、科学化

除了个别大型语料库（如 EPIC、CECIC、TIC 等）按照了 TEI 文本编码规范或者 HIAT 口语文本转写标注规范进行了转写及标注外，其他口译语料库则均使用了自行创作的标注符号。而事实上，前面所提及的两种文

本标注规范并不能完全适用如今对于多模态现象的标注工作。口译多模态标注仍为较新研究领域，该缺点亦体现了当今研究急需推广一套行之有效并且方法合理得多模态标注规范。

4.3 现实及客观因素妨碍研究发展

首先，建设语料库毫无疑问需要花费大量人力物力，而建设多模态标注的口译语料库更是需要专业的技术支持以及建库工具，这对于刚刚起步的研究方向来说是一个较大的障碍。其次，"现有口译语料库之间并没有很好的兼容性"[5]，许多口译语料库仍处于内部交流使用的不公开状态，这对于相关研究的开展更是一个较大的难题。

此外，口译语料库多模态标注的建设与成本较高，对口译语料库进行多模态标注需要大量的人力与时间，缺少资金以及人力支持这势必会对研究团队的语料库建设造成较大的阻碍。由于多模态语料的特点，其较大的数据容量以及较为复杂的标注方式，对于研究团队在后期对语料库进行维护以及扩充语料都是极大的挑战。此外，相关研究硬件及软件仍有待升级，设备水平的不足仍时常影响着研究效果，例如因为摄像设备的清晰度不足，译员的面部表情很难细微捕捉。改善这些问题均需要较高的成本进行更新与维护。

4.4 多模态标注研究影响及重视程度不足

对于口译语料库的多模态标记研究在当今仍是起初始阶段，这些少量的研究对于整个口译领域来说仍无法产生很大的推动作用，也无法促进学界进行更加大规模的考察与分析。此外，因为多模态标记的技术相对较为复杂，对于相关技术软件的开发与培训也没有得到足够重视，也造成现有研究较为困难，难以短期得出较为可观的研究成果来指导口译实践与教学。

5 口译语料库多模态标注的展望

与传统单模态语料库的单一标注方式相比，多模态标注能够更加准确地展现口译任务的过程，因此有着在学术上更高的价值和实用性。通过ELAN 等专业语言学标注软件的辅助，研究者能够更好地找出口译活动中的问题，更加精准地归纳出翻译方法。通过多模态标注以及专业软件共同建设出的新型口译语料库将会大大帮助学界展开更深层次的研究，这有助于"探讨语言符号与非语言符号之间的关系，从更深层次揭示口译中的信息认知过程"[6]。

除了在学术领域将会大有作为以外，口译语料库的多模态标注也将在口译教学领域中发挥极大的作用。由于多模态标注中涉及真实的口译场景，因此新型语料库相对传统语料库将会具有更逼真的临场感受，使口译学习者能够更加直接准确地体会议员所处的环境以及心理压力，这对于未来口译学习者的提高是大有裨益的，对口译教学来说也是革新性的变化。

最后，不仅是在语言学领域，口译语料库的多模态标注方法因为能更加真实地记录人类的具体活动，因此将可以指导心理学、社会学、传播学、人工智能、计算语言学、医学诊断与康复等多个领域，辅助建设更多不同学科的多模态标注语料库，在未来服务于更广阔的人群。

参考文献

[1] 邹兵，王斌华. 口译语料库中副语言信息的转写及标注：现状、问题与方法 [J]. 山东外语教学，2014（4）：17-23.

[2] 刘剑，胡开宝. 多模态口译语料库的建设与应用研究 [J]. 中国外语，2015（5）：77-85.

[3] 张威. 中国口译学习者语料库的副语言标注：标准与程序 [J]. 外语电化教学，2015（1）：23-30.

[4] 刘宓庆 . 口笔译理论研究 [M]. 北京：中国对外翻译出版公司，2006.

[5] 胡开宝，陶庆 . 汉英会议口译语料库的创建与应用研究 [J]. 中国翻译，2010（5）：
49-56.

[6] 张威 . 近十年来口译语料库研究现状及发展趋势 [J]. 浙江大学学报（人文社会科学
版），2012，42（2）：193-205.

叙事分析与医学话语的结合点

——叙事医学

王景云[*]

摘　要： 本文主要介绍叙事分析与医学话语的结合点——叙事医学的起源、定义和内涵以及在我国的发展，并且探讨了其作为新的医学实践形式为语言学研究提供的研究沃土。叙事医学是与临床工作者的叙事能力密切相关的医学实践，旨在培养临床工作者吸收、理解并被患者的故事所感动的能力，体现医学领域的叙事转向；同时，这种医疗实践也为叙事分析提供更加丰富和有现实意义的语料。

关键词： 叙事分析；医学实践；叙事医学

1　引言

自 20 世纪六七十年代以来，叙事分析一直是人文和社会科学研究的重要主题。在语言学领域，叙事是最早被纳入社会语言学考察和分析的话语类型之一，在当前的社会语言学研究中也占有重要的地位。Labov 和 Waletzky 提出了个人经历叙事的结构模型，开创了社会语言学领域叙事分析的结构主义传统先河，也促使了人们对讲述个人经历的口头叙事的关注。

* 王景云，北京工商大学外国语学院讲师，主要研究方向为英语社会语言学、话语分析。

[1]叙事是对过去的讲述，是将经历转化为言语表达的方式，也是一种阐释经历的意义和自我认知的手段。

进入 21 世纪，叙事被引入医学领域，Rita Charon 提出了"叙事医学"（narrative medicine）这一新名词[2]，并且发起了"叙事医学"运动，随后一批医学工作者和文学学者加入这一阵营，推动了叙事医学的发展，并且在全世界产生了广泛影响。叙事医学反映了叙事分析与医学话语的结合，体现出跨学科的特征。下面将介绍叙事医学的起源、定义和内涵、以及在我国的发展。

2 叙事医学的起源

早期对医学人文的呼吁和疾病叙事的关注可以追溯到美国医学人类学教授和精神卫生领域的专家 Arthur Kleinman。他在著作《疾痛的故事：苦难、治愈与人的境况》中提出了疾病叙事（illness narrative）的概念、医患交流双方的解释模式以及"让患者谈病说痛"的问诊方式，强调医学人类学中的"体验和经验"，如人们如何带病生存、人们的重病体验以及人们如何理解疾病在自己生活中的角色。[3]他首次提出将疾病（disease）与病痛（illness）区分开来，前者属于被观察和记录的世界，归属医生的世界；后者是被体验和叙述的世界，归属患者的世界。同时，他也批判了现代医学的唯技术论和"以疾病为中心"的模式，认为这种模式导致了医学行为失去了仁爱和人文关怀。

美国哥伦比亚大学的内科学教授、内科医生及文学学者 Rita Charon 于 2001 年在美国发起了叙事医学运动，开辟了叙事医学这一新领域，建立了哥伦比亚大学"叙事医学"项目。她认为，技术为上的当代医学是冷漠的医学，医生缺乏人性的力量，不能认识患者的困境，也无法与他们共情，甚至没有时间去思考和理解患者所要面临的痛苦；而患者希望医生能够理解他们的苦难，并且在这个过程中与他们同在。医生们需要找到一种新的实践方法，倾听和理解患者的痛苦，尊重患者对于疾病意义的理解，并为之感动，从而在行动上为患者着想，这也是叙事医学存在的必要性。另外，患者讲述自己的故事，将自己的生活以文字的形式掌握在自己的手中，在某种程度上也重建了自己的主体性。[4]患者的故事具有独特性，也让医生意识到患者的独特性，并且尊重他们的独特性。

促使叙事医学出现的条件主要有三个方面：①学术研究领域的叙事转向。叙事是人类认识和体验世界的一种方法，也称为一种重要的研究方法。Kreiswirth认为，美国学术界在20世纪80年代出现了"关于人的科学的叙事转向"。[5]医学是关于人的科学，其认知论也应该是叙事的，叙事是医学理论和医疗实践的连接桥梁。②"以患者为中心"的医学，以患者为中心是指医生尊重患者的意愿和需要，使患者平等地参与决策。不仅要关注患者的生理健康，还要关注患者针对疾病的叙事。③对循证医学的质疑和挑战，循证医学是指慎重、准确和明智地应用所能获得的最好的研究证据来确定患者的治疗措施。[6]循证医学在于医生如何解释证据，以医生为中心，忽视了作为主体的患者。叙事医学反映了叙事转向对医学领域的影响、医学界对循证医学的质疑以及以患者为中心的医疗实践，这些因素也推动了叙事医学的发展。

3 叙事医学的定义和内涵

Rita Charon在《叙事医学：形式、功能和理论》一文中首次提出了"叙事医学"的概念。叙事医学是指"具有叙事能力的医学实践"。叙事医学"尊重饱受疾病折磨的患者以及滋养照护患者的临床工作者"。[7]叙事能力是指能够吸收、理解并被疾病的故事所感动的能力。叙事医学对于医生的职业认同发展的影响主要体现在建构和塑造医生"照护者""倾听者"和"共情者"的职业认同。叙事医学提出从自传、心理分析和创伤研究等方面，来提升医生照护、倾听和诉说的叙事能力；其目标是让医生们培养高超的倾听能力和挖掘潜藏信息的能力、对自身情感觉察的能力以及对生命和职业精神的反思能力，从而更好地为患者服务。

叙事医学强调医学技术和手段之外的对患者痛苦的倾听与理解，以及为患者的故事所感动，因此叙事医学不仅尊重患者、实现医患共情，也会给医护群体带来滋养。在循证医学的框架中，医生忙于各种医疗数据的收集和评价，在有限时间内只能获得与患者病情有关的关键信息，没有时间和精力去思考患者要面对的痛苦，而患者希望能够向医生诉说他们的痛苦，期望医生能够理解他们的困难。鉴于此，医学领域迫切需要一种新的医学形式，叙事医学正是解决这一问题的医学实践。

正是因为"科学性的医学无法帮助患者与失去健康作斗争并且找到疾病和死亡的意义"[7]，叙事医学的尝试和实践促使医生和患者面对疾病、痛苦和死亡时建构起意义与主体性。叙事医学意在让医生倾听和细读患者的故事，在理解这些故事的同时，他们会与患者的故事互动，获得情感的触动和生命的联结。这种感受他人故事的间接性体验也会促使医生们反思自己的身体和生命，并且反思在患者生命中的角色，作为医生的职业角色和认同。

4 叙事医学在我国的发展

目前，叙事医学的理论介绍在国内不断涌现，具体的研究实践也有所尝试，特别是医学生的培养和教育方面也开始关注其职业发展过程中的人文素养，但是由于叙事医学在我国发展仍旧处于初期引入阶段，叙事医学实践中的叙事话语的分析还比较少，特别是对医学领域的叙事的细致语言学分析。叙事医学的发展体现出叙事分析与医学话语的界面研究，近些年来也涌现出一些实证研究，如 Hamilton 对阿尔茨海默症患者的话语以及骨髓移植幸存者的回忆叙事的分析 [8-9]、Candrian 有关临终关怀和急诊科医生工作经历叙事的研究。[10] 叙事话语呈现了不同群体的经历和体验，既有患者的亲身体验，也有医护群体从患者身上获得的体验，这些叙事建构了不同群体的认知。

叙事医学在美国的兴起和发展对我国的医学理论与实践产生了影响，医学领域对医学人文教育的关注也在不断加强。杨晓霖论述了叙事医学对于我国医患沟通和医学人文精神回归的启示，认为应该在医患沟通中借鉴叙事的方法，构建符合我国国情的"医患沟通叙事学"体系。[11]管燕论述了现代医学模式下叙事医学的价值，认为叙事医学有利于建立心与心的交流、建立医生的人文思维和促进社会对医生的理解；在具体的实践中应该让医生走进患者的世界，建立医者仁心的理念和更多正面沟通的渠道。[12]王一方梳理了循证医学与叙事医学两种医学范式，明确了两种医学认知路径的类型意义，并且建议将肿瘤的临床领域作为整合循证医学与叙事医学思维路径的试验田。[13]郭莉萍讨论了文学与医学的发生发展史及其向叙事医学的转向过程，认为叙事医学体现出医学实践中的"艺术"一面和"以人为中心"的关切，是医学人文素质的最佳体现。[14]她于2015年翻译了Charon的著作《叙事医学：尊重疾病的故事》，为更多的中国学者了解叙事医学创造了条件。

5 结语

叙事分析为医学话语提供了一种细致的描述工具，透过话语去关注人和疾病，深入宏大叙事的微观层面进行细致入微和深刻的考察，提供了社会生活特定领域的语言描述。语言学视角对医学中叙事进行分析的意义也体现在应用价值和实践操作上，促使医生群体反思工作实践，帮助医护人员提高服务质量和效率，更好地为患者服务。

参考文献

[1]LABOV W，WALETZKY J. Narrative analysis：Oral version of personal experience[M]//

HELM J.Essays on the verbal and visual arts . Seattle：University of Washington Press，1967.

[2]CHARON R. Narrative medicine：Form，function，and ethics[J]. Annals of internal medicine, 2001, 134（1）：83-87.

[3]KLEINMAN A. The illness narrative：Suffering, healing, and the human condition[M]. New York：Basic Books，1988.

[4]COUSER G T. Recovering bodies：Illness, disability, and life writing[M]. Madison：University of Wisconsin Press，1997.

[5]KREISWIRTH M. Trusting the tale：the narrativist turn in the human science[J]. New literary history, 1992（3）：629-657.

[6]SACKETT D L，ROSENBERG W M，GRAY J A，et al. Evidence based medicine：What it is and what it isn't[J]. BMJ, 1996, 312（7023）：71-72.

[7]CHARON R. Narrative medicine：Honoring the stories of illness[M]. Oxford & New York：Oxford University Press，2006.

[8]HAMILTON H. Conversations with an Alzheimer's patient：An interactional sociolinguistic study[M]. Cambridge：Cambridge University Press，1994.

[9]HAMILTON H. Reported speech and survivor identity in on-line bone marrow transplantation narratives[J]. Journal of sociolinguistics, 1998, 2（1）：53-67.

[10]CANDRIAN C. Taming death and the consequences of discourse[J]. Human relations，2014（1）：53-69.

[11] 杨晓霖 . 美国叙事医学课程对我国医学人文精神回归的启示 [J]. 西北医学教育，2011（2）：219-221.

[12] 管燕 . 现代医学模式下叙事医学的价值 [J]. 医学与哲学，2012（11）：10-11.

[13] 王一方 . 整合循证医学与叙事医学的可能与不可能 [J]. 医学与哲学，2014（1A）：15-17.

[14] 郭莉萍 . 从"文学与医学"到"叙事医学"[J]. 科学文化评论，2013（3）：5-22.

学习者英语句法失误中的母语负迁移

田芳*

摘　要：母语为汉语的学习者在学习英语过程中，不可避免地要受到汉语语法和文化习惯的影响，有些影响在结果上起到了负面作用，也就是产生了母语的负迁移。本文通过汉英句法上两个差异分析了学生写作中出现的表达失误，希望能够帮助教师和学习者认识到这些失误的原因并避免。

关键词：语言学习；母语负迁移；汉英对比

迁移是指先前学习对后续学习的影响。在外语学习中，语言学习者往往会借助母语，过程和输出成果会受到母语语法和文化思维的影响，这就是母语的迁移。假如学习者母语的语法和文化与目的语有很大差异，则会出现母语负迁移，即目的语的语言产出具有不符合目的语语法标准和文化习惯的失误。

汉语与英语对比而言，汉语是隐性语法的语言，英语则是显性语法的语言。以下从汉英语言对比的主语突出与主题突出、形合与意合两个对比角度分析在学生作文中所收集到的一些句法失误。

1　汉语主题突出的负迁移

普遍认为英语是一种主语突出的语言，除祈使句和不完整句外，英语

---

* 田芳，北京工商大学外国语学院讲师，主要研究方向为英语翻译、英语教育。

中所有的句子必须要有主语，谓语动词会根据主语进行屈折变化。而汉语则不具备这一特点，无主句大量存在且不受场合的限制，庄重场合也会使用大量无主句，但汉语中有一种主题突出的表述方式。如：王先生，我认识。再如：他说什么了，没听见。

这两句均采用了主题 + 判断 / 分析的句式，谓语的主语是否出现并不重要。这一点迁移到了学生的语言产出中，如在学生的作文中发现了以下表述。

例 1：Some points of view of the author I can't agree with.

这一句的正常语序是：I can't agree with some points of view of the author. 在表述时学生套用了中文主题突出的表述，即"作者的一些观点我无法认同"，代替了英语更为常用的主语 + 谓语的表述。再如：

例 2：Do not experience rains and winds，how to see rainbows.

此句译成汉语为"不经历风雨，怎么见彩虹？"这是一句典型的汉语无主句表达，句子的主语被隐含在谓语中，没有被明确表述出来，如果明确表述可以是"我们、一个人、你、大家"等任何人。在汉语中这样的主语无须明确表述，否则句子会显得拖沓、累赘。而如上文所述，英语陈述句中必须有主语，句中的汉语负迁移体现在未对汉语隐性存在的主句进行显性的处理，不合英语语法，修改后可表述为：Without experiencing rains and winds，how can one see rainbows.

2　汉语意合连接的负迁移

汉语与英语对比研究的一个普遍结论是，英语重"形合"，汉语重"意合"。这里有一点需要澄清，无论英语还是汉语在语义层次上都是"意合"的，句所以成句，篇章所以成篇章，在意义上必须是统一的。所谓的"形合"和"意合"是表达法角度上的对比，即，英语的语义单位是靠语言本身的语法手段连接起来的；而汉语的语言单位是靠语义关系连接起来的。英语注重语言表达的形式，有更为突出的语法变化；汉语注重语义的连贯，不注意语法。具体表现为英语构建在形式主轴上，句子一般都有主语和谓语，主句与从句之间、句与句之间通常有明显的语法或词汇连接；汉语构建在意义主轴上，只要语义连贯，能够说得通，语义单位之间就可以堆砌成句或成章，句子并不要求有主语。无主句大量出现，句式很复杂，词与词、短语与短语、句与句之间也一定有明显的连接，只要能够达意，词的形式不重要，词之间的关系常在不言中，逻辑关系和语法关系常常体现在字里行间，无须明示。例如：跑得了和尚，跑不了庙。

句中"跑得了和尚"和"跑不了庙"之间是让步关系。在汉语表述时，这层逻辑关系不需要连接词表明，读者能够在字里行间理解。但翻译为英语时，则需要使用连接词表明逻辑关系并连接两个短句，可译为：Even if the monk can run away，his temple cannot run with him.

在学生的写作中，可以看到汉语意合突出的负迁移，如：

例 3：I think of Xiangshan，every autumn，all over the mountains and plains of summits leaves red like fire.

在表达中，学生以语义为轴，把几个语义单位按汉语习惯堆砌了起来，没有考虑英语语法要求。在汉语中这种语义的堆砌并无大碍，此句翻译成汉语后为：我想到香山，每年秋天，满山的红叶红似火。读者可以理解"每年秋天"是用来修饰"满山的红叶红似火"，但在英语表述中，这样的表述显然是不明了的。不考虑句中语法错误的情况下，从语义角度分析，every autumn 在句中既可以是 I think of Xiangshan 的时间状语，即"我每年秋天会想到香山"；也可以是 all over the mountains and plains of summits leaves red like fire 的时间状语，即"每年秋天满山的红叶红似火"。因此，有必要向学生指出为什么会生成这样的句子。

再回到例 2，两个分句各自独立，各自成句，合在一起，在汉语中有语义连接，前句"不经历风雨"成为"怎么见彩虹"的条件状语。学生在表述时，没有考虑到英语句式语法的要求，产生了汉语意合的负迁移，导致例2的表述不符合英语语法的要求。正确的表述需要将两个小句间的逻辑关系明确化，也就是把汉语的意合转为英语的形合。

通过以上两个角度三个学生错句的分析，可以明显看出汉语句法的负迁移是学生在英语表达失误的重要原因之一。以上分析只是众多角度中的两种，实际教学中还要从多角度对学生的语病进行综合分析。

以"猫"和"狗"为例，比较汉语
和西班牙语习语中的动物比喻 *

张馨予 **

摘　要：通过对比汉语和西班牙语中使用猫和狗作比喻的习语，分析两种动物形象在不同文化中的含义，引导学习者通过了解文化背景来辅助外语学习。

关键词：比喻；习语；外语学习；猫；狗

1　引言

众所周知，几乎世界上所有的语言都有使用动物作比喻的习语或俗语。人们用这类比喻使语言表达更加形象具体。学习这类比喻也可以使学习者的外语表达更加地道。这类比喻在西班牙语和汉语习语中都有重要地位。

人们围绕这类含有动物比喻的习语展开了很多研究。在这一领域具有先锋性质的研究应属 Browning 在 1967 年的研究。随后几年，出现了多篇与此题目相关的论文，例如，Lakoff 和 Johnson 在 1980 年时为此所做的研究；Sweetser 在 1991 年围绕此题目所写的论文；Matisoff 在 1986 年所写的相关论文；Diller 在 1991 年所写的相关论文；Faber 和 Pérez Fernández 在 1993

---

*　本文为北京工商大学青年教师科研启动基金项目（编号：QNJJ2018-35）成果。

**　张馨予，北京工商大学外国语学院讲师，主要研究方向为对外西班牙语教学。

年的研究等。[1]但是在这么多研究中,很少有关于西班牙语的动物比喻习语和汉语的动物比喻习语的对比。为此,本文致力于对比西班牙语和汉语在含有动物比喻的习语的相似点与不同点,尤其是采用猫、狗这两种动物作为喻体的习语的异同。

2 西班牙语和汉语习语中的动物比喻

西班牙语有许多用动物作比喻的习语。这种类型的表达方式通过用动物作比喻在人们的脑海中转换为具体的图像。人类的思维是可以通过比喻构建的。因此,为了理解抽象的概念,我们会使用能够使人们更清楚理解的图像。动物比喻赋予了抽象事物或概念灵魂,使得动物化的图像和抽象事物或概念更容易地联系起来。

换句话说,使用动物比喻的习语是一种简化复杂表达方式的方法。人们通过这种方式理解语言传递的信息。这是一种通过社会语言学和文化方式来解释某种事物的策略。通常,这种表达方式被认为有负面含义倾向,即所谓"该死的"动物。[2]

2.1 西班牙语习语中的动物比喻

为了使对比更加简明,我们选取了使用猫或狗这两种动物作比喻的习语进行比较。

狗:

Llevarse como el perro y el gato 势如水火（相处得像猫狗一样）。

Tener de un humor de perros 脾气很臭。

Tratar como a un perro 虐待。

Ser un perro 指某人跟你作对,或轻视你。

Es el mismo perro con diferente collar 换汤不换药(项圈换了,狗还是狗)。

El mejor amigo del perro es otro perro 狗是人类最好的朋友,而狗最好的

朋友是另一只狗。

Quien da pan a perro ajeno，pierde el pan y pierde el perro 竹篮打水一场空（把面包给远方的狗，丢了面包又没了狗）。

Perro que ladra，no muerde 会叫的狗不咬人。

Más raro que un perro verde 怪模怪样（比绿色的狗还奇怪）。

Muerto el perro，se acaba la rabia 曲终人散（狗死了，叫声也就停止了）。

El perro del hortelano 占着茅坑不拉屎（看菜园子的狗，自己不吃也不让别人吃）。

猫：

Aquí hay gato encerrado 这里有只关着的猫（有想要隐藏的或不想让人知道的秘密）。

De noche todos los gatos son pardos 到了晚上，所有的猫都是棕褐色的（在视线昏暗的地方，所有的物品和人好像都一样，难以分辨好坏）。

Comerle o comérsele a alguien la lengua el gato 缄默不言（吞下猫舌头）。

Dar gato por liebre 货不对板（要兔子却给了只猫，给人不一样的东西，通常比要的东西质量更差）。

Buscarle tres pies al gato 鸡蛋里面挑骨头（找猫的三只脚，尝试去证明一些无法证明的事或寻找让人难以相信的借口）。

Llevarse el gato al agua 把猫带到水里（在一场讨论或争论中获胜了，或者克服困难做到了某件事）。

Cuatro gatos 指人很少的地方（四只猫）。

尽管在西班牙文化中，猫、狗都是人们喜爱的宠物，但是在习语中，似乎人们对猫、狗没有那么"宠爱"。

在西班牙语中使用猫、狗作比喻的习语有以下特征。

（1）即使猫和狗不是西班牙文化中"该死的"动物，大部分习语也都是贬义的。

（2）这种类型的表达总是具有讽刺意味。这类比喻没有使用直接的方式进行批评，而是采取了一种更加委婉的方式。

（3）使用带有猫狗的比喻是一种富于表达能力的、情感化的强调方式。

2.2 汉语习语中的动物比喻

猫和狗这两种动物也经常出现在中文的比喻中。下面让我们来看几个狗和猫作为主角的中文习语。

狗：猪狗不如、人模狗样、画虎不成反类犬、狗咬吕洞宾、狗嘴里吐不出象牙、白云苍狗、鸡飞狗跳、鸡鸣狗盗、烹狗藏弓、狗拿耗子、狗仗人势、关门打狗、狗急跳墙。

猫：猫哭耗子、猫鼠同眠、猫鼠同处、争猫丢牛、画猫照虎、阿猫阿狗、偷了腥的猫、馋猫。

通过观察汉语中带有猫狗比喻的习语，我们不难发现：在中国文化背景下，狗通常带有侮辱含义，中国人对狗有一种蔑视态度。比如我们认为狗是忠诚的，但是狗的忠诚大多数时候也会用在贬义的习语中，如"走狗"。狗还被认为是愚蠢的，如"狗头军师"。因此在习语中带有狗的比喻一般是贬义的。尽管在中国的社会文化中猫被认为是机灵的，但是中国人对于猫的态度是混杂着欣赏与轻蔑的，人们认为猫只有小聪明，缺乏大智慧，并且懒惰贪食，所以很显然大多数关于猫的习语也都带有讽刺意味，表达消极的含义。此外，中国习语中的另一个特点就是狗或者猫总是和另一种动物一起出现在习语中。

3 汉语和西班牙语使用猫狗作比喻的习语的异同

3.1 汉语和西班牙语的动物比喻相似点

（1）在习语中，人们认为的所谓的"好"动物可能会表达贬义。

（2）在大多数情况下，带有动物比喻的习语更倾向于表达消极意义。

（3）在这两种语言中，这类表达都有通俗意味。

3.2 汉语和西班牙语的动物比喻不同点

（1）大部分汉语中带有动物比喻的习语具有固定结构，是四字成语，而在西班牙语中则没有固定结构。

（2）大部分汉语中带有动物比喻的习语中都包含两种动物，而在西班牙语中则不是这样，只有个别习语中有两种动物。

4　结语

在汉语和西班牙语这两种语言中都有许多以猫、狗这两种动物作比喻的习语，这些比喻增加了语言的趣味性，使得语言表达更加形象生动。这些习语在各自语言中所表达的含义和语言色彩受到两国历史文化的影响，具有一定的相似性，同时也有很多差别。学习者在学习带有猫狗比喻的习语时如果能够做到不仅只记忆语言表达，同时去挖掘语言表达背后的文化背景，可以达到事半功倍的效果。

参考文献

[1] CORPAS PASTOR G. Manual de fraseología española[M]. Madrid：Gredos，1996：84-86.

[2] PAMIES BERTR N A. Léxico y fraseología[M]. Granada：Granada Lingvistica Método Ediciones，1998：72.

英汉拟声词对比探析

邢琳　　王红莉[*]

摘　要：英汉拟声词在各自的语言中都有加强语言形象性的作用。充分了解这两种拟声词在各自语言中的特点和句法功能，既有助于提高我们的语言表达和鉴赏能力，也对英汉翻译有所帮助。本文通过举例，从语音、句法功能、修辞功能等方面对比分析英汉拟声词的异同。

关键词：拟声词；语音；句法功能；修辞

1　引言

拟声词是人们直接模仿自然界的声音或是根据客观事物声音加上想象造出的词，是非常重要的语言现象。但由于中西语言及思维方式等方面存在诸多差异，英汉拟声词在语音、句法功能、修辞等方面也不尽相同。本文将重点从其语音构成、句法功能和修辞功能方面对英汉拟声词进行对比分析，期望其结果能为英语学习与英汉翻译等提供参考。

2　语音层面的异同

拟声词、象声词、摹声词或状声词，源自希腊语，意思是"造词"，指用语言的声音去模仿自然界的声响或人类活动的声音，是在词的音义之

---

* 邢琳，北京工商大学外国语学院 2017 级翻译专业硕士研究生。王红莉，北京工商大学外国语学院副教授，主要研究方向为语言学与外语教学，汉英语言对比等。

间建立联系的一种方式，加强语言的直观性和生动性。

从其音节的构成看，拟声词可分为单音节拟声词、双音节拟声词和多音节拟声词三大类。单音节拟声词一般用来表示短促或突发的一次性的声音，如英语的 crack、pop 和汉语的"啪""砰"等。双音节拟声词一般用来表示两个短促相连的声音或两个重复相连的声音，如英语的 ding-dong、flip-flap 和汉语的"咯咯""嗒嗒"等。多音节拟声词常用来表达连续不断的一连串声音，英汉多音节拟声词的音节一般来说都不超过 4 个，如英语中的 rub-a-dub、hurly-burly 和汉语中的"轰隆隆""叽叽喳喳""丁零当啷""稀里哗啦"等。

英语和汉语中拟声词的语音结构大体上可归纳为以下 12 种格式：A、AA、AB、ABB、AAA、AXB、ABCB、ABBB、AAB、AABB、ABCD、AXBC。其中，前 8 种格式同时存在于两种语言的拟声词中；后 4 种格式主要存在于汉语中，英语中没有此类格式或极少见到此类格式。

除此之外，由于自然界存在相同的事物，英汉民族对同一种声音的听觉感知和声音模仿具有相似性，使得英语和汉语拟声词的语音形式相同或相似，在这两种语言中可以找到不少在发音和所指意义上都十分接近的拟声词，如英语中有表达笑声的拟声词 ha-ha，汉语有"哈哈"与之对应；牛叫声的英语拟声 moo，与汉语的"哞哞"类似。然而任何特定语言中的拟声词都不是对自然界声音的简单录音和复制，而是某个民族根据他们的语言所固有的语音系统对客观世界的声音进行一番改造加工的结果，是某一特定语言与自然声音相结合的产物。各民族对同一声音的听觉感知和模拟习惯可能不尽一致，加之民族文化传统上的差异，不同语言中的拟声词在语音形式上就可能出现各种差别。例如，表示狗叫声英语是 bark，汉语是"汪汪"；雷声是 rumble，汉语里用的是"隆隆"。

3 句法功能方面的异同

由于中西方思维的不同，英汉语在句法结构上存在很大差异，很自然地，英汉拟声词的词类归属及句法功能也存在诸多差异。例如，在英语语法中，拟声词的词类归属比较明确，基本上归属于名词、动词或动词派生词（如分词、不定式、动名词）等，在句中通常充当主语、谓语和宾语。汉语中也有这种情况，但比较少见且通常带有一定的临时性，所以使用时常加引号。在汉语语法中，关于拟声词的词类归属问题一直存在着争议，因此其语法地位尚不明确。但汉语拟声词的形容词特征比较明显并基本得到承认，在句中主要充当定语、状语或补语。

例如：

（1）The boy left the room angrily，then came a bang of the door.（英语拟声词做主语）

（2）The crowd began to hiss and boo him for his un-sportsman-like conduct.（英语拟声词做谓语）

（3）The rain came down with a splash.（英语拟声词做宾语）

（4）宝玉还欲看时，怎奈下半截疼痛难忍，便"哎哟"一声，然后就倒下。（曹雪芹《红楼梦》）（"哎哟"本指疼痛时发出的声音，这里被动词化了。汉语拟声词的这类用法常加引号，带有"临时"的性质，与英语拟声词的这类用法有差别，使用频率也不同。）

（5）闹钟滴答滴答的声音叫人心烦意乱。（汉语拟声词做定语）

（6）子弹嗖嗖地飞过他的头顶。（汉语拟声词做状语）

（7）她笑得咯咯的。（汉语拟声词做补语）

4 修辞功能方面的异同

作为模仿动作或事物声音所构成的词语，拟声词能够通过音响的渲染来加强对声势和动态的描绘，达到理想的修辞效果，加强语言的直观性、形象性和生动性。无论英语还是汉语中，拟声词都是常用的重要修辞格，具有很多相似的修辞功能，如将事物场景描写得更加生动逼真，营造环境渲染气氛等。篇幅所限，本文不对拟声词的作用展开讨论，仅就英汉拟声词在修辞功能方面的差异进行探讨。

4.1　英语拟声词特有的修辞功能

英语拟声词中存在着次要拟声词，它是相对于基本拟声词的概念来说的，指利用一个音素或音素组合成词，使人产生某种语义上的联想。次要拟声词具有一定的规律性，主要体现在形态类型上，如 "–abble, –eer, fr–, tr–" 等首连缀和词尾连缀的语义具有一定的规律性。当这样的音素词缀出现在某个英语单词中时会很直观地使它的读者产生相关联想。这种拟声词或拟声元素的修辞效果是英语独有的，由于语言类型截然不同，汉语中没有此类情况。

4.2　汉语拟声词特有的修辞功能

华夏文化源远流长，汉语拟声词的修辞功能也有其独特之处，主要体现在以下三个方面。

第一，汉语拟声词可以用来喻指一些抽象的事物，如"能力""性格""威望""心情"等。凭借拟声词本身的声感力量，把本来只能意会的事物更加直观化，令人可以感知，从而使叙述变得更加生动形象，增加语言的艺术感染力，如汉语常说的"穷得叮当响"就比"穷得不得了"之类的说法更富有实感，使人仿佛看到家徒四壁的贫困状。

第二，汉语拟声词可用来沟通艺术通感。出于心理习惯，人们在语言活动中，有时会把一些本来没有声响的动作和状态也用拟声词赋予一种声音。现代心理学和语言学称为通感，或移觉。在艺术创作过程中，人们时常有意无意地借助拟声词，使听觉以外的各种外部感觉和内部感觉超越本身的局限，向听觉转移，如"止不住的眼泪，像断了线的珠儿，扑碌碌落在他的脸上。"（视觉向听觉转移）、"心里扑通一怔"（动觉向听觉转移）等。

第三，汉语拟声词除了英语拟声词所具有的一般修辞功能外，还有同音双关的作用，使语言显得风趣和俏皮。汉语拟声词这种独特的修辞功能在歇后语中表现尤为突出。如青蛙跳下水——扑通（不懂）、臭鸽子——穷咕咕。这些说法因为拟声词同音双关的作用而妙趣横生。但这种独特的修辞功能在英语拟声词中却极其罕见。

5　结语

无论英语还是汉语，拟声词都非常丰富并且被广泛应用。本文通过比较英汉拟声词在语音层面、句法功能及修辞作用上的差异，加深人们对英汉两种语言体系的认知，拓宽我们对中西方文化的了解，并提高对这两种语言的运用能力。换句话说，充分了解英汉拟声词的差异，掌握拟声词的语音特点、句法功能和修辞作用，对于提高我们的英语写作、英汉翻译水平和文学鉴赏力都大有裨益。

英汉特殊疑问句类型及习得探析 *

王晓庆 **

摘 要：本文分析了汉语在位和英语移位两种疑问结构的通性与特性，简述了特殊疑问句在语言习得领域中的现状，结尾讨论了特殊疑问句习得研究的重要价值。

关键词：英语特殊疑问句；汉语特殊疑问句；语言习得

1 引言

疑问句作为人类语言区别于动物交际符号的特有属性，是人类语言最为显著的特征之一。从语言本体上讲，特殊疑问句在英汉两种语言中存在着显著的句法结构差异。

2 英汉特殊疑问句属性特征

在英语里，wh- 疑问句要把疑问词前移至句首，而汉语的疑问词却留在原位。例如：

（1）a. What did John buy?（English）

b. 约翰买了什么？（汉语）

但是，即使在疑问词不移位的汉语里，疑问句依然和英语一样，遵守着同样的选择限制（selectional restrictions）。[1]

---

* 本文为"生成语法框架下中国大学生英语疑问句的习得研究"项目（编号：QNJJ2018-32）成果。

** 王晓庆，北京工商大学外国语学院讲师，主要研究方向为理论语言学、语言习得。

（2）a. Who does John think [t likes Mary]? （direct wh-question）

b. John is unsure [who t likes Mary]. （indirect wh-question）

c. *Who is John unsure [t likes Mary]? (*direct wh-question）

d. Is John unsure [who t likes Mary]? （indirect wh-question + direct yes-no question）

（3）a. 约翰认为 [谁喜欢玛丽] 呢？ （直述补语句）

b. 约翰不确定 [谁喜欢玛丽]。 （疑问补语句）

c. * 约翰不确定 [谁喜欢玛丽] 呢？ （疑问补语句）

d. 约翰不确定 [谁喜欢玛丽] 吗？ （疑问补语句）

如（2）a 所示，英语的 think 带一个直述补语句（[-wh] complement），因此补语句的疑问词（who）不能留在子句里，而必须到主句中去，因而将疑问辖域（interrogative scope）扩及主句，形成一个直接问句。相应地，unsure 带一个疑问补语句（[+wh] complement），因此补语句的疑问词留在子句里满足动词 unsure 的选择限制，形成一个间接问句。而且，疑问词也不能移出子句到主句上，否则便无法满足主句谓语的选择限制，造成句子的不合法，如（2）c 所示。若是子句的选择限制满足了，那么主句还是可以以是非问句的形式出现，如（2）d 所示。例（3）中汉语的例子跟例（2）中对应的英语的例句遵守的选择限制相同。（3）a 的"认为"选择直述补语句；（3）b 中的"不确定"选择疑问补语句，构成间接问句，而不能是（3）c 的直接问句；同样，在汉语中若能满足子句的选择限制形成间接疑问句，那么主句也可以是一个直接的是非问句，如（3）d 所示。[2]

3　英汉疑问句的习得

在二语习得的过程中，学习者面临着一个类似于母语习得者的任务，需要在一个语言系统中对语言数据进行输入和产出。那如何来解释和论证这种输入与产出，对于建构我们语言的语法系统，探索句法发展的基本规律，具有积极的创新意义。

　　疑问句作为人类语言区别于动物交际符号的特有属性，是人类语言最为显著的特征之一，在生成语法的框架下备受关注。其中，英语的疑问句一直以来都是生成语法研究的核心问题之一。但需要注意的是，过去的生成语法研究较多地关注英语疑问句的句法结构及生成机制和英语疑问句的母语习得研究，而较少讨论在生成框架下英语疑问句作为第二语言的习得情况。

4　结语

　　从理论上讲，语言的习得机制除包含儿童母语习得之外，也应该涉及语言作为外语的习得过程。通过研究语言习得，能够帮助我们更好认识人类语言的发展。从实践上讲，中国是英语学习者大国，而中国大学生又作为英语学习者的主力军，对中国大学生英语疑问句习得情况的调查分析也显得尤为重要。从语言本体上讲，疑问句在英汉两种语言中存在着显著的句法结构差异，英汉两种语言在疑问句上的这些显著区别也使得对中国大学生英语疑问句习得情况的调查成为一个具有理论意义和实践意义的课题。

参考文献

[1] JAMES H C T. Move wh in a language without wh-movement[J]. The linguistic review, 1982, 1: 369-416.

External Possession Constructions with Ba Sentences in Mandarin Chinese

范惠璇 *

Abstract: The external possession construction (EPC) is a common phenomenon across languages. The Ba sentence is one of the three constructions with EPC in Mandarin Chinese. This paper will discuss the basic form of EPC in Ba sentences.

Keywords: possessive relation, external possession, Ba sentence.

1 External possession constructions

Possessive relation, in the study of linguistics, refers to an asymmetric relation between two nominals: the referent of one nominal (the possessor) possesses or owns the referent of the other (the possessum).

Possessive relation can be realized in different ways, such as possessive case, possessive affixes or by using certain verbs. For example, in the grammar of English, the possessor is followed by a possessive clitic 's to form a possessive construction; or a preposition of is used between the possessum and the possessor; alternatively, sentences with the verbs like have/ own/ belong to denote a possessive relation. Due to different linguistic and cultural backgrounds, there

* 范惠璇，北京工商大学外国语学院助教，主要研究方向为外国语言学及应用语言学。

are many types of possession. From the perspective of syntax, the possessive relation has a common distinction, namely between internal possession construction （IPC） and external possession construction （EPC）.

The external possession construction （EPC） is a phenomenon in which a possessor appears externally to the possession phrase and typically behaves an apparent argument of the verb [1]. Compared with EPC, the possessor nominal and the possessum nominal in internal possession constructions work together to form a surface constituent.

2   EPCs with Ba sentences in Mandarin Chinese

Ba construction in Mandarin is a variation of the SVO sentence, which expresses that the object is affected. Typically, the affected object of Ba is the NP following Ba, also known as the post-Ba NP. The following schema shows the basic form of the Ba sentence：

（1） $S + Ba + O + Vt_{object.}$ [2]

Ba sentences with an extra argument could be schematized as：

（2） $S + Ba + NP_1 + V + NP_2.$ [2]

The pattern above means that Subject does [V + NP_2] to NP_1. Since NP_1 is the post-Ba NP that is affected, NP_2 is interpreted as the semantic object of the verb. In the context of possession, Ba sentences with EPC could be expressed as：

（3） S + Ba + NP possessor + V + NP possessum.

The limits on Ba sentences with EPC are complicated and include the syntactic structure as well as semantic restriction. As the following group of sentences shows, two EPC constructions, consisting of the same possessor（Lisi） and two different possessums（leg, vase）, receive diverse acceptability：

（4） a. 张三 把 李四 打断了   腿。

Zhangsan Ba Lisi hit–break–ASP leg.

'Zhangsan broke Lisi's leg.'

b. 张三 把 李四 打碎了 花瓶。

Zhangsan Ba Lisi hit–break–ASP vase.

The semantic relation between Lisi and leg in （4a） is inalienable, referring to the property of whole–part relationship[3]. In （4b）, the relation between the possessor Lisi and the possessum vase is an alienable possession since the item vase can exist independently, which does not meet this semantic constraint.

Except the semantic relation between the possessor and the possessum, the notion of affectedness and verb use also have an impact on EPCs in Ba sentences[4]. Although there is no agreement on it, it is agreed that inalienable possession is more acceptable in Ba syntactic structure.

References

[1] DEAL A R. External possession and possessor Raising[D]. California: University of California, 2013.

[2] HUANG C T, LI A, LI Y. The syntax of Chinese[M]. New York: Cambridge University Press, 2009.

[3] VINET M T, ZHOU H. Inalienable possession in Mandarin Chinese and French[J]. Cahiers de Linguistique d'Asie Oriental, 2003 （32）: 157–193.

[4] KUSMER L P. The Mandarin external possession construction: A possessor–Raising account[D]. PA: Swathmore College, 2010.

法商话语与翻译研究

教育教学研究

文学与文化研究

语言学研究

其他类

基层党组织关于创新"三会一课"的
方法途径研究

张霁雯[*]

摘　要: "三会一课"是目前我国党组织一种高效的生活制度，由于高校在实际发展中面对的形式不同，因此需要对"三会一课"的实施方法展开创新。基于此，本文将以外国语学校基层党组织为例，首先介绍基层党组织"三会一课"实施的意义，其次研究目前基层党组织实施"三会一课"的现状，最后研究基层党组织"三会一课"的创新方法。其中主要包括丰富"三会一课"的实施形式，提升党员自身综合素质的建设质量，将"三会一课"与工作相互结合，提升基层党组织"三会一课"考核质量四方面内容。

关键词: 基层党组织；"三会一课"；综合素质

随着时代的发展，基层党组织作为我国党组织的重要组成部分，在实施"三会一课"的过程中，需要对传统方法展开创新，这种方式能够提升基层党组织"三会一课"与社会发展之间的吻合性。目前我国基层党组织在实施"三会一课"过程中仍然存在一定的问题，要想解决问题，促进基层党组织"三会一课"的发展，就需要对"三会一课"的实施方法展开创新，

* 本文得到北京工商大学党建研究课题"基层党组织关于创新'三会一课'的方法途径研究"的资助。

* 张霁雯，北京工商大学外国语学院办公室科员，为北京工商大学外国语学院党秘。

本文将重点研究基层党组织"三会一课"实施方法的创新途径。

1 基层党组织"三会一课"实施的意义

基层党组织"三会一课"开展的意义主要包括以下几方面内容。①促进基层党组织的建设。基层党组织是党的重要组织，而"三会一课"是其中的基本制度。因此，在高校基层党组织实际发展的过程中，对基层党组织"三会一课"开展途径展开创新，能够不断提升基层党组织"三会一课"制度的建设质量，最终达到促进基层党组织建设的目的。②提升党员的政治素养。由于基层党组织"三会一课"需要定期开展，因此党员在此过程中的综合素质会得到提升。基层党组织"三会一课"在实际开展过程中，能够通过不同的形式，对党史以及时事展开分析，提升大学生的政治知识含量，进而提升基层党组织整体的实力。

2 基层党组织"三会一课"的创新方法

2.1 丰富"三会一课"的实施形式

在对高校基层党组织"三会一课"形式展开创新的过程中，可以将信息技术应用在其中，这种方式能够大大提升高校基层党组织"三会一课"的开展效率。例如，在开展高校基层党组织"三会一课"的过程中，采用微博、微信等形式，或在高校基层党组织"三会一课"开展过程中建立信息平台，学生在该平台中可以发表自己对高校基层党组织"三会一课"的开发，还可以利用该平台，展开高校基层党组织"三会一课"，基层党组织可以不用到场，就能够展开高校基层党组织"三会一课"培训。

2.2 提升党员自身综合素质的建设质量

党员自身综合素质水平，直接决定着最终高校基层党组织"三会一课"

开展质量，因此在对高校基层党组织"三会一课"进行创新的过程中，需要重点提升党员的综合素质。在大学阶段，学校可以通过开设高校基层党组织"三会一课"活动的方式，对高校基层党员展开培训，提升其思想政治水平。同时，还可以建立微信公众号或者网上课堂的方式，学生能够随时随地了解与高校基层党组织"三会一课"相关的知识。在微信公众平台中定期发布时事政治，或者国际政治相关的内容等，并与大学生在评论栏展开互动。这种方式能够在潜移默化中提升基层党组织人员的综合素质，最终达到促进高校基层党组织"三会一课"创新发展的目的。

2.3 将"三会一课"与学习生活相互结合

要想提升高校基层党组织"三会一课"的开展质量，就需要将其与生活学习相互结合，使其融入自身生活中，这种方式能够提升学生对高校基层党组织"三会一课"的接受程度。例如，在开展高校基层党组织"三会一课"的过程中，利用课余时间，组织学生展开志愿者活动，去养老院展开慰问，到学校进行讲座以及组织社会工艺活动等。以上几种方式都能够将高校基层党组织"三会一课"与学习生活相互结合，使学生认识到，对高校基层党组织"三会一课"展开创新，不仅仅能够在课堂中完成，在实际生活实践中也能完成，提升高校基层党组织对"三会一课"的认知程度，最终达到提升高校基层党组织"三会一课"建设质量的目的。

3 结语

综上所述，随着人们对基层党组织"三会一课"实施的关注程度逐渐提升，如何保证基层党组织"三会一课"的实施质量，成为有关人员关注的重点问题。本文通过研究基层党组织"三会一课"实施创新方法发现，对其进行研究，能够有效提升基层党组织的建设质量，同时还能够促进我国"三会一课"的发展。由此可以看出，研究基层党组织"三会一课"实施的创新方法，能够为今后基层党组织"三会一课"的发展奠定基础。

基层党组织在"三六九"目标中发挥作用的机制研究

吕绵[*]

摘　要：探讨如何切实发挥基层党组织作用的有效机制，找到基层党组织工作和业务工作的结合点，为学校"三六九"目标的早日实现保驾护航。

关键词：基层党支部；"三六九"目标；机制研究

1　学校"三六九"目标的现状

作为我校"三六九"目标的主要执行者和参与者，外国语学院公共外语教学面临前所未有的考验，学院领导和教师们都倍感责任重大、任务艰巨。为了更快地达到"三六九"的目标，外国语学院实行了分级教学和团队教学，将全校学生按照考试成绩分为 1～10 级，教师组成 4 个团队，其中 1～4 级为一个团队，5～6 级为一个团队，7～8 级为一个团队，9～10 为一个团队，每个团队设一名团队负责人，负责团队内相关的教学活动的安排和协调。

团队教学可以从不同级别学生的实际英语水平出发，针对不同的学生

---

* 本文得到北京工商大学党建研究课题"基层党组织在学校'三六九'目标中发挥作用的机制研究"的资助。

** 吕绵，北京工商大学外国语学院讲师，主要研究方向为英语教育。

采取不同的教学方法，讲授不同的教学内容，制定不同的教学目标，做到有的放矢目标明确，其优势是显而易见的。但随之而来的弊端也昭然若揭。团队教学之前的教研室活动和安排着眼于整个年级的学生，团队教学之后的团队活动主要是以所在团队的学生为目标。团队和团队之间缺乏相互的沟通和交流，教师们对其他团队的教学进度和教学安排知之甚少或一无所知。由此可见，团队教学打乱了以往的教研室活动，教师们只注重在自己的团队内安排教学活动，丢掉了关于整个年级教学活动安排的整体框架，只见树木不见森林，教学活动失去了总体视角和大局方向。

鉴于上述情况，只有把团队教学和年级教学紧密结合起来，把党员教师的积极性、主动性调动起来，发挥他们在分级教学中的主导作用和带头作用，才能从根本上改变基层党组织在业务中无所作为的形象；只有适时地把基层党支部的党务工作很好地融入学校、学院的中心工作中，而不是单独作为一项党务工作来完成，才能解决基层党支部工作千篇一律、丢失了载体、失去了本质的问题。

2 基层党组织在"三六九"中发挥作用的机制研究

为了解决大学英语分级教学中的团队教学和年级教学各自为政的问题、基层党组织党务活动和业务活动"两张皮"的问题、基层党组织在大学英语分级教学活动中缺乏主导地位的问题，如下机制是必需的。

2.1 建立"大局意识"的思想监督机制

高校基层党组织要通过思想政治工作，引导教师尤其是党员教师树立"大局意识"。所谓的"大局意识"，就是要围绕学校学院的"三六九"目标并服务于这一目标。只有这样，才能增强党员教师的政治意识和责任意识，保证"三六九"中心工作的顺利实现，把基层党组织的"政治核心"和"战斗堡垒"作用充分发挥出来。

2.2 建立党政协作的工作机制

党政既要分工明确，又要互相支持。分工如果不明确，就会互相扯皮，影响决策；党政负责人必须在各自分工的范围内，敢于负责、勇于负责，同时必须加强沟通，相互理解、相互支持、相互配合，这样才可能早日完成"三六九"目标。

2.3 建立定期召开党员大会的长效机制

外国语学院党总支第一支部建立在原来的公共外语教学一部的基础上，面向的是2017级的所有学生。第一支部的党员教师分布在1～10级4个不同的团队，其中有2名党员教师在1～4级团队，3名党员教师在5～6级团队，3名党员教师在7～8级团队，1名党员教师在9～10级团队，1名党员教师在阜成路本部上课。更为有利的条件是第一支部书记在1～4级团队，5～6级团队负责人和9～10级团队负责人也在第一支部，7～8级团队内虽然没有团队负责人，但3位党员教师都是教学骨干或年度考核优秀。从上述第一支部党员教师的分布上可以明显看出来，第一支部的党员涵盖了目前为止的4个教学团队和阜成路本部的教学活动，所以党员教师们对整个2017级全体学生的学习情况是非常了解的。从这个意义上讲，党员大会可以弥补团队教学过程中缺失的关于整个2017级教学情况的总体视角，把团队教学和年级教学有机地结合起来，既着眼于团队教学的精细化管理，又立足于整个年级全体学生的宏观控制，两者互为补充，取长补短，相得益彰。

2.4 建立支部书记的选拔任用、教育培训、激励保障及目标责任机制

要把优秀人才配备到高校教师党支部书记的岗位，既有过硬的政治素质，又要有过硬的业务能力；要定期对教师支部书记进行各类培训，加强其工作能力；同时要注重激发教师支部书记的积极性，给予一定形

式的激励保障措施；在此基础上，逐步建立健全对教师支部书记的考核评价制度。

3　结语

基层党支部只有围绕学校、学院中心任务"三六九"目标开展活动，才能确保基层党支部工作的正确方向，使支部工作真正收到实效；同时，也才能有效地解决政治、业务"两张皮"的现象，实现提高大学英语整体教学效果和加强基层党组织党员队伍建设的双重目的。

以峰会为契机，书写外交新篇章

——以峰会带给青岛的机遇与挑战为例

吕新颖　袁依　孙雨馨　刘影*

摘　要： 2018 年 6 月 9 日，上海合作组织成员国元首理事会第十八次会议在青岛成功举行。作为新时代国家主场外交之一，有关部门推出一系列措施，全面保障会议的顺利开展。本次调研以实地走访为主要形式，研究本次峰会的召开为青岛甚至中国所带来的机遇与挑战。同时，站在大学生的视角，解决公众对我国外交政策了解程度较低的现状。拉近国家外交距离感急需前期积攒舆情存量提高群众关注度，合理运用"互联网＋"新媒体创新国家外交政策普及方式，适当娱乐化、亲民化推动舆情热度、关注持续度，树立文化自信，立足国际视角讲好中国故事。

关键词： 上海合作峰会；机遇与挑战；国家外交；新局面

2018 年 6 月 9 日，上海合作组织成员国元首理事会第十八次会议于青岛成功举行。作为新时代国家主场外交之一，峰会召开前的保障机制、峰

---

* 吕新颖，北京工商大学外国语学院 16 级学生，主要研究方向为商务英语。袁依，北京工商大学外国语学院 16 级学生，主要研究方向为商务英语。孙雨馨，北京工商大学外国语学院 16 级学生，主要研究方向为商务英语。刘影，北京工商大学外国语学院讲师，主要研究方向为外国语言学及应用语言学、跨文化交际。

会成功召开的后续效应让青岛走上国际舞台、展示城市形象风采，同时也带来了一些亟待解决的问题。本次调研以实地访谈、网上调查为主，以峰会带给青岛的际遇与挑战为例，由点及面，探讨国家外交的影响力及扩大外交政策普及面与受众度的对策与思考，助力国家外交开创新局面。

1　上合组织峰会的背景

上合组织峰会全称是上海合作组织成员国元首理事会，是上海合作组织成员国国家元首参加的会议。上海合作组织简称上合组织[1]，是中华人民共和国与亚太地区其他六国为维护世界和平稳定发展、促进邻近国家交流与合作、谋求共同发展而成立的永久性政府间国际组织。[2]

本次峰会选址青岛，充分肯定了青岛国际城市的地位。在"一带一路"倡议中，青岛被定位为新亚欧大陆经济走廊的主要节点和海上合作战略的支点城市，因其得天独厚的地理位置、雄厚的经济实力、独一无二的文化特点被"委以重任"。

2　本次峰会带给青岛的际遇与挑战

峰会的顺利召开，让世界再次领略到中国发展之快、前景之好，也为青岛带来了巨大的发展契机。挑战、机遇总是相伴而行，峰会给青岛带来机会的同时也让其肩负的使命更加重大。

2.1　际遇与机缘

"新时代主场外交""国际城市"等标签无疑给青岛带来巨大的发展空间，而青岛同样不负众望，牢牢把握新际遇，以峰会为契机，全面提升城市影响力。

（1）把握峰会契机，经济发展添动力。

本次峰会在商事贸易及社会服务行业主推青岛经济发展。一是招商引资机会的出现，推动青岛与国外、中国与世界的各项经济贸易合作。目前，青岛已与七个国家的城市（省州、机构）建立经济合作伙伴关系。而上海合作组织国家进口商品展也为优质企业品牌交流提供平台，提高青岛国际贸易影响力，同时峰会大幅度带动青岛旅游业的发展。峰会召开后，游客数量大幅增加，国外游客同比增长。旅游业的快速发展可带动连锁产业发展，形成经济化产业链，拉动城市内部 GDP。

（2）放大峰会效应，促进城市国际形象提升。

在峰会召开前夕，青岛市政府推出限行限运的规定，青岛及周边地区出台停产限产的规定，全面解决峰会召开期间交通安保问题及空气质量问题。周边社区门卫谈道，在上合峰会召开前期及过程中，附近商企关闭、地铁改线交通便利、马路治理让青岛的环境进一步提高，从内到外呈现出一个"崭新"的青岛。

2.2 使命与挑战

国内外媒体的舆论宣传让公众对于青岛的关注度一直居高不下，如何传承峰会成果是过高的曝光度带给青岛的挑战。

（1）全面保障城市影响力及好感度做好旅游高峰应急措施。

旅游业的火爆让青岛的安保应急措施面临挑战。在实地走访青岛中发现，部分景点引导标语缺乏双语设置；交通路口较多且红绿灯时间设置过长。我们认为，应增设双语引导、有效衔接各类交通方式，在提升游客好感的同时便利公众出行，打造绿色青岛。同时应以峰会成果为基础，认真总结、传承、发扬峰会成果，保持道路整治力度，持续优化城乡发展，统筹规划，实现峰会效应在生态环境方面的最大化。[3]

（2）挖掘底蕴讲好青岛故事、中国故事。

经济的高速发展带动青岛硬实力的提升，然而迈入国际城市的行列更需要一个城市的文化底蕴。我们可以利用本次峰会效应作为宣传青岛的前提，开设相关展览，以我国改革开放四十周年为契机，结合我国"一带一路"海上丝绸之路建设，展现青岛历史魅力、改革势头及城市特色，持续深化峰会影响力。

城市是一个国家的名片，在国际传播中，如何以国际视角讲述中国故事、传播中国文化是我们目前需要解决的问题。首先，要坚定文化自信，我们在了解我国优秀历史文化的同时要了解西方文化，融通中外，用西方人易于接受的方式讲述中国故事。其次，国家要对相关项目的研究课题予以支持，鼓励更多科研人员积极探索、突破创新，提供技术保障。[4] 最后，要打造国际化视听产品，积极借鉴国外优秀纪录片讲述模式，与国外团队合作，邀请国外专业教授作为节目顾问，在合作中学习、实践，力求达到国际传播效果的最大化。

3　国际外交新政策

2018 年作为我国的"外交年"，借力上合峰会实现与"一带一路"对接，先后召开两次国际会议。借助外媒镜头，我国牢牢把握住本次机遇，展现国家形象、彰显国家实力、凸显大国风范。

新时代下，合作共赢是我国发展的必要途径，我们应牢牢抓住"外交"的橄榄枝。作为新时代青年，我们有义务承担起宣传国家形象的重任。

在本次项目的开展过程中，我们通过线上线下共同调研的方式对"青岛峰会对当地人影响及外交政策普及度"进行采访调研。本次调查对象涵盖了不同职业、不同年龄段以及不同地区，共采访调研 261 人，包含线上采访 47 人，线下调研 214 人；共发出调查问卷 214 份，回收 214 份，回收率达 100%，有效问卷 214 份，有效率达 100%。数据来源真实可靠，为我们后续的讨论与研究提供了大量的资料。

实地考察结束后，我们根据考察内容及课题编写调查问卷，了解不同地区的人们对于本次峰会、国家外交新政策的了解情况，通过微信、QQ

等互联网平台发送链接的方式让网友们填写并回收。

调查数据显示，对于我国外交政策，有超过 70% 的调查者表示不是很了解相关政策，只有不到 25% 的调查者比较了解。从调查中可以判断出，我国外交政策在公民中普及程度不高，如何生动化、民主化地普及外交政策，缩小国家外交距离感，带领人民走进外交新时代是我国正面临的挑战。

4 有效普及国家外交政策的思考与对策

针对公众对我国外交政策了解程度较低的现状，我们在实践调研的基础上对在大数据时代该如何宣传我国外交政策、建立文化自信提出以下三点建议。

4.1 前期积攒舆情存量

在外交新政策出台前期，运用国家各行业热点人物带动话题量，引发舆情关注度；而后政府 "官微" 出面引导民众舆论走向，借助热点流量宣讲国家外交政策，增加普及度。

4.2 合理运用"互联网＋"新媒体

在网络信息化的时代，运用新媒体技术开展我国外交政策的科普工作是必然趋势，也是我国外交宣讲工作的重要成长点。[5] 只有合理运用"互联网＋"新媒体，才能达到普及效果最大化。

调查数据显示，有近 50% 的调查对象通过新媒体的方式了解外交政策。可以看出公众对网上政策普及关注度高，且有一定的认可度。我国相关部门可以把握这一特点，开展网络宣传工作，多渠道、多形式普及。

4.3 适当娱乐化、亲民化推动舆情热度

在调查中，部分调查对象表示，会主动关注国家外交相关政策，但存

在"距离感"，无法切身体会。可将外交政策"亲民化""娱乐化"，通过短视频讲解、动画宣传吸引网民关注并转发，达到向群众普及的效果。当然，也需要相关部门的严格把控，杜绝恶讽段子、恶意引导等信息的出现。

身处国家外交新时代，我们应该时刻谨记身份，时刻注意自身言谈举止；坚定"四个自信"，以实际行动讲好新时代的中国故事；作为新时代大学生，我们应依托专业，扮演好时代角色，积极了解国际形势、外交实事，立足国际视野，将中国文化弘扬世界，为树立我国大国形象添砖加瓦。

参考文献

[1] 赵华胜 . 上海合作组织的机遇和挑战 [J]. 国际问题研究 . 2007（6）.

[2] 陈小鼎，马茹 . 上合组织在丝绸之路经济带中的作用与路径选择 [J]. 当代亚太，2015（6）.

[3] 青岛市情研究中心 . 用好上合青岛峰会财富 持续优化城乡功能环境 [N]. 青岛日报，2018-09-25（6）.

[4] 周明伟 . 用国际视野讲中国故事 [J]. 封面故事，2016（5）.

[5] 刘琛 . 以国际视野讲好中国故事 [N]. 光明日报，2018-09-27（7）.

基层党组织在商务英语学科建设中的作用探析

孔海龙 *

摘　要：基层党组织作为推动高校教育工作的模范先驱和战斗堡垒，势必会对高校专业学科建设起到积极推动作用。当前，商务英语学科建设已经在全国多所高校稳步开展。本文旨在探讨基层党组织在商务英语学科建设中的双重作用：梯队建设、机制建设。

关键词：基层党组织；商务英语学科建设；作用

学科建设对于高校发展至关重要，一所大学办学水平和办学质量的高低直接可通过学科建设水平而得以体现，因此，加快学科建设水平与力度成为当前高校的一项重要抓手。基层党组织作为推动高校教育工作的模范先驱和战斗堡垒，理应围绕学科建设这一关键任务展开。高校基层党组织建设与专业学科建设应相互融合、相互促进，确实实现基层党组织在专业学科建设中的凝聚力作用。本文以北京工商大学外国语学院（以下简称"我院"）为例，拟探索高校基层党组织在商务英语学科建设中的双重作用：团队建设、机制建设。

1　团队建设

我院十分重视基层党支部商务英语专业建设中的重要作用，选优配强

* 孔海龙，北京工商大学外国语学院副教授，主要研究方向为英美文学、商务英语教学。

基层党支部书记，使其成为党建和学术两方面的"双带头人"。在此基础上，狠抓商务英语专业学科梯队建设，切实推行学科队伍建设优化制度，坚持党管人才的原则，将优秀党员吸纳到学科队伍建设中来，打造一支业务水平过硬、专业素养超强的高水平学科建设梯队。近三年来，我院注重吸收高学历、高职称的优秀教学科研人员加入商务英语教学团队。商务英语专业支部目前共有11人组成，其中，教授1名，副教授3名，博士3名。近半数以上均为近三年新进的优秀毕业生，因此确保了基层支部队伍的年轻化。总体上讲，我院商务英语专业基层党支部成员年龄结构合理，基本满足了商务英语学科体系建设中课程体系的要求，多数支部党员承担着商务英语核心课程群的授课任务。此外，我院还根据学校的实际需求，创新基层党支部建设，成立支部学科建设领导小组，科研团队小组，本科评估攻坚小组，从而使基层党组织的作用得以充分发挥，为商务英语专业学科建设提供了强有力的组织保障和智力支持。

2 机制建设

我院为切实发挥基层党组织在商务英语专业学科建设中的积极促进作用，实现党员队伍与学科梯队的共建，建立了一系列高效灵活的工作运行机制，主要包括决策机制、保障机制、激励机制和调控机制。

2.1 基层党支部促进商务英语学科建设的决策机制

商务英语学科建设是一项复杂的系统工程，包括学科方向建设、学科梯队建设、学科科研创新、教学与人才培养、学科基地建设等一系列环节。决策机制是商务英语专业学科建设运行机制的核心。我院商务英语专业基层党组织充分发挥在思想政治、组织纪律和人才资源方面的优势，积极推进商务英语专业学科建设决策的科学性与民主性。商务英语专业作为我院立院的根基，一直受到院系领导的高度重视，为了便于形成有利于商务英语专业学科建设的决策机制，我院商务英语专业党支部吸纳了包括学院主要领导、学院党总支委员在内的决策层成员，从而凝聚了基层党组织在商务英语学科建设中的决策力度，确保一系列有利于商务英语专业学科建设政策的制定与实施，从而使商务英语专业建设保持蓬勃发展、积极向上的良好势头。

2.2　基层党支部促进商务英语学科建设的保障机制

商务英语专业学科建设的健康发展离不开基层党组织的制度保障和组织保障。加强制度建设是高校基层党组织工作科学化、规范化的前提，也是加强党组织内部管理，形成战斗力、凝聚力的依据。我院在支部建设方面采取了一些创新之举：将基层党组织和学科建设整合，将基层党组织制度化和学科制度化互促互补、深度融合，从而实现了商务英语专业学科组织的制度创新，为专业学科建设提供了制度保障。这些具体的制度主要包括：推行党政联席制度，学科队伍优化制度，党员持续学习制度，从制度设计上确保党支部参与商务英语专业学科建设的长效性。

2.3　基层党支部促进商务英语学科建设的奖励机制

商务英语专业学科建设的长效发展离不开学科师资梯队的智力支持，而要想激发学科师资梯队的智慧源泉与动力支持则需要提供各种形式的奖励机制。这些奖励机制包括物质和精神两个层面。其中，精神层面的奖励显得更为重要，这是满足师资队伍自尊和自我实现的需要。为了充分调动商务英语基层党支部在学科建设中的主观能动性，我院主要采取了以下措施：一是将商务英语专业学科建设中的核心板块抽离出来，与基层党组织的主题党日活动相结合，从而使教师能够充分结合自己的教研实践，为本专业学科建设献计献策。二是为青年教师提供各种形式的关怀与指导，通过资深党员教师的"传帮带"作用，帮助青年教师过好"政治关、科研关、教学关"，进而打造专业素养过硬、业务水平超强的学科梯队。三是积极奖励在商务英语学科建设中做出突出贡献的党员教师，使党员教师和基层党支部充分发挥其模范先锋作用和战斗堡垒作用。通过树立典型，激发整体师资水平的提升，推动学科建设稳步发展。

2.4 基层党支部促进商务英语学科建设的调控机制

调控机制是保证学科建设稳步运行的基础。为建立科学合理的调控机制，商务英语专业党支部主要从以下几个方面着手：一是确立商务英语学科建设目标，实行目标管理。基层党支部建设的一项核心任务就是要将支部活动与学科建设紧密相连，开展以学科建设为中心的主题党日活动，统筹管理学科建设目标的实现程度。二是加强学科建设过程管理和监控。要及时反馈在学科建设过程中暴露出来的缺点与不足，并采用及时有效、切实可行的协调手段，促进学科建设的可持续发展。三是建立并完善党员评价考核体系，使基层党组织的党建工作始终围绕商务英语专业学科建设的各项目标展开。

3 结语

商务英语专业学科建设是我院将要长期进行的一项复杂的系统工程，与我院人才培养质量密切相关。将基层党组织的党建工作与学院的学科建设工作融合起来，充分发挥基层党组织在团队建设、机制建设方面的能动作用，无疑也是基层党组织建设的一项创新。我们相信基层党组织会在学科建设领域发挥出愈发重要的作用。